中学开智

丛书主编　周建设
丛书副主编　杨斯喻　陈炳哲
本书主编　沈　杰　李军华
作　　者　周建设　杨斯喻　陈炳哲　沈　杰　李军华
王　佳　刘志艳　汪泽春　刘春新　张萍萍
冯海珍　蒋永刚　苏　洪　李玉华　徐　静
李军华　王建华　柳东梅　柏雪松　刘　莉
李　鑫　李雅红　张剑雄　任伟然　王小磊
江红霞　田　云　左丽华　王静园　王淑芬
李培红　贾素珍　刘晓军　刘亚俊　倪　佳
吴　溪　袁　峥　史少卿　付　迟　石丽丽
王春凯　李　蔚　杜君毅　王　军　徐建烽
白艳云　杨小红　朱海燕　李凤英　马丽萍

首都师范大学出版社
CAPITAL NORMAL UNIVERSITY PRESS

图书在版编目(CIP)数据

中学开智 / 沈杰，李军华主编. — 北京：首都师范大学出版社，2016.8

(五开五养教育丛书 / 周建设主编)

ISBN 978 - 7 - 5656 - 3074 - 3

Ⅰ. ①中… Ⅱ. ①沈… ②李… Ⅲ. ①中学教育 - 研究 Ⅳ. ①G63

中国版本图书馆 CIP 数据核字(2016)第 182839 号

ZHONGXUE KAIZHI

中学开智

沈 杰 李军华◎主编

责任编辑 赵自然

首都师范大学出版社出版发行

地　　址 北京西三环北路 105 号

邮　　编 100048

电　　话 68418523(总编室)68982468(发行部)

网　　址 www. cnupn. com. cn

印　　刷 湘潭市风帆印务有限公司

发　　行 全国新华书店

版　　次 2016 年 8 月第 1 版

印　　次 2016 年 8 月第 1 次印刷

开　　本 710mm × 1000mm 1/16

印　　张 18

字　　数 235 千

定　　价 39. 00 元

总　序

清华大学　蔡曙山[①]

教育是个大众话题，因为它涉及千家万户。教育又是一个精英话题，因为总历各代教育家，皆民族之精英；而教育家论教育，乃民族精英之话题。

孔夫子不用说是世界第一的教育家。两千多年来，他的"庶富教"的思想、他的"文行忠信"的思想、他的"有教无类"的思想、他的"因材施教"的思想是中国教育的主导思想，由此形成的儒家文化是中国的主流文化。今天，孔子的教育思想已经遍播世界各地。

教育与文化紧密相联。拉丁文"文化"（cultura）一词，原来就是"修养""培养"之意。修养取之于内，培养取之于外。一个自然人不可能自动成为文化人，一定要经过教育和培养。中国古代没有"文化"一词，相应的文化行为叫作"教化"，它更好地体现了教育与文化之间的关系。

中国与世界历史上那些灿若星辰的教育家们，他们引领着中国与世界文化发展的方向。现代教育家、北京大学校长蔡元培先生说："要有良好的社会，必先有良好的个人，要有良好的个人，就要先有良好的教育。""所谓健全的人格，内分四育，即（一）体育，（二）智育，（三）德育，（四）美育。学校教育注重学生健全的人格，故处处要使学生自动。""教育是帮助被教育的人，给他们能发展自己的能力，完成他的人格，于人类文化上能尽一分子责任；不是把被教

① 蔡曙山：博士、教授、博士生导师、清华大学心理学与认知科学研究中心主任。

育的人，造成一种特别器具，给抱有他种目的人去应用的。”① 清华大学校长梅贻琦将蔡元培的“四育”扩展为“德智体美群”五育，他有一句世界皆知的名言：“大学者非谓有大楼之谓也，有大师之谓也。”② 蔡先生和梅先生确是有自己教育理念的大教育家，当年的北大清华确系教育家长校。

或曰中国今日之大学校长，已无教育家，官僚而已矣。中国教育之现状，深为国人诟病者不少；中国教育之发展，国人深为担忧。

然凡事皆有例外。首都师范大学副校长、语言学家周建设教授主编的《五开五养教育丛书》似空谷足音，令人耳目一新。周建设先生提出“大教育”之理念，即“人人受教育，人人教育人”“学生心智类型与学校层级知识合理匹配”，主张社会教育与学校教育相结合，教育贯穿人生的全部过程。为此，丛书组织一批教育专家、教育管理者、硕士博士生和学生家长，积极探索中国当代大教育的理论与实践。目前这套丛书，提出“五养”与“五开”，即“母亲养德、父亲养责、师长养范、学校养才、社会养和”；“学前开心、小学开窍、中学开智、大学开悟、青年（硕博）开创”。“五养五开”是大教育理念的展开，这些理念和理论对当前中国教育具有理论创新意义和现实指导意义。

教育本身是一个不断创新的领域，教育的话题则是一个历久而弥新的话题。21 世纪的新兴综合学科认知科学（cognitive science）包括六大支撑学科：哲学、心理学、语言学、人类学、计算机科学和神经科学。近人主张在此基础上再增加一门教育学。因为以探索人类心智奥秘和开发人类心智为目标的认知科学，无论是心智的探索还是心智的开发，都离不开教育。21 世纪更大的一个学科综合群是“聚合科技”（converging technologies），它包括纳米技术、生物技术、信息技术和认知科学，简称 NBIC。《聚合四大科技，提高人类能力》一书断言：“这些突破被用于加快技术进步速度，并可能会再一次改变我们的物种，其深远的意义可以

---

① http：//www. tianzhilou. com/kxl/cgzyl/2011 －08/19/content_ 1193502. htm。

② 清华终身校长梅贻琦，中国新闻周刊，2007 年 11 月 2 日。

媲美数十万代人以前人类首次使用口头语言。”① 这部由美国70多位一流科学家共同完成的“21世纪科学技术的纲领性文献”共分六个部分，最后一部分以“统一科学和教育”为题，断言聚合科学将从根本上改变未来的教育方式。它说：“社会的未来依靠科学的持续进步，而持续的科学进步又依赖于科学教育。”“近来，科学和工程教育非常支离破碎，每个部分都被限制在特定的学科之内。而在将来，通过教育体系的确立，纳米、生物、信息和认知科学所提供的统一概念将作为知识教学的基础。自然科学、工程科学、社会科学和人文科学将汇聚一起。相应的统一科学的基本概念，也将被引进到K－12、本科和研究生教育当中。聚合技术所产生的新工具也会提供高质量、随时随地的教育机会。NBIC科学和工程教育将适用于大多数学生，并且也适用于所有相关成人的继续教育。”

相信本丛书对读者会有重要启示与帮助。期盼更多的仁人志士关注教育，研究教育，成为人才培养的成功探索者和实践者。我们期望，在“大教育”和“科学教育”的新教育理念和理论指导下，中国教育回归“教养”和“教化”的本质。我们也期望，周建设先生所领导的教育研究和实践团队会有更多的成果问世，使我们无愧于有五千年优秀文化和两千五百多年优秀教育传统的中华文明。

① ［美］米黑尔·罗科、威廉·班布里奇编，《聚合四大技术力量，促进人类生存发展：纳米技术、生物技术、信息技术和认知科学》，蔡曙山、王志栋、周允程等译，北京：清华大学出版社，2010。

开智，中学生成长的灵魂

周建设

题记：中学开智——致知开智文史哲，格物开智数理化；以文开智蕴涵理，以理开智伴雅文。

“开智”，即开发智力。这里，开智的含义取自古训“知之在人者谓之知，知有所合谓之智”，意思是说，知识真正进入人的大脑才能称为知识，知识与知识的有机组织搭配才能形成智力。

中学阶段是一个极其重要的学龄阶段，它前承小学后接大学或社会就业，是人生开智的关键阶段。要开智，一定要明确此阶段知识学习的承接关系。前面是小学阶段，所掌握的知识比较简单，而且基本上是以被动接受记忆下来的。知识的系统性和原理性几乎不怎么涉及。因此，对前面的知识，可以在识记的基础上加强辨识，因为小学阶段的思维特点是辨识性的。而往后发展进入中学阶段得接受两种知识：升学知识和就业知识。中学之后究竟有多少学生升学，多少学生就业，各地比例不一样。学生可以根据当地情况，分析自身兴趣志向，确定学习重心。如果计划继续升学，那就重点积累与升学相关的知识；如果打算中学毕业之后马上就业，就多关心与岗位职业相关的知识。这两种知识类型的差别在于一个偏重理论，一个偏重运用。但是，无论去向如何，如何选择知识门类，共同的基础知识必须学习好，比如语文、数学、英语。我国中学课程设置比较狭窄，必修课与选修课的比例不尽合理，不像教育发达的国家，可供选择的课程门类很多。比如美国高中的选修课几乎涵盖了现代社会实用和技能的方方面面，如电信、交通、工业、农业、水利、建筑、制造、驾驶、商业、食品、林业、环境、经济、法律、外语、家政、维修、运动等领域，这些实用的选修课程可以由学生根据自己的兴趣爱好自由选择。我国选修课少，学生要特别注意课外观察和学习积累，以便更多接触将来就业用得上的知识。无论课外学习还是校内选修，都应当参照人的能力标准安排学习。

开智有两个核心：知识积累和智能开发。遵循教育规律和认知规律，紧扣中学知识系统，讲究学习方法，有效积累知识，是开智的基础条件。知识积累的难点在于学校课程设计的合理性和完备性。课程设计应当努力改变学科门类窄、科目少、内容偏等现象，精心设置服务于升学和就业的课程。如果仅仅依升学取向设置课程将使不打算升学的学生缺乏就业的基本知识和基本技能训练。有条件的地区多开设服务于当地社会经济发展的选修课程，建立实验实训基地，方便不升学的学生学习就业本领。服务于升学的知识教育，有效途径在三个方面：明确目标，树立信心；讲究方法，灵活学习；亲身实践，训练能力。中学知识的学习积累，要注意与小学相衔接，要善于发现小学阶段的不足，一旦发现动脑、动眼、动口、动手等方面存在欠缺，就要设法在中学初期加强训练，知识原理方面存在欠缺，更要及时补充。

智能开发强调积极探索科学方法，在知识学习和技能训练中开发智力。智能开发，要在课程上突破。课程设置要为开智奠定坚实基础。由于我国中学课程门类偏少，不能最大限度提供智力培养的基础知识和诱发因子，加上在所谓减负的口号下"文理分科"，易导致人才智能开发的营养不良或畸形发展。我们要努力让学生从重复、刻板的教学中解放出来，还学生更多的时间和精力自主开发智能。如何解放？应按照不同知识类型处理教与学的关系。识记类知识，老师要求，学生熟悉；原理性知识，学生质疑，老师点拨；探究性知识，学生研讨，教师提示；技能型知识，学生实验，教师指导。真正将学生开智的机会和自主权从教师的"关怀""代劳"中回归学生。要实现这些目标，必须完善学生考核机制，逐渐将一考定终身的考试改变为升学考试与全程学业品德成绩相结合的考核办法。应当引进行业人士参与专业课程设计，让知识配置更符合社会需要和人的能力发展需要；还要鼓励学校教师和行业人员相结合组织教学；要从根本上完善教师评价、学校评价机制，不依学生分数和升学率论英雄，要将升学率评价转变为升学就业相结合的评价，将学校业绩的当下评价转变为长远的人才能力与贡献力的评价。这样，教师和学校就能够将刻板的批量化生产方式转变为个性化、智能化人才培养。如此，学生也会有积极性在学习中思考，在思考中学习，夯实知识基础，活跃思维，提高智能。

本人在教育行业耕耘40余年，有幸从事了中学、大学，包括硕士、博士、博士后各个层级的教学工作，在大学主管教学工作10年，在美国访学一年多，调研了几乎全美代表性的学区，包括一些幼儿园，也对美国哈佛大学、斯坦福大学，英国剑桥大学、牛津大学，德国慕尼黑大学、汉堡大学等知名高校的人才培养有过深入调研，深切感悟到："人才养成"应抓住五个要点，我把它叫作"五养"，即母亲养德、父亲养责、师长养范、学校养才、社会养和；"学校养才"也应抓住五个要点，我把它叫作"五开"，即学前开心、小学开窍、中学开智、大学开悟、青年(硕博)开创。

《中学开智》是"五开五养"书系之一，由本人提出核心理念和写作纲要，并多次召开专家论证会。邀请知名教育专家、首都师范大学附中资深校长沈杰老师和李军华老师担任主编。沈老师和李老师组织了富有经验的行家参与编撰。编撰者花费了大量心血，总结梳理教学一线的宝贵经验，形成比较完整的知识系统，细细品来，很有意味，对中学生培养具有重要的指导作用。

我们期望，中学教师深刻认识到中学教学主要任务不仅是学科知识的传授，更重要的是智能开发，自觉将教师的开智能力作为衡量教学能力的重要标准；家长深刻认识小孩在中学阶段的知识学习和智力养成规律，主动配合教师为孩子的智力提升创造良好的家庭教育环境；学生本人能够认识自己的生理特征和心理规律，全身心投入学习，积累知识，积极探索科学途径，实现高效的智力开发。

目　　录

第一部分　入学准备篇

第一章　踏遍青山人年少，风景这边独好——心理准备

第一节　把控情绪按钮——情绪调节

有人说：生命如同一首歌，而青春则是这首歌中最美的乐符。迈入青春期的少男少女憧憬着属于他们的新的生命历程。同时，他们也经历着人生中一段充满“危机”的阶段，其中表现之一是他们情绪的强烈和不稳定，一段小插曲便会引起一场暴风骤雨，这给亲子关系带来了挑战，也会影响同伴关系、分散学习的注意力，因此我们要帮助孩子把控情绪按钮。

【经典案例】

坐在床头，萱翻看着一本厚厚的《安娜·卡列尼娜》，耳边还反复播放着范范的《那些花儿》，伤感低柔的语调萦绕在耳畔。萱沉浸在自己的世界中。

卧室的门倏地推开，母亲风尘仆仆地下班回来。看到床上的萱，不由分说地斥责起来：“又看书，一天到晚地看，你就这样下去吧，老不学习，看你怎么样……”

萱不情愿地扯下耳机，不得不放下《安娜·卡列尼娜》，起身走到书桌前拿起课本。

母亲似乎并不打算就此罢休：“你看看你，我一说才去干，那我能天天在你身边吗？能不能自觉一点啊！……”

萱忍无可忍：“那你到底想让我怎么样?!”

换来母亲更尖锐严厉的怒斥：“什么叫我想让你怎么样？你这孩子，真是越

来越不思进取了……”

萱用力把书一扔，“啪”的巨响，就像一场无言的宣战。萱旁若无人地再度拿起耳机，轻柔的歌声悠然响起。萱拒绝听母亲的话，选择和母亲对着干。

母亲惊呆了。一向活泼且乖巧懂事的萱，近来和父母的谈话却都以大喊或沉默结束，这次更升级为公开对抗。

萱原以为将会发生一场硝烟弥漫的战争，但小说中的那种撕扯哭闹却没有发生。母亲深深地看了萱一眼，走出了她的房间。

喧嚣停止，一切归于沉寂，唯有 MP4 中传来的悠悠歌声悄然弥漫。妈妈的突然离开让萱忽然不安起来，刚才的气势顿时烟消云散。重新拿起《安娜·卡列尼娜》，却看不进一个字，刚才觉得玄妙的文字，竟让萱心如乱麻。萱开始反思自己是不是做得过分了，母亲的唠叨毕竟是出于对自己的关心和爱。

晚饭时，母亲做了丰盛的菜，还不断地给萱夹菜。萱的内心更加愧疚。

晚饭后，母亲找萱心平气和地谈了一次。母亲说：“刚才我们都不冷静，我想平心静气后，我们再好好谈。妈妈并不反对你看课外书，课外书对于你的成长也很有帮助，妈妈只是希望你能合理安排自己的时间，重要的事情优先安排，先做作业，再看书。妈妈也注意让自己的表达简洁。你长大了，我也要变变自己的方式了。你对我吼，我心里真的不舒服……”萱听着妈妈的话，再也忍不住了，大颗大颗的眼泪滚下来：“妈妈，对不起。”

萱与母亲的生活恢复平静。她们之间很少有争吵，当然，母亲的批评总是不可避免的，但都能够以对话的方式进行。母亲在渐渐放手，为她创造发挥的空间。萱感觉自己长大了，不再是那个不能控制自己脾气的孩子了。她能够承担更多的责任，并能安排好自己的事情。

【名师点评】

萱和母亲较好地化解了一次关系危机。步入初中，萱也逐步迈入了青春期。青春期不仅会带来青少年生理的变化，也会由于生理的快速发展引起生理和心理发展的失衡。这造成青少年心理出现半成熟、半依赖、半幼稚状态，他们情感丰富但不稳定，富有朝气但也容易失控。所以，此时的萱不再是那个乖巧听话的孩子，这让父母忽然感到很陌生。面对这种情况，萱的母亲及时调整自己的教育策略，转而与萱进行朋友式的谈话，并用换位思考的方式让女儿了解到自己对女儿的尊重、理解和爱护。初中生出现与父母、老师对抗是一种较普遍的现象，一方面他们以此证明自己的独立，另一方面也是由于他们面临的情绪问题，家长和教师面对学生的成长没能及时调整教育策略，给予他们足够的理解和尊重，从而让对抗升级。父母的理解和尊重是孩子最好的榜样，孩子能更好地意识到不良情绪带来的消极后果，并努力去克服，让自己变得更加有责任感。

（王佳）

第二节　扬起自信风帆——自信

自信是人生的加法，自信的人有积极的人生态度，能了解自己、悦纳自己、尊重自己、为自己做主。

【经典案例】

肖的母亲是总编，工作能力很强，希望女儿也能像自己一样有出息。可肖自打上了初中，成绩就总不理想。肖的情绪本就十分低落，母亲的话却像一盆泼过来的冷水，从头凉到脚："你怎么一天不如一天，小学不如你的同学现在都比你好。"肖咬了咬嘴唇想辩解几句，可没说出来，眼里噙着委屈的泪花。从此，肖的脸上很少有笑容，和母亲有时几天不说话。母亲本想刺激女儿，激发她的斗志，却适得其反。一天，母女终于心平气和地说话了。母亲说："我是为你好，你只有现在考出好成绩，将来才能出人头地。"肖说："我也想考好，可就是提不上劲儿。"说来说去，两人间总有一层透明的膜。

肖更加努力地学习，经常看书到深夜。尽管付出了很多努力，但她的考试成绩还是不理想。母亲了解到女儿的情况后像泄了气的皮球，对女儿也失去了希望。

这时，学校电视台想招聘一名总策划，肖对电影、电视感兴趣，在听到这个消息后跃跃欲试。一听这个消息，母亲的第一反应是这怎么行，现在精力全花费在学习上，成绩都还不理想，怎么能去学校电视台呢？在母亲眼里成绩优秀是最重要的，其他都是次要的。但望着女儿期待的目光，母亲心软了，决定让女儿试一试。肖得到母亲的支持后跳了起来，仿佛辽阔的海面上突然冒出了一艘航船的桅杆。

为了争取这一岗位，肖开足马力，全速前进。一度暗淡无光的眼神又充满了自信。母亲也利用自己的专业为女儿做起高参，帮她策划点子，准备资料。肖有了母亲的帮助，在辩论会上，口若悬河，最终如愿以偿地当上了总策划。

肖刚上任就干了件漂亮活儿，适逢市领导来校参观，她抓住这一时机就减负问题对市长进行了采访。这次采访当晚就在电视新闻里播放了，这下全校都知道肖的才能了。学校电视台在肖的带领下也办得越来越好。

肖的表现让母亲大吃一惊，肖也能够更加自信地站在母亲的面前，母女间的隔阂也没有了。肖将这种自信也迁移到学习上，她的成绩提升到了前十名。

（摘自《孩子别怕》南方日报出版社）

【名师点评】

肖由于升入初中后成绩下降而略显消沉，母亲本想用激将法激励女儿进步，却适得其反。因为肖的成绩下降并非因为努力不足，而是对初中学习不适应。这种不适应和母亲的期望给肖带来巨大的心理压力，压力得不到排解和转化的结果就是：虽然肖很努力，但成绩依然没有起色。但在肖担任学校电视台总策划后，形势发生逆转。肖的策划工作做得有声有色，并将这种优异也迁移到了学习上。担任总策划获得的成功让肖自信，而自信让肖得到激发，特别是她及时得到母亲的支持，这给了她很大的力量。所以，面对孩子的成绩下降，家长和教师不要一味地斥责孩子，这样会打击他们的自信心，没有自信的孩子容易选择自我放弃；而要陪伴孩子，和他一起寻找原因，肯定他们的长处，给他们需要的支持，激发他们的潜力。

（王佳）

第三节　点亮人生航程的灯塔——理想和目标

生活的理想，就是为了理想的生活。

——张闻天

理想如晨星，也许我们永不能触到，但我们可像航海者一样，借星光的位置而航行。

——史立兹

理想和目标是人生航程的灯塔，指引人生前进的方向。我们每向理想和目标迈进一步，生命便绽放绚烂光彩；每当我们遭遇挫折，理想和目标又让我们坚持和豁达。

【经典案例】

魏书生，中国当代著名教育改革家。

魏书生老师引导学生经常想一想自己的未来，想一想长大以后做什么。魏老师的经验告诉他：孩子迈入初中时，便觉得自己是小大人，总觉得自己已成熟了，他们渴望成熟，渴望长大。初中生不自觉地开始讨论自己长大以后干什么。同时，魏老师也体会到人在遇到挫折时，如果目光太短浅了，就会把坎坷曲折看得过难过重，容易一叶障目，只见树木、不见森林；就会觉得人生之路过于艰难，过于昏暗，容易在坎坷曲折面前忧虑、烦闷，甚至悲观。所以，魏老师认为此时倘能跳出现实，让学生的思维到未来游历一番，想一想几年、十几年以后人类的明天，想一想十几年甚至几十年之后自己工作学习的情形，学生便觉得坎坷、曲折、打击、磨难等的所有这一切都算不了什么。过了几十年，再回过头来一看，这都不过是一段插曲，于是人便豁然开朗。

学生在家长和老师营造的良好环境中茁壮成长，但他们长大的过程不可能一帆风顺。魏老师为使学生不至于一遇小片乌云，便产生天昏地暗之感，就引导同学们经常展望一下自己的明天。

于是魏老师出了一个班会题目：35 年后的班会。

时间：XXXX 年的某一天。（注意：那时，各位同学都已是 50 岁左右的人了）

地点：学校。（注意：那时学校一定不像现在这样）

人物：在各行各业、各地区工作的当年的同学们。

事件：大家从四面八方又聚到一起，班会从开始到结束的全过程。

为开好这次班会，同学们先认真写一篇作文。作文中写清 35 年后班会的全过程，然后在班会上宣读自己的文章，比一比谁的想象既丰富、生动、形象，又符合逻辑。

同学们对这篇文章投入了真情，不仅感动了自己，也感动了他人。

学生写道：35 年后，国家已实现了现代化，同学们有的乘坐高速列车，有的自己驾驶着微型太阳能飞机，有的驾驶以海水为燃料的气垫船自渤海湾来到学校。

校园面貌已使许多在外省工作的同学无法识别。当年的两栋平房，变成了造型别致的几座大楼；涝洼塘般的操场，东西两侧建了假山、喷泉、花园。操场中间绿草如茵，四周已变成了塑胶跑道。

变化最大的还是同学们。大家都已是 50 岁左右的人了，但每个人还感觉正当壮年，看上去还很年轻；大家都在自己的工作岗位上做出了突出的成绩，有的成了知名的数学家、企业家、文学家……

有的同学做了园艺工作者，精心培育出了能在盘锦盐碱地生长的枣树、梨树、桂花树、梧桐树，使连大棵杨柳都没有的盘锦也变得和江南城市一样，到处树木葱葱……

平时最爱溜号、学习成绩全班倒数第一的同学参加工作后，痛感没文化的苦恼，他刻苦自学专业知识，在一家文具厂成了发明能手。他拿着自己制作的无尘粉笔献给老师，同学们争着用这种粉笔。粉笔的一端写字时输出荧光粉似的物质，写在黑板上色彩绚丽，用完之后，用笔的尾端对着字迹稍加扫描，那些物质便又回到了笔内……

每位同学在写这篇文章时都带着笑，带着对美好明天的向往。

魏老师还经常引导学生写这样的文章，题目是《日记一则》，月日便是 1 月 1 日，但年份是 2023 年或是 2030 年，总之是今后十年或几十年。让学生想象那时自己的工作单位、工作环境、同事，想象怎样度过一天。

为使学生从时间上想得更远些，魏老师还引导学生写《给一万年之后的中学生的一封信》，写出对万年之后的中学生的学习、生活的设想和愿望，或自己生命范畴内解决不了的难题，需要委托万年以后的中学生们帮忙。

魏老师也引导学生假设自己是500年后的中学生，站在那个时代中学生的角度，给今天的人类写一封信。从未来的角度看历史，便看得清晰，能看出哪些是应做的事，哪些是野蛮、残酷、倒退的事。

魏老师通过实践发现，当引导学生把目光投向自己的未来时，许多狭隘的、无原则的争论都自消自灭了。个别喜欢为鼻子尖下的一点儿个人名利而斤斤计较的事，也不知不觉地销声匿迹了。

（摘自《魏书生班主任工作漫谈》漓江出版社）

【名师点评】

初中生开始探索自己生命的价值，他们喜欢幻想未来，积极的理想目标指引是他们成长的助力器。魏书生老师深刻地认识到理想和目标让学生更加有动力、心胸更宽广，从而以积极的心态面对挫折，感谢人生的每一次经历。而以下的实例也证实了这一点。1970 年，美国哈佛大学对当年毕业的天之骄子们进行了一次关于人生目标的调查：27% 的人，没有目标；60% 的人，目标模糊；10% 的人，有清晰但比较短期的目标；3% 的人，有清晰而长远的目标。1995 年，即 25 年后，哈佛大学再次对这一批 1970 年毕业的学生进行了跟踪调查，结果是这样的：3% 的人，25 年间他们朝着一个既定的方向不懈努力，现在几乎都成为社会各界的成功人士，其中不乏行业领袖、社会精英；10% 的人，他们的短期目标不断实现，成为各个行业、各个领域中的专业人士，大都生活在社会的中上层；60% 的人，他们安稳地生活与工作，但都没什么特别突出的成绩，他们几乎都生活在社会的中下层；剩下 27% 的人，他们的生活没有目标，过得很不如意，并且常常在抱怨他人、抱怨社会、抱怨这个不肯给他们机会的世界。初中生的生命才刚刚起飞，他们对未来充满好奇，教师和家长经常引导学生远眺整个生命历程，他们的生活态度会非常乐观，成功也会离他们越来越近。

（王佳）

第二章　冰冻三尺，非一日之寒——学业准备

第一节　我的“语文”优势哪去了？

古人说，人可一日不食肉，不可一日不读书。古代诗圣杜甫有句名言：“读书破万卷，下笔如有神。”事实确实如此。

【经典案例】

默默在小学学习成绩一直很好，是老师眼里的好学生，同学心中的好榜样，更是爸爸妈妈的骄傲。他每天按照老师的要求，认真完成各项任务。

进入初中以后，她依然是个乖孩子，和以往一样，按部就班，每天主动完成各项作业，还进行了必要的预习与复习。可是不知为什么，几次考试下来，语文成绩总也不能达到优秀。一直在用功，甚至比小学时花费在学习上的时间还多，可成绩怎么还退步了呢？每次语文考试以后，默默回到家都哭成个泪人儿似的，她不能接受这样的成绩，更不能接受这样的现实：努力学习了，却没有得到应该的收获。“不是说一分耕耘，一分收获么？我的付出怎么就是徒劳的？”默默不止一次地问过自己。看着这样不尽如人意的成绩，对比付出，默默一家人都急得不知所措，陷入了迷惘……

无奈之下，爸爸妈妈只好找到了默默的语文老师。他们把默默在小学和进入中学以来的学习习惯、学习方法以及学习效果一五一十地讲述给老师。原来，在小学阶段，默默基本是跟着老师认真学习课本中的知识，父母帮助进行各项检查（字、词、句等的扎实落实等）。但是到了中学，除了这些必要的基础知识以外，

更多的是考察学生的阅读能力、理解能力、提取信息能力，以及一些综合表达能力等。结合默默的试卷，果然，基础知识部分几乎没有失分，但是后边的综合阅读几乎没有全对的，扣分严重，作文成绩也不是很高。

“难道我下的功夫还不够么？现在我该怎么办呢？”默默急切地询问着老师。“是这样的。首先，语文学科的学习，除了关注基础知识的扎实掌握以外，还要进行更广泛的、大量的阅读与必要的练笔。可以说，阅读量对于中学的学习至关重要。其次，初中课堂容量大，教师上课的速度就比较快，许多知识不能逐一强调，这需要学生具有捕捉主要、关键信息的能力，及时记笔记，当然，认真地预习功课，对于提高听讲效率是必不可少的环节……”最后，老师举了一个例子：美国著名科学家富兰克林小的时候十分重视写作，但总是在措词、条理等方面有所欠缺。为此，他的父亲就鼓励他多读书，并把他认为好的记下来，再用自己的语言阐明道理，然后与原文对照，比较彼此的优劣。富兰克林遵从父亲的教诲，从此多读书，读好书，并做读书笔记，时间一久，他不但写作有了很大进步，甚至还能发现书中的不足之处。由此可见，富兰克林的进步都是他勤于“开卷”，善于“开卷”的结果。俗话说：“冰冻三尺，非一日之寒呀……”

老师的一席话让默默一家豁然开朗，自己在小学是下了一定的功夫，但那只是在跟着老师学习。还有一些工作没有做好——大量阅读，注意多练笔，学会独立、主动思考问题等，这些都是学好语文的必备的能力呀！

按照老师的建议，默默每天回家都有计划地阅读名著，进行必要的摘抄，写读书笔记，看阅读技巧方面的书籍，进行强化训练，每天坚持写学习体会（练笔）。一段时间下来，收获非常大。默默尝到了大量阅读有意义的书籍的乐趣，也深知自己在小学缺少的环节现在必须及时补上。每当亲朋好友聚会，大家互相“取经”时，爸爸妈妈总是不忘告诉大家小学多读书的重要性。

【名师点评】

高尔基说过：“书籍是人类进步的阶梯。”多读书，就会增长知识，开阔视野。世界名人培根说过：“读史使人明智，读诗使人灵秀，数学使人精细，物理使人深沉，伦理学使人庄重。”这诸多意思，可一言以蔽之：开卷有益。马克思开卷，获益甚多。他写《资本论》时，就读了一千余册的自藏书，还到大英博物馆看了三间房子的书。马克思如果不开卷读书，可能就写不出《资本论》。古今中外众多名人告诉我们读书的益处，读书是提升我们个人素养的必经之路。

（刘志艳）

第二节　学习英语要有毅力

【经典案例】

每次接初一的班级，老师们都会发现很多学生英语非常的优秀，无论是口语表达能力，还是考试成绩都非常出色，他们信心十足，斗志昂扬，老师和家长也会因此而非常高兴。妮妮就是一个英语学习的佼佼者，期中考试英语成绩全班第一，在学习经验交流会上，老师请妮妮谈谈她的英语学习体会。

这是妮妮同学在学习经验交流会上的发言稿：

亲爱的同学们，大家好！我想先给大家讲一个故事……

传说中，有一块石头上滴的水要和汹涌的浪涛比比谁的力气大，看谁能把石头穿透。浪涛很自信，因为石头上滴的水和他相比实在是太渺小了。但是石头上滴的水毫不气馁，他们约定一个月后见分晓，然后便各自努力去了。石头上滴的水想：既然我没有浪涛的劲儿大，我就必须付出比他更多的时间才能取得胜利！想完，他就开始不断地向下滴水，任滴下的水在石头上溅出美丽的小水花，仍不间断地滴着滴着……而浪涛呢，他想：石头上滴的水哪有什么力气呀，他实在太渺小了，跟我比，他真是螳臂当车——自不量力！等着吧，我只要使劲一涌，石头就会粉身碎骨了！想罢，他就开始玩耍了，他只等着在最后那天“发力”了。两个星期过去了，石头上滴的水已经把石头滴出了一个坑了；而浪涛却还在玩耍，似乎已经把比赛的事抛到九霄云外了。最后一天，石头上滴的水经过不懈努力，终于将石头滴穿了；而浪涛使出全身的力气，最终却没能如愿以偿地将石头穿透，更别说是使石头粉身碎骨了！

同学们应该明白了我的意思。实际上，英语学习没有太多的捷径可走，必须要多下功夫。我的英语之所以能学得比较好，除了迅速调整学习方法，严格按照咱们英语老师的要求去做以外，与小学的一些习惯和基础是密不可分的。而这些习惯，在升入中学的两个月以来，我一直坚持着。现在与大家分享一下：

第一，树立信心

俗话说，自信是成功的第一步。自信心对于英语学习尤为重要，记得我们在小学的英语学习侧重听说，其中说占很大比例。平时的跟读、回答问题、唱歌、游戏、对话、表演都要用到“说”。假如一开始没自信心，怕出错误，不敢开口说，那么就无法得到练习，更不会有进步，而且会越学越没劲。所以树立良好的自信，说英语，用英语，不怕犯错误，是学好英语的第一步。所以，我要劝那些在英语课上还不敢开口的同学：“张开嘴巴，大声学说英语，你一定会进步！”

第二，养成良好的课堂习惯

英语课堂是我们学习英语的主阵地。在课堂上参与得越多，就学得越多。这种参与是指全身心地投入。良好的课堂习惯是保持较高参与度的前提。它包括：集中注意力听讲，积极参与各种课堂活动（游戏、对话、唱歌、调查、表演等），大胆开口说英语，不取笑其他同学的错误，服从老师的指挥，书写工整，善于做笔记。

第三，根据需要进行预习、复习

根据认知心理学的研究，知识只有在不断得到归类和编码而形成认知结构时，才能被人较好地掌握和记住。英语的学习也需要在不断地预习、学习、复习中对已知知识进行重复和编码，以形成良好的认知结构。

第四，每天自觉地听录音、朗读、背诵、记忆

学语言不是一件容易的事，非下苦功夫不可。学英语贵在坚持。匈牙利著名女翻译家卡扎·罗姆索通晓十多种语言，她的学习经验第一条是：学习不中断，哪怕每天挤出十分钟也好。坚持每天读英语对我的帮助很大。

小学的几年坚持，无论在学习方法、学习习惯，还是知识储备等方面，都为我以后的学习奠定了良好的基础……

【名师点评】

妮妮同学的建议怎样？以前的小孩子学诗有一个经验，“熟读唐诗三百首，不会作诗也会吟”。这经验也适合于我们学英语。朗读久了，熟能生巧，在一定情况下便能脱口而出，为后续的学习打下必要的准备。当然，“学无定法”，每个人都应该根据自己的情况确定适当的学习方法。但是，良好的学习方法还是存在普遍规律性的。天下无难事，只怕有心人。凡事只要按照方法，持之以恒，一定会有收获。要对自己有信心，相信自己，付诸实践，坚持下来，你一定能行！勤奋＋努力＝成功！

（刘志艳）

第三节　必不可少的数学基础

有人说：初中数学是一个“换脑”的学科，它能把孩子的“小学生思维”转变成“成人的思维”。可见，初中数学地位之重要。“万丈高楼平地起”，这是离不开小学的坚实数学基础的。

【经典案例】

“我是一名初中一年级的学生，刚上初中还有点不习惯。尤其是那数学，我在小学时，数学成绩都是95分以上。现在……哎！有次竟然考了49分……爸爸妈妈很着急，我也蛮着急的……别的科目都还凑合，就这数学……告诉我应该怎么样学习数学……救救我啊！……”这是一位刚刚升入初中的学生的求助信。

针对这位同学的困惑，一位资深的数学特级教师进行了分析并给出了建议：

在小学时，很多同学对数学学科非常感兴趣，数学成绩也一直很出色。进入初中以后，大多学同学都会有上面这位同学的困惑。应该说，从小学进入初中后，数学学习的要求和环境都发生了质的变化，有部分学生会感到不适应，这需要家长和孩子特别注意，并做好相应的准备工作。为什么会出现这样的情况呢？一些专家和一线数学教师普遍认为：小学阶段数学考查的更多的是基础知识，家长们也忽略了孩子在一些能力上的提升。然而，初中数学，除了考查一些必需的基础知识以外，更多的是应用知识解决问题的能力。而这些能力不是一朝一夕形成的，是需要从小学就开始培养的。

1. 运算能力——速度与准确率

小学数学的重要任务是培养计算能力。小学生应能正确地、迅速地进行整数、小数和分数的四则计算，达到这个要求，才能为升入中学进一步学习打好基础。

2. 逻辑思维能力

小学生的思维方式正处在从具体形象思维转向抽象逻辑思维的过渡阶段。他们的思维一般要借助实物、图形或者头脑中的表象来进行。仅有具体形象思维是不够的，还必须掌握抽象逻辑思维的方法，以提高思维能力。

3. 初步的空间想象力

要培养初步的空间观念，对物体的形状、大小、位置、方向、距离等有明确的认识，对学过的形体以及接触过的物体、场地、河山等能够在头脑中形成表象。借助表象进行思考，并以此为起点培养初步的空间想象力。

4. 牢固掌握简易方程和几何基础知识

列方程解应用题能解答复杂疑难的问题，也是中学的主要解题方法，小学应该学好几何基础知识，为中学做好准备。

【名师点评】

数学是一门逻辑性很强的基础科学，人们通过数学推导出的种种概念、原理与规律指导日常生活。有人把数学对于人类的意义比作生活中不能缺少盐一样。离开了数学，人们的生活将寸步难行。所以，世界各国都把数学教育列为国家基础教育的重要课程，首都师范大学的王尚志教授有一个观点：重要数学从小学数学开始。小学数学基础的重要性可见一斑。

“万丈高楼平地起”，同学们在学习中不但要关注基础知识的储备，也要注重基本能力的培养，为日后的学习打下精良的基础。

（刘志艳）

第三章　生活准备

第一节　时间——最浪费不起的财富

诺贝尔物理学奖得主皮尔说过："没有哪一种不幸可与失掉时间相比了，我的成功就在于我善于利用和管理时间，并把它培养成我的一种习惯。"能管得住自己的孩子才有好未来，这个"管"是指自我管理。初中是人生的十字路口，不是避风的港湾，而是拼搏的战场。谁能够合理有效地安排时间，谁就能够赢取这场战争。

【经典案例】

拖拖上初中一年级了，一个星期以后的周一，他红肿着眼睛、哭丧着脸跟我说："老师，我的计划泡汤了。昨晚我妈还骂了我。"我问道："上个星期你不是坚持得很好吗？怎么又泡汤了呢？"

原来，上周末，拖拖的爸妈出差了，周六他在游乐园疯玩了一天，晚上回家又碰巧有他最喜爱看的动画片，于是他就一鼓作气看到自己睡着了。周日，正当他专心写作业时，他的好友上线了，说中学生活很没意思，想和他聊聊天。拖拖一看时间还早，就和他狂聊起来，一来二去，一个上午就这样溜走了。下午，拖拖想：赶紧复习一周的知识吧。嘿！二姨妈说他一个人在家不放心，看他来了。拖拖是个有礼貌的孩子，赶紧放下作业，又和姨妈聊起了家常，说到开心处，姨妈和拖拖高兴地抱成一团。这不，拖拖恋恋不舍地送走了姨妈，已是华灯初上了。拖拖晚饭都没顾上吃，拿起作业认真地做了起来。这时，妈妈出差回来了，一看他的作业还没有做完，非常生气，认为拖拖根本没有用心写作业。拖拖很无辜地看着妈妈："我认真写了呀，您看我做了的题目一道都没有错，只是我没有时间罢了。"妈妈不听则已，一听更气不打一处来，张口就骂，狠声说道："上次分班考试，你就是在考试的时候做题太慢，没有答完卷，最后的两三道大题空在那儿，前面虽然都对了，有什么用啊？你还不是进了普通班！"妈妈开始了长篇的说教，拖拖委屈地哭了起来……

【名师点评】

应该说，拖拖是个严重不会自我管理的孩子，尤其在时间的管理上。孩子在学习时家长不但要引导孩子珍惜时间，还要教会孩子合理利用时间，提高学习效率。

科学利用时间有两种基本方法：一是对每一时刻都计划好；二是根据个人特点以及所要做的具体事情的具体情况，恰当安排这件事的时间。在时间的管理上面，家长应该参考时间矩阵图，帮助孩子树立"要事第一"的原则，同时，教育孩子要抓住零碎时间。

（汪泽春）

第二节　规则——站到有纪律的团队中去

美国是一个敬畏法律、敬重律师的先进法制国家，有23位总统出身于律师。美国家长从小就十分注意培养孩子的规则意识。下面这个故事是我们孩提时代常常目睹或经历过的寻常小事，而美国家庭却悟出了教育的真谛。

【经典案例】

吉米11岁那年迷上了垂钓，只要有空，就会去家乡湖心岛的码头上钓鱼。

记得那是鲈鱼季节开放的前一天晚上，他和父亲早早地就开始了垂钓。他系上鱼饵，练习着如何抛线。吉米特别盼望着能在这个美好的夜晚，钓到一条大鱼，这样他就可以向伙伴们炫耀他的运气和手艺了。

突然，鱼竿的端头向下钻了一下，接着，整个鱼竿都向下弯了，吉米知道一定是钓到了一条大鱼。父亲在一旁惊异地望着，他技巧纯熟地在码头边沿和那鱼儿周旋，眼神中充满了赞赏。

最后，吉米将筋疲力尽的鱼吃力地提出水面，他兴奋得一下子倒在地上。哟！这是吉米所见过的最大的一条鱼，还是一条鲈鱼呢。

父亲擦着一根火柴，看了看表：十点钟——距离钓鱼开禁的时间还有两小时。他看了看鱼，又看了看吉米。

“孩子，我祝贺你，但你得把它放回去。”父亲说道。

“为什么？爸爸！”吉米大声叫道。

“现在还没到允许钓鱼的时间。”

吉米环视了一遍湖的四周。月光下静静的，附近一个人也没有。于是他辩解道：“可这……没有人会来执法呀?”

“可我们心里得有规则。鱼，今后还会有的嘛。”父亲说。

“但不会有这么大的了。爸爸！就这一次吧，好吗?”吉米几乎是在乞求父亲。

“不行！必须放了它。”父亲的脸色异样地严肃。

从他不可动摇的语气中，吉米知道这个决定是没有任何商量的余地了。吉米只得慢慢地将鱼钩从大鲈鱼的唇上取下，然后蹲下将它放回水中。吉米心中万般不舍，感觉像与心爱的伙伴诀别一样，心想：我不可能再见到它了，也不可能再看到这么大的鲈鱼了。吉米的眼中涌出了泪水。

那是30年前的事了。现在，吉米已是纽约的一个成功建筑师，他仍旧常常带着儿女到这个码头上来钓鱼。

吉米的确没有猜错。自那次以后，他就再也没有钓上过那么大的鲈鱼了。但每次当他面临道德难题而举棋不定的时候，吉米的眼前就会再次浮现出那条鲈鱼来。

吉米不能忘记父亲曾告诉他，要做一个合格的公民，首先得心里有法律。即便是没人瞧见，即便是一件微不足道的小事，我们也绝不能放弃对道德准则的尊重。

30年前，吉米失去的只是一条鲈鱼；现在，吉米得到的却是一生的精神财富。

（摘自《美国家训》）

【名师点评】

有规则意识的人过马路看是不是红灯，没有规则意识的人过马路看有没有警察。有规则意识的学生重视规则超过老师的脸色，没有规则意识的学生才会“得寸进尺”。

初中就像是行驶中的转弯和爬坡，生活常识告诉我们，当迅速行驶的汽车在转弯或上坡时，缺少准备的乘客会因惯性而站不稳或摔倒，而各个学校也是“要求各不同、规矩大变脸”。作为家长，要及时根据各校《学生手册》，熟悉学校管理，指导子女结合自己的实际情况，注意从生活、思想、学习各方面严格要求，帮助孩子做到自我管理、自我约束、自我教育，适应新的环境。让孩子在学校纪律的陪伴下自由成长，在追求自由中适应学校的规则，这才是最好的关心和爱护。

一个孩子一个世界，他只有站到有纪律的“团队”这个大世界中，才能充分发挥他的潜能。

（汪泽春）

第三节　友情——一朵花装扮不出春天的美丽

阿拉伯哲人曾经说过：“只有优异的成绩，却不懂得与人交往，就是个寂寞的人；只有过人的智商，却不懂得控制情绪，就是个危险的人。”确实，选择什么样的朋友，怎样对待朋友，将对我们的生活造成很大的影响。所以我们要珍惜友谊，善待朋友，以一颗宽大的心包容他们，以一颗关爱的心为他们分担，将友情之树浇灌得郁郁葱葱。

【经典案例】

两个年轻人外出旅行,因为迷路而越走越远,到了一个人迹罕至的地方，这个地方距离最近的村镇也有几百公里。眼看着所带的食物没有了，而要返回也是不可能的。

正在绝望的时候，他们遇到了一个钓鱼的老人。老人手里拿着一根鱼竿，鱼篓里有一些鱼。他们立即向老人求救。老人说：“从这里走到有人烟的地方，至少有七天的路程，我把手里的两样东西送给你们，你们自己渡过难关吧。”老人让他们自己选择，要么要鱼篓的那些鱼，要么要钓鱼竿。年龄大些的要了鱼篓里的鱼，他说：“我没有力气去钓鱼了，我吃着这些鱼回去吧。”他拿着鱼篓上路了。年轻一点的拿了钓鱼竿以后，心里想，有了钓鱼竿就去找有鱼的地方钓鱼，也没有问题。他很高兴地从老人手里接过钓鱼竿后就上路了。

几天过去了，拿了鱼的那个人把鱼吃光了，但是也仅仅走了一半的路程，在他要开始下一半路程的时候，饿死在了路上。

而拿了钓鱼竿的人呢？他拿了钓鱼竿以后就寻找能够钓鱼的地方，当他距离有鱼的地方还有十几公里的时候，再也走不动了，也饿死在了路上。

很多年以后，又有两个年轻人同样因为迷路到了这个人迹罕至的地方。在他们山穷水尽的时候，遇到了一个老人，老人手里有两样东西，钓鱼竿和有一些鱼的鱼篓。他们向老人求救，老人依然分别送给他们每人一样东西以后就走了。

这两个年轻人是好朋友，他们商量，我们不能分开，两个人的力量和智慧肯定比一个人大，我们共同吃着这些鱼去寻找钓鱼的地方，边钓鱼边向有人的地方靠近就有救了。

果然，在鱼篓里的鱼将要吃尽的时候，他们找到了钓鱼的地方，一个上午就钓了十多斤鱼。而后，他们把钓的鱼晒成鱼干，向着来路走；不久，又发现了钓鱼的地方，他们又钓了很多的鱼。

十几天以后，他们成功地从死亡之地脱困，回到了出发的地方。

（摘自《小故事大道理》）

【名师点评】

纵观孩子的一生，对孩子影响最大的人，除了家长、老师，就是他身边的朋友。所以，家长帮助孩子寻找一些“益友”，无论是对孩子的学习还是生活来说，都将具有无穷的“塑造改造力”。合作，是寻找“亲密战友”的前提，有人一起奋斗的日子，孩子才不会觉得孤独，才会信心十足、勇往直前，顺利完成初中三年成长的蜕变。同时，我们更应该告诉孩子：有了矛盾和问题，要学会好好沟通，不要因此就放弃了友谊；有了猜疑，要学会信任，否则事情只会越来越糟；遇到事情的时候，要学会与别人合作；别人有困难的时候，要给予力所能及的帮助；面对别人的错误，要学会宽容，当你为别人推开一扇窗时，你自己也会看到满园春色。

（汪泽春）

第四节　亲情——一扇没有上锁的门

谁不是在亲情的濡沫下长大，亲情的力量跨越时间而存在，都说家是人生最温暖的港湾，因为在这里可以不惧怕风雨的侵袭。亲情和家是我们永远都不可或缺、永远也忘怀不了的人生风景。

【经典案例】

乡下小村庄的偏僻小屋里住着一对母女，母亲深怕遭窃，总是一到晚上便在门把上连上三道锁；女儿则厌恶了枯燥而一成不变的乡村生活，她向往都市，想去看看自己透过收音机所想象的那个华丽世界。

某天清晨，女儿为了追求那虚幻的梦离开了母亲。她趁母亲睡觉时偷偷离家出走了。“妈，你就当没我这个女儿吧。”可惜这世界不如她想象的美丽动人，她在不知不觉中，走向堕落之途，深陷泥淖而无法自拔，这时她才领悟到自己的过错。

十年后，已经长大成人的女儿拖着受伤的心与狼狈的身躯，回到了故乡。她回到家时已是深夜，微弱的灯光透过门缝渗透出来。她轻轻敲了敲门，却突然有种不祥的预感。女儿扭开门把时吓了一跳。“好奇怪，母亲之前从来不曾忘记把门锁上的。”母亲瘦弱的身躯蜷曲在冰冷的地板上，以令人心疼的模样睡着了。“妈……妈……”听到女儿的哭泣声，母亲睁开了眼睛，一语不发地搂住女儿疲惫的肩膀。在母亲怀里哭了很久之后，女儿突然好奇问道：“妈，今天你怎么没有锁门，有人闯进来怎么办?”

母亲回答说：“不只是今天而已，我怕你晚上突然回来进不了家门，所以十年来从没锁过门。”

母亲十年如一日，等待着女儿回来，女儿房间里的摆设一如当年。这天晚上，母女回复到十年前的样子，紧紧锁上房门睡着了。

【名师点评】

自从上了初中后，宁宁再也不像以前那样黏着妈妈了，放学回家后经常躲进自己的房间里，并且还关上了门。但是，宁宁经常和妈妈说的一句话是：“妈妈，我长大了，你待在客厅里陪我吧，我将房门关上，但不上锁。”

上了初中的孩子，他们认为自己长大了。他们一方面很渴望父母将自己当作成人看待，渴望独立，有自己的思想和行动，自己决定自己的事情。但是另一方面他们又缺乏社会经验，还是离不开父母的帮助。

作为家长要做到尊重孩子，维持良好的亲子关系，理解孩子情绪的波动和跌宕。既要尊重他们的独立性、自主性，充分给予他们自己选择的空间，同时又不能过于放任自流，没有要求。在尊重人格的同时，引导他们遵守一定的社会规范。

初中的孩子，特别是处于青春期的孩子，需要妈妈待在客厅里，和他中间隔着一扇没有上锁的门，这就是我们和孩子的最佳距离。

（汪泽春）

第二部分　快乐学习篇

第一章　培养良好的学习习惯

第一节　培养独立思考与独立完成作业的习惯

一、多问“为什么”

其实，独立思考并不难，关键是要有对事情的“问题意识”，凡事多问几个为什么，就能够帮助我们很好地打开思路，探寻事物的本真。

【经典案例】

有人说，人生就像一场马拉松，每个人从出生就开始赛跑。马拉松没有终点？不，应该说马拉松有许多终点。也许只要你超过前面的对手，或者战胜自己时，你便赢得了这场赛跑的胜利。

那天，炎热的太阳炙烤着大地，周围的气温猛增。窗外的知了不停地聒噪，似乎要将这夏的炎热喊出来。教室里，风扇呼呼地吹着，却吹不走沉闷。在这风扇的转动声中唯一能听到的声音便是笔与纸摩擦的声音，大家都在为明天的考试复习着，奋斗着。

小梅盯着试卷上的数学题出神，大脑却在飞速地运转着：“为什么会有这样的结论？我该怎么做？”看着已经写了满满一大张的演算稿纸，小梅却理不出半点思路。她不甘心，继续盯住这个图形，试图从中找到蛛丝马迹。但是，她很快就失望了。在这个图形里，除了那些已知条件，她没有找到任何可以启发自己的信息。“我该怎么做？为什么会有这样的结论？”小梅继续发问着。汗顺着额头滴下来，一滴一滴地滴在稿纸上，浸湿了稿纸，手中的笔也渐渐被她攥湿了，但她不愿放弃。风扇依旧呼呼地吹着，但吹不走她的苦恼，吹不来解题的思路。她决定换换思路，将试题暂且放一放。

她起身来到了窗前，但脑中的思维还在飞快地旋转着，她念着那些条件，反复地问自己：“为什么？我该怎么办？”窗外，一群小孩正在玩着搭图游戏。他们用长长的木棍搭出一个三角形，并站在图形里看谁的空间最大。突然，他们推搡了起来，似乎因为地盘的不均发生了矛盾。一个小男孩拿起一根木棍，将这个三角形分成了两个，小男孩们又相安无事地玩了起来。看到这个景象，小梅笑了笑，终究是小孩子，闹得快，好得也快。

重新回到了桌前，她拿起手中的笔，继续演算。依旧是那样的图形，依旧是那样的条件，依旧是萦绕在脑中的“为什么”，但当她再次坐下时，脑中灵光一闪，她兴奋地拿起了笔，画了一条长长的辅助线。Good！这道难题，竟然被这样一条小小的辅助线解决了！小梅莞尔一笑，拿起笔，飞快地攻破下面的题。果然，依照同样的思路，这些题很快也缴械投降了。

第二天，小梅信心满满地走进考场。果然不出所料，由于昨天的努力奋战，今天的题小梅答得格外顺手，一会就完成了，也包括最后那道选做题。

试卷发下来时，一切如小梅所愿，她得到了满意的分数。

【名师点评】

中国古人说“学贵有疑”，上文中的小梅在遇到问题时，没有急于寻找答案，而是依据所出示的条件，反复地思考“为什么”，正是在这种问题意识的指引下，小梅积极地思索，最终在小孩子的游戏中获得了灵感，寻找到了自己想要的答案。这并非偶然，而是其苦苦思索的结果。其实，在生活中，在学习中，我们的独立思考的习惯并不是一下子就可以练就的，但是我们却可以培养自己的“问题意识”，让自己对很多常见的现象与条件进行思考，最终寻找到突破点，得到自己想要的答案，从而养成独立思考的习惯。

二、“让我再想想”

为学之道，必本于思。思则得知，不思则不得也。

——晁说之

清代著名诗人赵翼曾经有一首诗：“只眼须凭自主张，纷纷艺苑漫雌黄。矮人看戏何曾见，都是随人说短长。”诗的大意很简单，即要想在文学上形成自己独到的见解，就不应该鹦鹉学舌，人云亦云。

很明显，独特的见解很大部分是建立在独立思考的基础上，尤其在青少年的学习中，培养独立思考的习惯在以后的学习生活中有着举足轻重的地位。

【经典案例】

德国的神父卡尔·威特是一位成功的父亲，通过他的教育培养，他的儿子小卡尔·威特被称为19世纪德国的神童。小卡尔·威特八九岁时已经能够自由运用德语、法语、意大利语、拉丁语、英语和希腊语6国语言，也通晓化学、动物学、植物学和物理学，而他尤为擅长的是数学；9岁时他考入莱比锡大学；10岁进入哥廷根大学，他于1812年冬天发表了关于螺旋线的论文，受到一些学者的好评；13岁时他出版了《三角术》一书；1814年4月，他由于卓而不群的成绩而被授予哲学博士学位。

小卡尔·威特之所以能够取得如此巨大的成就，除了和父亲老卡尔·威特的悉心培养有关，也和他在小时候就开始养成的独立思考的习惯有着很大的关系。

小卡尔·威特在学习上一直都表现得特别轻松，任何有关数学的题目他都似乎能够很不费力地解答。为了让儿子的能力有所提高，有一次老卡尔·威特给他安排了一道远远超出他能力范围的题目。老卡尔·威特讲道：

指定题目之后，他就开始像往常一样专心致志在书桌前认真思考起来。每当这时，我会离开房间让他能够在安静的环境之中独立思考。

过了很长时间，卡尔还没有从房间中出来。我感到有些诧异，虽然那道题很难，但卡尔以前从未用过那么长的时间去解习题。何况现在已经远远超出了我给他规定的学习时间。

我走进房间时看见卡尔仍然在那里冥思苦想，而桌上用来做习题的纸仍然是空白一张，什么字都没有。

我问儿子："怎么，是这道题太难了吗?"

儿子抬起头来看了看我，一语不发。

我看卡尔此时满脸通红，天气不热他却满头大汗。我当时的第一个反应就是儿子一定生病了。

"卡尔，有什么地方不舒服吗?"我问。

"没有，我在想怎样解答这道题。"卡尔回答道。

"现在已经超过了时间，如果你认为太难就先休息一下吧，明天再来解决它。"我说道。

"不，爸爸，再等一会儿。我似乎就快要找到答案了。请您再给我一点时间。"卡尔说完就继续埋头思考。

我想儿子正处在解答问题的关键时候，不应该打断他。于是，我又走到了房间外，和卡尔的母亲谈论这件事。

快要吃饭的时候，儿子的母亲有些按捺不住了，她对我说："你应该让儿子出来了，恐怕那道题太难，卡尔的自尊心太强，害怕做不出而难为情。你去劝劝他吧，不要让他太累。"

于是我又走到了儿子身旁。

"卡尔，你已经尽力了。解不出来没有关系，这道题的确太难了。"我对儿子说。

"不，爸爸，快要做出来了。"儿子说，"您不是告诉我要坚持不懈吗？我已经找到了解这道题的方法，就是差一点点。我想我马上就能完全解答它。"

面对儿子这样的态度，我还能有什么话说呢，只能和妻子在外面耐心地等。其实我们已经作好了儿子不能解出题的思想准备，只是觉得儿子既然有那份恒心就尽量支持他。

“爸爸！爸爸！”不久，我终于听到儿子兴奋的喊声。在那一刹那我感到无比的激动，从儿子的声调来看，他成功了。

不出所料，儿子拿着那道题的答案，蹦蹦跳跳地跑了出来。

我看了他的答案，完全正确，并且他的理解思路之巧妙，似乎还在标准解题方法之上。

那天晚上在饭桌上，儿子不停地对我说他是如何去思考，又是如何去寻找解题的着眼点。他也承认那道题实在太难了，他说他从未碰见这样的难题，但他同时也为自己能够成功地做出来而感到自豪。

（摘自《卡尔·威特教育全书》）

【名师点评】

通过上文，我们看到了小卡尔通过自己的独立思考，成功地寻找到了解决这道数学难题的思路，并且得出正确的答案。正是这种习惯，使他在遇到难题时不仅挑战了自己，同时也锻炼了自己的意志，使自己在收获成功的喜悦时坚定一种良好的习惯，并形成一种良好的意识，即“坚持到底总能见到彩虹”。不能否认，小卡尔·威特在解题时也遇到了困难，也曾想到退缩，但是他最终凭借自己的独立思考看到了希望，而这也符合老卡尔·威特对培养小卡尔·威特良好习惯的期许。正如老卡尔·威特所说：“等到儿子再大一点，懂得的知识更多一点，他再提出问题时，我就不再立刻给出答案，而是让他先思考一下，尽量让他自己去找出答案来。”独立思考，是一种主动学习的姿态，是对自己思维的挑战，虽然艰难，却可以让你在学习中形成更好的习惯和获得更多的能力。

三、“相信我能行！”

我没什么办法，只是对于一件事情很长时间很热心地去考虑罢了。

——牛顿

很多伟大的科学家和思想家都是在独立思考的基础上，努力完成自己的事业的。这并不代表你可以不依靠任何人，但是对于你的学习过程和你的探索过程，你的地位是无可代替的。所以，很多事情我们并不能依靠他人，或者是完全地依靠他人，我们需要的是依靠自己，“相信我能行!”

【经典案例】

卓娅的学习成绩很好，虽然某些功课她学着很吃力。有时候她做数学和物理学功课做到深夜，可是始终不肯让舒拉（卓娅的弟弟）帮助她。有好多次，舒拉早已预备完功课了，可是卓娅仍旧伏在桌上。

“你做什么呢?”

“代数。算不出这个题。”

“来，我算给你看。”

“不用，我自己想想吧。”

半点钟过去了，一点钟过去了。

舒拉气愤地说：“我睡觉去了！答案在这里。你看，我放在这里了。”

卓娅连头也不转。舒拉愤怒地一挥手就去睡了。卓娅还要坐很长时间。在十分困倦的时候，她就用冷水洗脸，洗完了仍旧在桌旁坐下。

题的答案就在旁边放着，伸手就可以取来，可是卓娅连往那边看也不看。

第二天，她的数学得了个“很好”，这事并不使班里的任何人惊异，可是我（卓娅和舒拉的母亲）和舒拉都知道这些“很好”的代价是什么。

舒拉的天资很高，一切都理解得很快，但是预备功课却常常很粗心。有时候他拿回家的评分是“中等”。每次“中等”的评分使卓娅伤心的程度比弟弟本人更甚。

“这是你的工作，你明白吗？你没有权利不认真对待自己的工作!”

舒拉先皱着眉唉声叹气地听着，后来实在忍耐不住了：

“你以为我不懂这些圣明的话么?”

“如果你真懂，你就要用事实来证明！你不是翻弄了几页就把书扔下了吗?你既然开始做了，就应该有始有终！我不喜欢你敷衍了事。那样简直令人讨厌!”

“卓娅，你为什么这样愁眉不展呀？”

“化学得了‘很好’。”卓娅不高兴地回答说。

我的脸上显出了惊愕的神气，舒拉甚至忍不住哈哈大笑起来。

“成绩‘很好’倒使你难受了吗？”我问道。我真有些不相信自己的耳朵和眼睛了。

因为卓娅坚决地不说话，舒拉就开始说道：“我现在把一切都对你说明白了吧。你知道吗，她认为化学她知道得不够‘很好’。”

我莫名其妙地等待着下文。

“你想想，妈妈，有时候卓娅的做法任何人都不能理解。

“就拿这个评分说吧，班里的任何人得到‘很好’的评分只能高兴，谁也不能再讨论这个评分是应得的或不应得的。化学老师给打的，就完了。

“不，卓娅太过于认真了！或者，你看：

“前两天，伯里卡·佛民阔夫写了一篇作文，写得很好，很有才智，可是他知道自己的毛病：他的文章里向来有很多文法上的错误。所以他就在末尾写了：‘我不喜欢不带文法上的错误的俄罗斯语言。’大家都笑了，可是卓娅却责备了他。她说，这是他的工作，他的事，在这里没有开玩笑的余地……”

舒拉愤慨地继续说：“我生气的是她本来也懂得玩笑啊，她也喜欢说说笑笑啊，可是在学校里，我想，谁也不会猜想她会懂得玩笑的。只要谁一捣蛋，嗯，就是淘气呀，”他看见了我的眼神，就赶紧改正了，“并且不怎么严重，只是一点点儿，卓娅马上就把人训一顿。再有，也是昨天，你想也想不到教室里吵得多么热闹啊！那一课是默写。一个女孩子问卓娅‘经过’的‘经’字怎样写，可是卓娅就没有回答她。你看，固执不固执啊！全班里的人分成了两派，差一点儿打起来，一些人喊卓娅不是好同学，另外一些人喊卓娅是有原则的……”

“你喊什么了呢？”

“我什么也没喊。但是你要知道，如果我是她，我什么时候也不能拒绝同学。”

我们两人都沉默了约一分钟。

我就说了："你听着，舒拉，在卓娅做数学题做不好，可是你早已做完了的时候，她求你帮助她吗?"

"没，没求。"

"你还记得那次她算那个难解的代数题，算到早晨4点钟，可是最终依靠自己解答了吗?"

"记得。"

"我以为这样严格、这样认真地对待自己的人，有权严格地对待别人。我知道，孩子们这么想：给人提醒，这是神圣义务。当年在我们的中学里这是规矩呀。可是，这是旧的，不好的规矩。我不能尊敬那些依赖别人告诉和偷懒的人，我尊敬卓娅，因为她有勇气率直地说出这个来。"

（选自《卓娅和舒拉的故事》）

【名师点评】

上文中，在大多数人的眼中，卓娅完全可以依靠舒拉的帮助解答这道题，但是卓娅坚持用自己的力量，通过自己的思考来解答这道题，最后卓娅成功地完成了这道题。在这里，作业不再仅仅是作业，而是一种主动、认真的学习、工作态度。正如卓娅在故事中所说："你没有权利不认真地对待自己的工作!"正是这种独立认真完成作业的习惯，使卓娅在分析和解决问题的过程中，不仅使新学的知识得到了应用，锻炼了思维，更是在运用与巩固知识的同时，收获了对人生应持认真、负责态度的宝贵财富。

（刘春新）

第二节　培养课前预习和课后复习的好习惯

世界上最早的教育教学论著《学记》云：善学者，师逸而功倍；不善学者，师勤而功半。著名教育家陶行知认为，学生的学决定着教师的教，而不是教师的教决定学生的学。良好的学习习惯决定着孩子一生的发展。新的课程标准也开始更多地关注学生的学习方式，课前预习和课后复习的好习惯是培养孩子自主学习能力的根本，在某种意义上决定着孩子的学习能力。

一、预习是块简易有效的敲门砖

良好的开端是成功的一半，预习能力是独立学习能力形成的前奏。

日本学习方法研究会会长石川勤先生认为：所谓预习，也就是在上课以前，要明白自己想学什么，想知道什么，然后带着问题去上课。这样一来，课堂学习就会充满活力，学习不再是别人的事，自己就会变成课堂的主人。

【经典案例】

王立刚刚上初一，上课时他认真听讲，一边听讲还一边记笔记，课后又花大量时间看书，忙个不停。但是做作业的效率很低，课堂上听懂的知识不知道为什么到了课后就忘了大半。下了苦功夫学习，成绩却总不见起色，最近的一次月考又考砸了，他不禁有些灰心丧气。

“嗨，怎么了，哥们儿？”他的好朋友，班里的学习尖子李江看他垂头丧气，过来安慰他。

王立见好友那么热心，如实说道：“我学习很认真，可是却总也考不好，我是不是太笨了啊……”

李江豪气地拍拍胸脯，说：“你怎么会笨呢？那肯定是学习方法有问题！我帮你！首先呢，你得学会预习……”

“切！预习有什么用啊，浪费时间！”另一个好友苏波听了李江的话，忍不住插嘴争辩。

“当然有用处啦！预习了，上课就胸有成竹啦！”

“预习不就是回家看看即将学习的内容嘛，既然老师明天要讲，上课注意听讲不就行了吗？为什么还要预习呢？”苏波振振有词。

……

两个人争得面红耳赤。王立慌忙劝解，不想让自己的好友为此而闹别扭。

回到家，王立带着疑问连忙上网搜寻，这一查阅才发现，关于预习的辩论一直非常热烈。一个论坛里正争得不亦乐乎：

正方：“预习是合理的‘抢跑’”。学生预习有助于扫清学习障碍，拉近学生对新知的认识距离，使学习变得主动。

反方：预习根本不需要，让学生预先知道教学内容，不仅使得学生上课时对学习内容缺少了新鲜感，而且浪费了学生大量的课余时间。

正方：因课程多、学习内容多，很多孩子到中学以后，成绩忽然下降。原因是在小学时，学生习惯了老师咋说就咋做，老师不说就不做；可是到了中学更多的靠的是自觉。从这个角度来说，我们应该重视预习。

反方：预习宛如鸡肋，“食之无味，弃之可惜”。如果预习了，更容易造成学生的认知假象，蒙蔽老师和自己，以为自己会了，就不用听了，更有部分存有“不懂装懂”。

正方：曾经有不少教师、专家组织开展过“学生预习”专题实验研究，研究表明，预习可以培养和提高学生的自学能力，预习可以提高听课效率。教育心理学研究也表明：长期坚持预习的同学，他们阅读的速度会更快，思维会更加敏捷，独立分析问题和解决问题的能力会更强。

……

原来网上也是争得不亦乐乎啊。我都要被绕晕了。要不还是明天问问老师吧。王立很无奈。

第二天到校，王立盯了个空就去找班主任，说出了自己的困惑。

班主任呵呵一乐：“实践是检验真理的唯一标准。不要听别人怎么说，你自己试一试，如何?”接着班主任要求王立每天拿出20分钟预习新课，叮嘱他注意一些预习的方法和要点，并约定一个月后见成效，到时再定对错。

时光荏苒，一个月的时间过去了。王立觉得听课变得很轻松，回答问题胸有成竹，记笔记时不再跟不上老师讲课节奏，思考问题也更有深度了。于是他满怀信心进了考场，各科成绩竟然都有显著提高。

“苏波！快加入预习大军吧！”20分钟的预习，改变了王立被动学习的局面，他开始对在班里有奋进念头的同学间广泛宣传预习的妙处！之前对预习利弊的讨论也早就被他忘到九霄云外了。

【名师点评】

几乎每一个成绩优秀的孩子都有良好的预习习惯。

苏霍姆林斯基说过：“良好的预习习惯，可使学生终生受益。”从经验成果来看，著名的杜郎口中学坚持“没有预习的课不准上，预习不好的课不能上。预习与否、预习效果如何，直接决定着展示课能否获得成功”。洋思中学坚持先学（预习）后教，当堂训练。这两所学校的教学都是因为预习而成功的。

预习可以促进自主学习能力的提高，减少对老师的依赖；预习是保证课堂效率的基础，预习之后带着问题有针对性地听讲，减少盲目性，能够更加容易理解上课内容，听讲时的目的性会更强，还可以有重点地记笔记；预习有助于学生拥有良好的听课状态。预习中遇到的问题会让孩子更积极地听讲，预习中已经明白的内容孩子可以更从容地听课，这种心理优势可以转化为信心，激励孩子自主学习。

想要变成课堂的主人吗？那就学会预习吧！

二、预习没你想的那么简单

预习是一个良好的学习习惯，有助于提高学习成绩，但是，如果预习方法不科学，也会产生副作用，影响学习成绩。

【经典案例】

小乐今年上初二了。初一的寒假，他看到了一个中考状元的学习经验介绍，其中提到预习对提高学习成绩具有很大的作用。于是，他借鉴了状元的经验，利用假期预习了下学期要学习的英语单词和语法。结果，初一下学期他的英语成绩进步迅速，日渐领先。

小乐尝到了甜头，体会到了预习的好处，于是他决定将预习进行到底！

进入初二，小乐集中一切课余时间来预习新开的物理课，拼命往前赶，结果打乱了原来的学习计划，连做作业的时间都没有了。结果，不但物理没有学好，其他学科的学习也受到了影响，各科成绩明显下降。

对此，小乐很是困惑。百试百灵的预习技巧怎么突然失效了呢？

（选自《初中生学习》）

【名师点评】

对预习的掌握应该是灵活的，不能够盲目地花大量的时间预习，生搬硬套方法，过犹不及，应根据学习计划中的实际情况来安排预习，并注意学科特点。

预习的目的是为了初步理解教材的基本内容和思路，复习、巩固和预习有关的旧概念、旧知识，并且把新旧知识联系起来，找出新教材的重点和自己不理解的问题。在预习过程中，并不要求掌握每一个知识点、每一种方法，只要求知道这门课到底是讲什么的，有哪些内容，有哪些新的思维和解决问题的方法，并对其中自己感兴趣的东西进行进一步的探讨。

预习时只需要做到以下几点，即可事半功倍：读一读，了解主要内容；查一查，通过查阅字典解决生字词和不懂的内容，通过查阅资料了解相关背景信息；画一画，在书上作出标记，标明已经明白的、有些明白的、难以理解的内容，寻求在课堂上解决，提高听讲效率；想一想，对知识有自己的独立思考。

三、让果实在复习中香甜

德国心理学家艾宾浩斯认为，考试时仓促填塞的知识，如果不通过进一步的学习进行巩固，并随后进行充分复习，是会很快遗忘的。复习的重要性不言而喻。

但是很多人却不愿意复习。俄罗斯著名的教育学家苏霍姆林斯基常说：“复习是学习之母。”复习可以实施奇异的记忆魔法，还有助于整理我们的知识宝库。

【经典案例】

初三（1）班正在召开学习经验交流会。

在一片热烈的掌声中，被同学称为“小神童”的小雪神采奕奕地走上了讲台。

“大家都说我聪明，其实不然，我和大家一样，我的学习靠的是不断地复习和联系，没有学习秘诀，只有熟能生巧。只不过我的学习方法和大家略不一样而已。”

她顿了顿，接着说：“就拿英语来说吧，大家每天早晨都会在早读课上背单词、课文，学哪一课，就背诵哪一课，但是一下课就把什么都忘了，考试时还要加班加点，复习以前的全部内容。

“很多同学都很奇怪，我用来背诵单词、课文的时间可能比大家都要少，为什么我能记住所学的内容，并且不容易忘记，考试前也不用费很多精力复习就能取得好成绩？

“其实，我的方法很简单，只有四个字：及时复习。具体来说就是，在第一节课就要结束的时候，我会用几分钟的时间大致总结一下本节课的内容，做到基本上理解所讲的内容，能记住多少就记住多少。晚上睡觉前我会用大约 5 ~ 10 分钟的时间背诵当天所学的单词或者课文，第二天早上我会再用 5 ~ 10 分钟的时间试图回忆并背诵这些内容。到此，两个 10 分钟并不是很长，但我已经完全掌握了所学的新东西。到晨读的时候我会进一步复习，直到背得滚瓜烂熟。两三天之后、一星期之后、三星期之后，我都会再一次复习这些内容。

“同学们可能会吃惊，复习这么多次，该要用多少时间啊？其实，每次复习只需要几分钟的时间，学习起来就很轻松。就这样，重复的次数多了，自然就不会忘记了。”

（选自《教育中的心理效应》）

【名师点评】

遗忘是学习的天敌，而遗忘的天敌就是复习！我们平时的记忆过程是这样的：

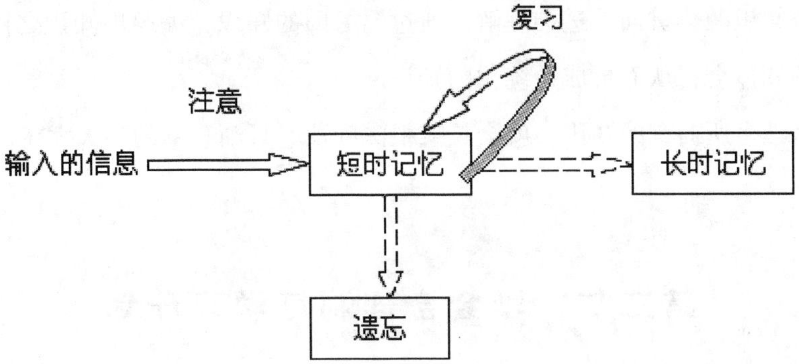

复习可以强化我们的记忆，查漏补缺，让知识融会贯通。而如何复习更有效，如何才能成为记忆天才？那就需要科学地运用遗忘规律。

德国心理学家艾宾浩斯通过实验发现了遗忘的规律，绘制出著名的艾宾浩斯遗忘曲线。这条曲线告诉人们：在学习中的遗忘是有规律的，遗忘的进程不是均衡的，不是固定地一天丢掉几个，转天又丢几个的，而是在记忆的最初阶段遗忘的速度很快，后来就逐渐减慢了，到了相当长的时间后，几乎就不再遗忘了，这就是遗忘的发展规律，即“先快后慢”的原则。

这个实验向我们充分证实了一个道理，学习要勤于复习，要在发生遗忘的时刻及时复习，而且记忆的理解效果越好，遗忘的就越慢。比如学习的第一天进行第一次复习，三天后再复习一次，下一次复习安排在一周之后，以此类推。

很多人不愿意复习，认为复习旧知识使人感到枯燥无味。虽然有“马儿不吃回头草”的说法，但是“温故而知新”才是学习的真谛。要在咀嚼、回顾旧的知识的过程中挖掘新意。

任何一门学科，都是一个系统，是由许多的概念、原理组成的。学生通过平时分科、分章、分节的学习，基本上完成了对各种基本概念、基础知识的理解。

但这些知识本身是相互联系的，如果我们不把平时一点一点所学的知识连贯起来、组织起来，就不能掌握系统的知识，知识就是零散的、缺乏组装的。用零散的知识去解决问题，是十分困难的。通过复习可以全面回顾，查漏补缺，保证了知识的完整性；还可以把长期学习的各部分知识有机地“组装”起来，将学过的各部分知识融会贯通，透彻理解。通过温习旧的知识，编织出知识之网，获得新的理解和体会，从而形成系统化的知识。

那么学生所拥有的知识，就会长成根深叶茂、日渐葱翠的参天大树。

（张萍萍）

第三节　学会合理制订学习计划

一、预则立，不预则废

中国古代伟大的教育家孔子说过：“凡事预则立，不预则废。”学习最忌盲目。一会儿读《三国演义》，一会瞧《水浒传》，拿起这个，放下那个，东瞧瞧西看看，心中没有方向，没有目标，就会顾此失彼，精神疲惫，收获寥寥。恩格斯说：“没有计划的学习，简直是荒唐。”所以，为了使我们的学习效果落到实处，就要根据自己的实际情况制订合理可行的计划。

【经典案例】

1984 年，在东京国际马拉松邀请赛中，名不见经传的日本矮个儿选手山本出人意料地夺得了世界冠军。山本为什么能够获胜？很多人疑惑不解。后来，在山本的自传中人们找到了答案。山本写道：“每次比赛之前，我都要乘车把比赛的路线仔细看一遍，并把沿途比较醒目的标志画下来。比如第一个标志是银行；第二个标志是一棵大树；第三个标志是一座红房子……这样一直画到赛程的终点。比赛开始后，我就以跑百米的速度，奋力地向第一个目标冲去，过第一个目标后，我又以同样的速度向第二个目标冲去。起初，我并不懂这样的道理，常常把我的目标定在40千米外的终点的那面旗帜上，结果我跑到十几公里时就疲惫不堪了。”

（摘自《愚者与智者的48个差距》）

【名师点评】

山本的成功绝非偶然，其中很重要的一个因素就是他在比赛之前做了周密的计划。终点的那面旗帜是山本的目标，但是如何到达那个地方，山本没有盲目行事，而是预先做了通盘的考虑。他把大目标分解为多个易于达到的小目标，一步步脚踏实地，不懈努力，按照心中的规划逐步靠近终点。可以说，山本是一个善于计划的智者，靠智慧实现了他的梦想。

二、我的计划，我做主

我们可以有很多目标，但各个目标之间应该彼此联系，一个小目标的实现是为了另一个大目标的达成，就好比山本的马拉松比赛。因此，初中阶段的学习对于一个人的整个人生而言就是大目标中的一个小目标。那么，为了追求这一目标的实现，我们有必要对自己的初中生活做个规划。我们可以仿效山本的成功做法，先确立自己的初中阶段的大目标，比如初中毕业考上某所重点高中，钢琴或其他乐器考到十级等等，然后再制订相应的阶段性小目标。目标一经确立，就要制订详细的时间计划表，并且，要有执行下去的决心和信心。

【经典案例】

于智博是一个“输”在起跑线上的哈佛男孩。小学和初中他在国内读书学习成绩都不甚理想，甚至很糟糕，高中于美国就读，上的也是全美最小的高中，大学上的是美国最便宜的大学。但是，他的每一步路程，都是经过自己深思熟虑的选择，非盲目而为。他说：“在美国大学学习期间，我没有停止对未来进行详尽的规划。我相信，只有及早规划未来，才能有清晰的奋斗目标，也才可能对自己有限的时间做出最合理的安排。我的长远规划是：毕业之后能有机会在美国工作一段时间，进一步积累更多的实际工作经验，特别是在跨国公司学习管理；之后能有机会读工商管理硕士（MBA），在实践基础上，用管理理论进一步装备自己，为以后回国报效祖国打下坚实的基础。最后，我还计划在未来1月份去芝加哥上班前出去旅游一次。一来放松一下，开开眼界；二来参观一下我心目中的MBA圣殿，也是我毕业后的奋斗目标之一——哈佛大学。”

（摘自《“输”在起跑线上的哈佛男孩》于智博　周奕　史青星著）

【名师点评】

于智博的成长历程，让我们清楚看到，正是因为他根据自己的实际情况做出了合理的规划和选择，才会最后走上成功之路。每个人的成长历程都不尽相同，但每个人都可以有属于自己的人生规划，走向不同的辉煌之路。匆忙的学子和望子成龙的家长们一定要记住：如果你已经对眼前的事情感到焦头烂额，迷失方向，那么不妨停下你匆忙的脚步，花些时间休息并安静默想。不要忘记留给自己思考、寻求和规划的时间，只有看得更远，才有希望，才能飞得更高！

三、一生的读书计划

读书是人们重要的学习方式。庄子说，“吾生也有涯，而知也无涯”。中学阶段正是大量读书的黄金时期，因此，及早制订合理的读书计划是非常必要的。

【经典案例】

《一生的读书计划》是一本别开生面的、有趣而又有价值的工具书。作者费迪曼教授是美国家喻户晓的广播和电视节目主持人、著名的报人和专栏作家，他根据多年的读书经验，为读者精选并评介了一百多种古今世界名著，始于荷马，迄于现代。费迪曼采取与读者做简短对话的形式，每次只用五百到一千字勾勒作品或作者的轮廓，诱引读者读他所介绍的每一本书。这些介绍生动活泼，有时强调作者的生涯与人品，有时摘要叙述作品内容，有时援用权威人士的意见，有时劝告读者别为一般错误见解所迷惑，有时对读者早已熟识的作家如莎士比亚、歌德等会做出新的评价。费迪曼强调编撰此书的意图是使读者的脚步迈向书店或图书馆，并提供开门的钥匙，让读者自己去挖掘一生无穷尽的宝藏，不断拓宽知识领域，达到渊博多识。

【名师点评】

《一生的读书计划》由于受作者本人的阅读兴趣、阅读范围的影响，所选图书大多为欧美文学作品，没有收录中国人的著作。把此书当作欧美文化教材或者西方文化导读则可，当作中国学生一本理想的选本或工具书则有明显不足。费迪曼坦言自己对于东方文化的无知和偏见："我所读过的东方典籍，并不能在我的心中燃起火焰。这也许是因为世界观的限制所致。我曾试读十余种东方古典，都不能获得乐趣。因此，老实说，我无法论述这些典籍。"但不管怎样，作者编撰此书的目的，却给我们中国读者提了个醒——使读者的脚步迈向书店或图书馆，并提供开门的钥匙，让读者自己去挖掘一生无穷尽的宝藏，不断拓宽知识领域，达到渊博多识的目的。读书是一种文化精神生活，每个人都应该有自己"一生的读书计划"。

（冯海珍）

第二章　兴趣是最好的老师

第一节　怎样激发学生的学习兴趣

一、自信是培养学生学习数学兴趣的利器

【经典案例】

15 年前，纪老师在北京郊区一所普通中学任教，他刚刚送走了一届初中毕业生，他所带的班级有两名学生获得了中考满分。他每天心中都是朝霞行千里的畅爽，带着这种自豪感他被聘任到该校高中部当数学老师，不过他带的班级是后进班二班，而他是班主任。

记得开学的第一天，二班分配到的任务是将操场东面的杂草清理干净，二班的学生明显不听调度。劳动过程中，纪老师明显感到自己干了 70% 的活，当他直腰回头看他的“兵”的时候，有些愕然——女生静立在干净的乒乓球台旁，个别男生在追跑打闹，只有 30% 的学生在认真地履行着自己的义务。纪老师暗自惆怅，这样的班级怎么带？学数学可比拔草困难多了，这些孩子能吃得消吗？将来他们毕不了业，考不上理想的学校，我如何面对他们的父母？

开学后的第一个周末，陈副校长笑容可掬地叫住了他：“纪老师，你们班来了个新生，他叫李子驰，以前在和平里中学，中考成绩不太理想，城里的学校都进不了……”陈校说的话老纪都听习惯了，因为班里其他学生的情况也大致如

此。总之，老纪是掉进去了，听天由命了，用我们王校长的语重心长的话来说就是："纪老师是我们最优秀的老师，什么班都能带好，我相信他一定有办法！"

纪老师推了推眼镜框，但是他没有叹气，他有个习惯，遇到苦难从不唉声叹气，这是他老爸传给他的——淡定淡定。

李子驰的妈妈那天也来了，带着一脸的愧疚和无限的希望，她低着头怯生生地对着纪老师说："纪老师，我的孩子学习基础不好，我只求他平时考试不是倒数第一就行，这孩子以前一直是这种情况，求求您了，您辛苦了，我真是没有办法。"面对这位眼睛红肿的母亲，纪老师安慰她说："没事的，这很简单，容易办到，您放心。"可是纪老师心里根本没谱。

李子驰第一次数学测验确实如同他妈妈所言，刚好年级倒数第一名，这孩子上课不敢抬头，他身高 1 米 90，体重 90 公斤，坐在最后一排，整天郁闷之极，极其不自信，这让纪老师也感到心里很不是滋味儿。纪老师经常和李子驰谈心。老纪心地善良，做事认真至极，对学生真是非常非常好，他很少冲着学生激动，从来不当众批评学生，没人见过他讽刺挖苦学生……二班的学生开始接受他了，学生们都亲切地叫他"老纪"，其实大家都是冲着老纪来的，老纪的业绩谁都知道，老纪的为人谁都清楚。老纪也清楚这些孩子们的情况，在教高中课的时候，每天还补习相关的初中知识，每节课上都穿插着数学小故事、小游戏、小实验、小活动、小体验、小讨论、小总结、小发言，老纪的粉丝越来越多，李子驰上课开始不低头了，第二次数学测验，他得了班级第 35 名（二班总人数是 41 人），他开始上课偶尔举手回答小问题了，无论他回答得对与错，老纪总是积极鼓励他，微笑着听着他回答问题，一边听还一边点头，目光充满了和善的赞许的神情。问题答对了之后老纪对他大加表扬，对他采用的是放大式的信心培养方式，老纪的话让李子驰听了备感欣慰和自豪。高一第一学期期中考试李子驰的数学成绩超过了班级平均分。李子驰妈妈送给老纪的月饼老纪没要，他收下了李子驰手工制作的贺卡。李子驰的妈妈抬着头充满感激之情对老纪说："纪老师，太感谢您了，我这孩子可有救了，要是他能高中毕业就谢天谢地了！"老纪马上应答："您放心，我看这孩子能行！说不定将来能考上理想的大学呢！"李子驰毕业考试成绩出奇的好，用老纪的话说那叫正常发挥，填报高考志愿的前一天，李子驰送老纪回家，他一边帮老纪推自行车，一边征求老纪的意见，本来老纪骑车回家也就是半个小时，但是那天他们聊了 2 个多小时，问题的焦点集中在李子驰不敢报考老纪向他推荐的大学，最后老纪一锤定音，他拍了拍李子驰的肩膀，坚定地说："子驰啊，我看你就大胆地报吧！没问题的，我对你充满信心，你一定能行！"不久，李子驰接到了一类本科院校化学系的录取通知书。

【名师点评】

从以上的案例可以看出，自信是成功的第一秘诀。其实我们如果常常深窥自己的心，就会发觉一切的奇迹在于自己。如果我们对自己的学生抱有信心，那么将使学生对我们萌生信心的绿芽。因为除了人格以外，人生最大的损失，莫过于失掉自信心了。有信心的人，可以化渺小为伟大，化平庸为神奇。坚决的信心，能使平凡的人们做出惊人的事业。哥伦布发现了一个世界，却没有用航海图，他用的是在天空中释疑解惑的"信心"。但丁也说过："能够使我飘浮于人生的泥沼中而不致陷污的，是我的信心。"

二、成功的小事是培养中等生学习数学兴趣的法宝

很多时候，一件看起来微不足道的小事，或者一个毫不起眼的变化，却能实现工作中的一个突破，甚至改变人生竞技场上的胜负。

细节管理专家汪中求先生在他的《细节决定成败》一书中有句名言："布置并不等于完成，简单并不等于容易。"

海尔公司董事长张瑞敏称赞执行总裁杨绵绵就很善于抓事关全局的"小事"，通过一个很容易操作的模式，把"小事"变为大局面：当海尔老总们在北京商场的海尔专柜上具体过问某些事的时候，一些同行业的老总说："你们都做到这么大的老板了，还抓这么细小的事，真是不可思议！"张瑞敏回答："企业

管理中我信奉这么一句话：每天只抓好一件事等于抓好了一批事，因为每一件事都不是孤立的，抓好了一件事会连带着把周围的一批事都带动起来。”

其实培养学生学习数学兴趣也是同样道理，小事不做，大事难成，这也是全世界成功者都在用的 80 个关键思维。下面的案例就是很好的证明。

【经典案例】

老纪在郊区教了 8 年数学，可谓是战功卓著，而且被伯乐相中调到了城里一所市重点任教。但不幸的是，老纪似乎来早了半年，结果只能暂时在后勤部门打杂，这可憋坏了老纪。是金子总要发光。他无意之中认识了几个数学学得很不如意的学生，看到他们愁眉苦脸的样子，老纪善心勃发，对他们做了指点。其中有一个还是某高干秘书的儿子，名字叫张西西，男生，长得虎头虎脑的，很可爱，就是学习不行，很吃力。反正老纪课余也没事，于是约好由老纪给补课。老纪发现，张西西虽说成绩不好可是信心满满，和李子驰的境况不太一样，西西初中学得还可以，他的水平比李子驰要高出一大截，相当于普通校中的中等生。不过他们有一点是相同的：成绩都曾是所在班级的最后一名。于是，老纪想了良久：因材施教，按照西西的特殊情况特别对待，采用麦当劳订单式进行教学。老纪发现西西的软肋是眼高手低，不爱从基础做起，也就是不爱做小事，难题又做不来，也就是大事做不成。于是，老纪将高三的“八十练”的一本小册子拿来给西西做。“八十练”是八十个专项练习，其中的习题大部分是基础题，小部分是中档题，大多是填空题、选择题、判断题，乍一看似乎简单，但是其实用性很强且易错，很多题目非常典型。看到西西那不屑一顾认为 so easy 的神情，老纪依然微笑着让他先做做“练习一”看看，结果西西几乎全错，会做的一道题也是耗时较长，老纪耐心地给他讲解其中的奥妙，一题多解，多解归一，多题归一，不时融入多种解题技巧和方法，总结解题思想和规律，听得西西如醍醐灌顶，茅塞顿开。老纪趁热打铁，嘱咐西西平时将“八十练”的习题全部以口算的方式进行训练，而且要反复训练，用老纪的话说必须练够 13 遍才行。有一次，老纪路过图书馆，看到西西一个人在僻静处对着“八十练”在相面，内心顿觉一喜，他预计西西学习数学的兴趣已经被激发出来了，料定不出仨月，必有大成。果不其然，期中考试，西西数学得了满分。套用老纪的语录：正常发挥。

【名师点评】

从以上的案例我们不难得到若干启迪，细节不是“细枝末节”，而是用心，是一种认真的态度和科学的精神。老子早已劝诫世人“天下大事，必作于细”——君不见泰山不让土壤，故能成其大；河海不择细流，故能就其深；君不见小事成就大事，细节成就完美。麦当劳总裁弗雷德特纳曾说过：我们的成功表明，我们的竞争者的失败就是因为他们缺乏对细节的深层关注。决不能放过细节。日本松下创始人松下幸之助早已断言：无视细节的企业，它的发展必定在粗糙的砾石中停滞。全球公认德国人就是凭着一丝不苟、精细严谨的做事风格，成就了一大批世界级企业巨头，打造了“德国制造”这个产品品质保证代名词的世界品牌。

三、让学生成为自觉学习的真正主人，是培养优等生学习数学兴趣的法宝

著名教育学家孙维刚曾经说过：“通过素质教育造就一个强大的头脑，让不聪明的学生变聪明，让聪明的学生更加聪明。”

苏霍姆林斯基曾经说过：“我们要记住，一个人到学校里来上学，不仅是为了取得一份知识的行囊，而主要的是为了变得更聪明。”

如何让聪明的学生更加聪明？让学生成为自主学习的真正主人呢？我们看看下面的案例。

【经典案例】

话说老纪在郊区的时候接了一个初一的班，开学的头一天，老纪虽然不是班主任，但是他依然习惯性地来到班上看看自己的新弟子们，孩子们当时正在班主

任唐老师的带领下打扫教室，给老纪印象最深的是，有十几个孩子在认真地擦着灯管，当时条件非常简陋，他们凭借着报纸、手绢拂去厚厚的尘土。这个班是个普通班，老纪当时年轻，而很多家长都把孩子送到资深老师那里了，这给老纪增加了些许忐忑，但是看到孩子们的认真劲儿，老纪心中充满了自信。通过接触，老纪非常高兴——这是一个潜质巨大的群体，这个群体通过老纪三年的辛勤劳作，在中考中有两名学生数学得了满分，当时全县只有5个数学满分，对于刚刚踏上工作岗位的老纪来说，这着实令人激动。老纪第一堂课没有给孩子们讲数学，而是和孩子们谈认识谈理想，“放飞梦想”是老纪接触孩子们的第一课，因为老纪深知“胸有凌云志，不高不可攀”，他认为少年必须有凌云的胆量和气魄，必须要有“豪情万丈”的宏志和胸襟。“有志还需勤砥砺”，老让学生写板书讲课，让学生自己推导公式、定理，让学生做课堂的主人，自己在幕侧做引导员，把一堂堂看似沉闷的数学课演成一出出充满激情的轻喜剧，让每一个定理、公式、例题都由学生自己去发现，去归纳，去证明，去总结，去完成。这样，学生对求证路上的坎坎坷坷印象深，记忆久，学生之间相互传染聪明才智，大脑高速运转。天长日久，孩子们有了一个灵活的头脑。老纪不知道，这就是北京数学特级教师孙维刚的教学方法，真是英雄所见相同。但当时老纪对孙老师是一无所知，全凭着一股子年少的激情鏖战在看似无烟的教学沙场上。著名的企业家牛根生曾说过：创业既需要梦想，又需要激情，还需要不断的坚持。没有目标就永远走不到头，如果有目标又怕路远也是不能够成功的。老纪长在江苏，早被熏陶成江浙一带的风格，严谨认真是他的一大特点，对于学生的点点滴滴从不打折扣，“严格管理”是他的一贯作风。所谓“严格管理”就是要按照既定的制度或标准要求认真仔细地加以管束或从严落实。“严格”就是在遵守制度或掌握标准时认真细致，毫不放松；“管理”就是管教并约束或认真负责某项工作使之顺利进行。而且老纪始终坚持以人为本，当年老纪是个单身汉，他的宿舍每天都成了学生们的俱乐部，答疑、谈心、做作业、存放物品，老纪将自己的学生看成是自己的孩子，操场上常常看到他和学生打球的身影。

教学中“以人为本”的管理，是指在管理过程中以学生为出发点和中心，围绕着激发和调动学生的主动性、积极性、创造性展开的，以实现学生与集体共同发展的一系列管理活动。其具有下列几个特点：

1. 以人为本的管理主要是指在管理过程中以学生为出发点和中心的指导思想。

2. 以人为本的管理活动围绕着激发和调动学生的主动性、积极性和创造性来展开。

3. 以人为本的管理致力于学生与班集体的共同发展。

教学中以人为本管理的重要性在于它是提高班级整体素质的重要条件。以人为本管理是适应现代科学的基本管理方式，是建立班集体中学生与教师之间良好关系的必要条件，是班集体持续发展的基石。

教学中以人为本的管理的基本思想就是学生是管理中最基本的要素，学生是能动的，与环境是一种交互作用：创造良好的环境可以促进学生的发展和班集体的发展；个人目标与班集体目标是可以协调的，将班集体变成一个自主学习型组织，可以使学生实现自己的目标。

从大的方面来说，以人为本的管理要以学生的全面发展为核心，学生的发展是班集体发展和学校发展的前提。

教学中以人为本的管理有哪些基本原则？

1. 重视学生的需要；

2. 以鼓励学生为主；

3. 不断地培养学生；

4. 组织设计以学生为中心。

老纪当年还真没这个水平能总结出来这些深奥的理论，现在他回想起来，庆幸自己当年没有误人子弟，这个班在老纪和班主任唐老师的带领下，取得了傲人的佳绩，无论是班级平均分还是考入市重点的人数都是数一数二的。其中一名学生叫卢曼丽，班长，入学时曾是个胖姑娘，三年之后练就一副苗条身材，中考体育考试拿到了满分。她报考了北师大二附中，北师大二附中的校长的话语至今令老纪久久不能忘怀：“一个郊区的女孩有如此优秀的素质，有报考北京市一流重点中学的胆量，学习成绩也非常优异，单单冲着这个胆量和气魄我们非要不可。”三年后，卢曼丽考上了上海复旦大学。卢曼丽初中毕业时送给老纪的是她三年来做的数学笔记，一尺来厚，比老纪的教案写得都详细。

【名师点评】

从以上的案例我们可以看出，若要培养优等生学习数学的兴趣，可以借鉴的理念是“放飞梦想，贵在坚持，严格管理”。梦想决不是梦，两者之间的差别通常都有一段非常值得人们深思的距离。梦是心灵的思想，是我们的秘密真情。而梦想只要能持久，就能成为现实。梦想一旦被付诸行动，就会变得神圣。一切活动家都是梦想家。鲁迅曾说过，“人生最苦痛的是梦醒了无路可走”。做梦的人是幸福的；倘若没有看出可以走的路，最要紧的是不要去惊醒他。

光有梦想还不行，还需要持之以恒。因为业精于勤，荒于嬉。应当随时学习，学习一切；应该集中全力，以求知道得更多，知道一切。李嘉图的说法一针见血：“学问是苦根上长出来的甜果。”西塞罗告诉我们：“地不耕种，再肥沃也长不出果实；人不学习，再聪明也目不识丁。”

套用一句俗话：“天才是百分之一的灵感加百分之九十九的勤奋。”我们必须让孩子多读书，因为多读书，多认识人，多了解人，会扩大你的眼界，会使你变得善良些、纯洁些，或者对别人有用些。一本新书像一艘船，带领我们从狭隘的地方，驶向生活的无限广阔的海洋。

历史使人明智，诗歌使人聪慧，数学使人精确，哲学使人深刻，伦理使人庄重，逻辑使人善辩。我们必须告诉学生关于时间管理的理念。没有比时间更容易虚度，更值得珍惜的，倘若没有时间，我们在世上将一事无成。我们必须告诫学生必须加强内心世界的管理。毛主席说过：“我们决不能一见成绩就自满自足起来。”我们应该抑制自满，时时批评自己的缺点，就像我们为了清洁，为了去掉灰尘，天天要洗脸，天天要扫地一样。读书有三到：心到、眼到、口到。我们必须告诫优等生，必须认识到：天分高的人如果懒惰成性，亦即不努力发展他的才能，则其成就也不会很大，有时反而会不如那些天分比他低的人。学习这件事不在于有没有人教你，最重要的是在于你自己有没有觉悟和恒心。古人云：善问者，如攻坚木。

四、在创新中求发展，在发展中求创新，是培养创新拔尖人才学习数学兴趣的必由之路

培养创新拔尖人才是当今一大热门话题，用什么方法培养，通过什么途径培养更有效，这些都是必须研究的课题，创新拔尖人才学习数学的兴趣依然需要培养，只不过这是高层次的立体的充满挑战性的，不对此进行研究，也会误人子弟。国家需要大量的优秀人才引领我国快速发展，火车跑得快，全凭车头带。对于创新拔尖人才的数学学习兴趣，应该采用的策略是：在创新中求发展，在发展中求创新。

【经典案例】

老纪 1997 年自费买了一台电脑，当时售价 11050 元。老纪真有魄力，对于自身发展毫不吝惜财力。通过几年的研究他发现中国目前数学教学软件并不多，市场上某些软件由于带有浓厚的市场化的倾向，很多教学软件仅仅限于资源库、学生考试软件、考试王、多媒体课件等等，非但价格不菲而且大多数为了商业利益都加了密，很多软件的设计并不真正适合学生课后自主学习，充其量是教材搬家，而且最关键的是无法输入新的学习资料，无法及时更新学习内容，不方便学生的复习和反馈，于是老纪就有了编设“学生自主学习软件”的想法。老纪后来教的学生大多数是很聪明、很活跃、不怕困难、敢于冒险的超常儿童，本来他是打算一个人制作这个软件，可是他转念一想，何不借此机会挑战一下他的学生的综合素质和创新能力呢？于是他立即把这个设想告诉了学生们，他们兴致很高，迅速地组织了一个研发小组，选举了小组负责人，并且明确了各自的分工。真是后生可畏呀，才一出手就先声夺人，势不可挡。

可以说业余的计算机编程爱好者无论是在技术上还是在时间上都是相当匮乏，这其中饱含着无数的艰辛和苦痛。同学们和老纪一起跑书店，查资料，定方

案，编制计算机代码，通过一段时间的摸索，学生们很快完成了1.0版。学生们拿到班级里进行软件使用测试，试用的结果是效果平平，而且1.0版的缺陷很快被学生自己发现了：只能支持文本文件，不支持WORD中的公式编辑器，是一个致命弱点。为了能够支持这一功能，老纪和学生查阅大量的计算机图书，发现书中的案例大多数也只是支持TXT文档，有的功能强一些可以支持图片格式，但是一旦成为图片格式，及时修改却成为难中之难。解决“支持WORD中的公式编辑器”这一难题促使他们到处向高手请教，有些学生利用暑假走南闯北，到处求教，拜访过中关村软件公司软件编程高手，咨询过在计算机公司工作的父母，上网查询过相关资料，但是得到的更多是白眼、不解和敷衍，有的人提供了一些想法，回来一试却都是以失败告终。为此他们彷徨过，放弃过，迷茫过，苦闷和忧郁缠绕着他们，但是研发小组的学生们没有气馁，他们还经常开会不断总结经验，交流心得，寻找解决问题的突破口，继续加强研究，最后研发小组的成员一致决定：必须使用VB数据库！否则数据很难保存下来，而且一旦数据较大，普通文本文件很难装得下，运行速度也会大大降低，这会影响软件的使用。但数据库的语言和编程对于学生们来说又是一个新的课题，谁也不懂数据库，就连学校的计算机老师也不太会，但是研发小组的同学们没有一个人放弃，到书店去买书，到大图书馆去查资料，遇到计算机专家就询问，上网搜集查找相关资料，研究数据库的语法、结构、功能，将书上有关数据库的实例反复进行研究。一个月下来，学生们基本上掌握了数据库的编程。当然其间的感受是颇多的，当代码运行失败的时候，逐行检查错误，不得其解的时候老纪和学生们一起品尝失败带来的苦涩；当代码运行成功的时候，激动之情溢于言表。失败的痛苦他们经历过，痛快淋漓的心情他们也经历过。

2004年9月18日，老纪和学生们经过反复尝试，终于成功地解决了“支持WORD格式的公式编辑器”这一难题，并且在2004年9月24号成功地在市级公开课上初次展示了该软件的风采。

为了使得软件的功能更加完善，在解决了这一难题之后，开发小组的学生们打算利用控件来实现更好的功能，但是随之而来的是两个控件发生冲突，这也困扰了他们好多时日。在困难面前学生们毫不气馁，因为有了前期的经验，他们战胜困难的信心更强了，所以不久这一难题也被攻克了下来，当他们给老纪报喜的时候，老纪从他们自信的眼光中看到了超常儿童的智慧和坚强，直到2006年10月，经过长达近3年的不懈的努力，“学生自主学习软件”诞生了，同时孩子们也逐渐长大了，在人生的历程中他们交了一份非常出色的答卷。

一个小小的软件的开发与设计，使学生们经受了长时期的磨练，对于他们意志品质的考验产生的效果，绝非是在课堂上听讲所能匹敌的。在此期间，学生们不仅仅要克服软件设计上的难关，更重要的是克服自身人性的弱点，不断地战胜自我，寻找自身价值的所在，在创新教育中利用这一契机激发学生们的创造热情，潜移默化地教育学生自主培养自己的素质，提高自己的能力，这一人生历程是千金难买的，也是培养学生们创新能力的价值所在。

【名师点评】

从以上案例我们可以总结出：教育是知识创新、传播和应用的主要基地，也是培育创新精神和创新人才的摇篮。创新是一个民族进步的灵魂，是国家兴旺发达的不竭动力。我们发现了学生有创造力，认识到学生有创造力，就需进一步把学生的创造力解放出来。爱因斯坦说过：想象力比知识更重要，因为知识是有限的，而想象力概括着世界的一切，推动着进步，并且是知识进化的源泉。严格地说，想象力是科学研究的实在因素。提出一个问题往往比解决一个更重要。因为解决问题也许仅是一个数学上或实验上的技能而已，而提出新的问题，却需要有创造性的想象力，而且标志着科学的真正进步。杨振宁曾告诫中国广大学子：中国留学生学习成绩往往比一起学习的美国学生好得多，然而十年以后，科研成果却比人家少得多，原因就在于美国学生思维活跃，动手能力和创造精神强。必须加强对创新的研究。竞争优势的秘密是创新，这在现在比历史上的任何时候都更重要。对于创新来说，最重要的不是知识，而是思路。如若说，在创新尚属于人类个体或群体中的个别杰出表现时，人们循规蹈矩的生存姿态尚可为时代所容，那么，在创新将成为人类进行生存竞争的不可或缺的素质时，人们依然采用一种循规蹈矩的生存姿态，则无异于一种自我溃败。

（蒋永刚）

第二节　兴趣是学习的动力

【经典案例】

几个月前，我遇到一个几年前教过的孩子家长，这个家长看到我以后，非常自豪地告诉我，她女儿在山东大学，去年在大一的时候与一些大三学生一起参加了全国大学生英语竞赛，获得了特等奖。这位家长对我曾是她女儿最早的英语老师这事还念念不忘。说起来惭愧，我究竟教孩子学了几个单词和短语，我早已忘记，孩子更不会记得。但有一点，我让孩子感到英语学习是一件很有趣的事情。那个时候，不像现在这样有丰富的歌曲、儿歌教材。老师只教给孩子几个单词和简单的日常用语。为了引起孩子的兴趣，我把要教的单词所对应的物品，全放到我的魔术箱子里，我说单词，让孩子猜是什么。然后，它们便会从我的魔术箱子里变出来。我想孩子们是由对老师魔术箱里的物品感兴趣后，才学会了物品的英语名称，爱屋及乌嘛。周日文化广场有一个“英语角”，我常去，她爸爸也带着她常去。这个孩子在那个时候，对用另一种语言说话产生了兴趣。我也时常让她把在英语角学到的东西，讲给同伴听。并及时给予鼓励和表扬。由此，孩子的自信心更足了，学习兴趣更浓厚了。

【名师点评】

兴趣是学习的动力，一旦孩子对某事物产生了兴趣，强烈的求知欲就会进一步促使孩子主动地学习，取得事半功倍的效果。所以，学习兴趣的培养是非常重要的，它会给孩子今后的学习打下良好的基础。

爱因斯坦说：“兴趣是最好的老师。”心理学研究表明，当学生的心理处于压抑、不满、失去信心时，将直接阻碍、削弱甚至中断智力活动，破坏学习的向心力，当然也谈不上学习效率。学生对数学的内在兴趣，是学习数学的强大动力。如何在教学中激发和培养学生的学习兴趣，并使兴趣得以持久，进而转化成学习的动力？我觉得理解是一个很重要的因素。

理解是建立师生情感的纽带和桥梁。理解学生，就是要以饱满的热情和充沛的精力投入来感染学生，给他们一张笑脸、一颗诚心、一分真情。当学生取得好的成绩，获得成功时，要给他们祝贺和鼓励；当学生遇到困难，遭受挫折时，要给他们安慰和支持，让学生感受到老师在与他们同甘共苦，使之明了老师的一片真诚和苦心。学生要在教师对他们的理解中找到自己的长处，发挥自己的潜能，逐渐消除自卑心理，树立自信心，增强自我调控和自我教育的能力，不断完善自我。

（苏洪）

第三章　注意培养高效的学习方法

第一节　好记性不如烂笔头

“好记性不如烂笔头”，如何做最好的笔记？如何最有效地利用笔记？

【经典案例】

L是个积极做笔记的学生，每堂课都做了大量的笔记，把老师写在黑板上的东西一字不漏地记下来。每节课下来都记了大量的笔记，可是她觉着课堂做笔记对她帮助并不大。她的同桌M则和她不同，她只记下她认为重要的知识，有时候整节课不做笔记，有时候发现某个知识很重要，需要做笔记时，笔记本却不知放到哪里了，于是随便翻出一个本子，草草记下来。她们两人的英语成绩都不理想。期中考试过后，老师让英语课代表N同学做经验介绍，看了N的笔记，她们很惊讶。N除了有一个课堂笔记本之外，她书上也有很多标注，还有一个厚厚的整理笔记本，包含每课的预习笔记，课堂笔记整理，学习心得和错题整理。字迹清楚，重点部分和易出错的地方都用彩笔标注了出来。N说，仅仅记笔记还远远不够，学会记最有效的笔记，并且有效地使用笔记才能高效地学好英语。N的话让这对同桌想到自己的笔记质量以及利用自己的笔记的情况，终于找到了差距和发现了不足。

之后，两个人准备从做笔记上入手，提高自己的笔记质量，提高笔记的使用效率。二人分别准备了两个笔记本，一个是课堂笔记本，一个是整理笔记本。两个人根据老师布置的预习作业认真预习。在书中标出新出现的单词和表达方式，在笔记本上把重点词和表达的释义写了出来，有的还标注了例句。另外，她们还把不懂的句子用彩笔标出来，提醒自己听课时特别注意教师对此处的解释。课堂上，她们记下重点词和词组的用法和例子、重点句型的使用方法和老师强调的重点。课后，她们做整理笔记，根据课堂笔记和相关的参考材料，和以前的知识对比，进行总结。每个单元学完后，她们做小结笔记。小结笔记是本单元最重要的内容，包括动词的搭配、词组的用法、特别的句型、与曾经学过内容的联系和拓展、优秀的句子等。

在做笔记、整理笔记过程中，她们进一步明白了什么是重点和难点，明确了自己努力的方向。她们更加意识到：要把这些重点知识更牢固地记下来，就一定要勤于思考，勤于动笔，积极总结。

凭着不断努力和坚持，她们的笔记质量越来越高，她们的英语成绩也是“芝麻开花”，稳稳地“节节高”。

【名师点评】

从三个同学的实际学习经历中，我们看到了笔记的重要性。要学好一门学科，必须在大脑中形成知识体系。在没有对每门课程形成完整的知识体系之前，做笔记是非常必要的。通过做笔记，反复浏览笔记，可以记准、记牢基本的知识点，并逐步形成知识体系。记笔记时，要手、眼、耳、脑并用，使自己的感觉器官和思维得到综合训练，从而提高学习能力并且形成良好的学习习惯。“优秀是一种习惯”，最终的成功是依靠平时一点一滴的积累达到的，从量变上升到质变。只有平时坚持良好的学习习惯，我们才能最终取得好的成绩。

（李玉华）

第二节　紧跟老师的步伐，学会适应老师的教学风格

不同的老师有不同的教学风格，有的语言幽默，有的逻辑严密，有的潇洒干练，有的善于点拨。学生面对不同授课风格的老师，有的自己适应，就很喜欢；有的自己不适应，就会产生不喜欢的情绪。那么应该怎样“化不适应为适应”呢？

【经典案例】

刚上初一时，小A的基础知识很不扎实，连最基本的时态都搞不清楚。小A上初中之前上过几个英语课外班，可都收效甚微，因此她对初中的老师充满期待，希望有一位经验丰富的老师引领她学好英语。

开学第一节英语课前，同学们看着讲台旁边的娃娃脸，都猜测起来，“这是老师吗?”“还是高年级的学姐?”“不会吧?”伴着上课铃声，老师站到了讲台的正中，“我是你们的英语老师，负责大家初中三年的学习，我们的目标是——学好英语!”面对这么年轻的一位老师，小A心里有些失望。“下面是我们的第一节课，”老师挂着微笑，“同学们不用翻书，我们来赏析一下往届学生的英语小报。”小A心里更加疑惑：“不用书怎么讲课，一张学生做的小报能包括多少东西？这个老师怎么不讲讲语法，她行么?”小A皱着眉头，不耐烦地敲着手指。老师依旧微笑着，一边展示着小报，一边与同学用英语聊着兴趣爱好，第一节课就这样过去了。

“哎，刚刚老师讲的真好，很有趣啊。”刚下课小A就听到周围的同学议论，“是啊是啊，看来学习英语并不难嘛。”小A说到：“有什么好的啊，一节课什么重点也没讲。”同学小B回应：“你肯定是觉得和以前不一样就没听。我告诉你啊，换了新老师就要尽快适应新老师的授课方式，这是最好的学习方法。”小A只好说服自己，再等一等，也许下节课就讲自己想学的语法了。可是在过了很多节课后，老师并没有像小A希望的那样在课堂上多讲一些时态知识，而是在把书本上的知识讲透后留出了很多时间让大家制作英语小报，在课上做展示。小A很不理解老师的做法，但随着和老师相处与交流的加深，她发现英语老师很可爱也很有责任感，她相信老师在第一节课上的承诺，于是很认真地照做。

一年后，小A惊异地发现通过一次又一次的展示，她的口语交际、词汇量都有了很大提高，而且一张张的小报，例如计划类、总结类、专题类的制作让小A在真实的情景中理解了各种时态，也了解了它们的用法。在实践中，小A更加清晰地认识到不同时态的特点与区别，也更加理解了不同时态所强调的感情色彩。在老师的引导下，小A从身边学起，从生活中学起，让知识在头脑里根深蒂固，也让学习知识的过程生动有趣。

初二时，书本里涉及了很多时态知识，小 A 再学起来已是毫不费力。再加上老师细心地讲解，精心地给时态分门别类、细讲它们的异同，还有给同学们一次次的练习，现在，有关时态的这部分对于小 A 来讲已经是小菜一碟。小 A 不禁在心底暗暗欢呼，通过跟随老师的教学思路学习，她的英语水平有了飞一般的进步！

【名师点评】

从这个故事中，我们看到小 A 遇到自己最初不适应、不喜欢的老师，却没有没完没了地埋怨、指责，去破坏自己的情绪，使那一学科越来越糟，而是主动灵活地适应老师，认真地跟随老师的步伐，在这一过程中，小 A 把挑战变成了非常好的成长机会。虽然每个人都有自己对于学习方法的独到见解，但是在学习过程中，适应老师、跟随老师、配合老师，既能提高学习成绩，又能增强自己包容别人的能力。聪明的人是自己去适应别人，而不是等着别人来适应自己。由此可见，学会适应老师的教学风格是最有效的学习方法！

（徐静）

第三节　学习要注意劳逸结合

一、合理分配学习与放松休息的时间，学习效果才会更佳

【经典案例】

U 考入重点中学之后，感到了很大的压力。在进入高中后的第一次“摸底”考试中，U 在班级里排倒数第 15 名。他心里非常焦急，暗下决心，一定要进入班级前 3 名。

从此，他成了班级里最用功的学生，除了吃饭和睡觉，他几乎把所有的时间

都用在学习上。可是期中考试时，他的名次不仅没有上升，反而下落了好几名。于是，他又开始不断地给自己“加压”，从不去参加体育活动（体育课除外），缩短了吃饭和睡觉的时间，甚至吃饭时，也不忘记背一背课上讲的化学方程式。中午吃过饭，别的同学都会出去放松一下，他却掏出书本一个人看起来。放学回到家，吃完饭就马上开始学习，一直到深夜。他发现，他的记忆力退化得厉害，老是记不住课上学的知识，身体也不如以前好了。又一学期结束了，考试成绩竟一下子落到了后10名之列。他几乎要崩溃了，产生了退学的想法。班上一些同学每天都打篮球，学习似乎没有他用功，但他们仍然取得了优秀的成绩。难道真是自己智商不行，不适合上重点中学吗？

班主任老师把U叫了过来，递给他一杯水，问他：“这杯水在你手上能端多久？”U说一两个小时都没问题。老师又问：“这样端一天行吗？”U摇了摇头。老师说：“其实，这杯水的重量没有变，但是，你端得越久，就觉得它越来越沉重，直到你再也端不住它。但是，如果你感觉累了，就放下这杯水，休息一下后，再端起来。这样，你想端多久就能端多久。”

U很受启发。他制订了一个学习计划表，留出了休息放松时间，睡眠充足了，上课听讲效率更高了。他每天都要配合当天和第二天的课程进行温习和预习，学习效率也提高了。该学习时他认真专心学习，学习之余，放松休息。他有时候跑跑步，有时候听听音乐或和同学聊一会。他发现，放松不但没有影响到学习，反而提高了学习效率，成绩也进步了。

【名师点评】

从U的例子可以看出，学习与放松休息并不矛盾。劳逸结合，反而可以提高学习效率。学习时间持续太长，就会抑制大脑的功能，造成记忆力下降，即使一时记得了也很快就会遗忘。在大脑疲劳过度情况下，孩子会表现出焦躁、忧虑等不良情绪。毫无疑问这会降低学习效率，并且有害于健康。只有做到劳逸结合，才能既爱护自己的身体，又提高学习和工作效率。同时要注意：放松不是放纵。如果采取无节制地看电视、看小说或者打电子游戏，放松就会很容易变成放纵。

真正的学习者，放松是以学习为核心的，放松的目的也是学习。

（李玉华）

二、学的好 + “玩儿”的好 = 成功

【经典案例】

初一（1）班的考场里，学生们都在埋头沙沙地答着题。这是初一年级的最后一次期末考试，关系着升入初二后的人员调整，考不好的学生可能就不能继续留在实验班了，所以大家都很重视，唯恐自己考不好。

W 突然觉得一阵晕眩，卷子上的字都看不清了。他闭了一会儿眼睛，发现距离考试结束只有半个小时了，可是还有好几道大题没做呢！他顾不上头晕，马上审起题来。要命的是，明明这几道大题似乎都见过，老师也给复习过，但就是想不起来怎么做了！时间一分一分地过去，大滴大滴的汗珠顺着 W 的脸颊流了下来。W 傻傻地盯着这几道题直到考试结束。

考试结果一点悬念都没有，W 这一科的考试成绩是班里最后一名。要不是其他几科发挥正常，他很可能就要离开他最留恋的实验班了。

W 心里郁闷极了。他自认为自己虽然不是人精，但也不算太笨，要不然也考不上这所市重点中学。而且，他非常珍惜在这所中学学习的机会，他多么希望中考时能够考上本校高中部的实验班啊！所以，他坚持做到了上课认真听讲，中午抓紧时间答疑，晚上认真完成作业。为了在实验班里出人头地，除了完成学校的作业，每天晚上他不惜熬夜也要完成额外的习题，为此他甚至放弃了自己最爱的钢琴和游泳。人人都说：一分耕耘，一分收获。可是自己的付出获得了什么呢？

班主任 L 老师对 W 在考试中的失利也很关注，师生俩就此还进行了一次深谈。听了 W 的描述，L 老师指出了其症结所在。原来，W 太过于关注学习，每天都把自己的神经绷得紧紧的，根本就没有注意休息和调节，所以虽然做了很多习题，但是由于休息不够和精神紧张，最后出现了考试时的异常情况。如果不及

时调节，不光成绩会下滑，身体也顶不住的。

在L老师的指导下，W重新制订了自己的学习计划。每天中午找老师答疑要有针对性，要给自己留出大约十分钟的时间在操场上散散步或者和同学聊聊天，这样才能保证下午听课的质量。晚上学习要文理轮流进行，而且每隔一个小时要休息一下，可以和爸爸妈妈聊两句，弹一会儿琴，也可以下楼转一圈，不能连轴转地学，要给大脑休息的时间。而且，多做些习题固然好，但是不能盲目地做，可以找各科老师咨询一下，针对各科现阶段做一些查漏补缺或提升的题。关键是不能熬夜，现在刚刚初一就这么熬，初三还有后劲吗？还有一点很重要，就是要坚持游泳或进行一些其他的体育锻炼，这样才能增强体质，保证“革命”的本钱。另外，最好在平时就复习到位，千万不要在考前熬夜复习，这对第二天的应试状态非常不利。

经过一段时间的调整，W在初二年级生活得“有声有色”，他不仅在学习上名列前茅，而且还参加了学校的学生会。现在的W，已经能很好地处理自己的学习和工作关系。就像W自己说的：在学生会工作一方面为大家服务了，另一方面也是对自己的一种调节，不会影响学习的。

【名师点评】

上面的故事里，W是一个非常爱学习的孩子，为了学习，他甚至牺牲了自己的兴趣爱好，但是他在考场上的异常情况真的很令人担忧。在我们身边，经常有一些像W一样的同学，勤学好问，刻苦努力，经常给自己加码，甚至熬夜学习，但是这种做法是不值得赞赏和提倡的。如果L老师没有及时发现W的情况，W也没有进行及时调整的话，后果不堪设想。毕竟，学习虽是学生的主业，但不是全部，全面发展的学生应该还要有健康的身体、健全的心智、阳光的心态，更要有多彩的生活。我们可以借鉴故事当中L老师提出的建议，合理安排学习和休息的时间，科学地进行复习和备考，加强体育锻炼增强自己的体质——“磨刀不误砍柴工”嘛。希望同学们能够像W同学一样，及时发现自己的问题，及时地和老师进行沟通，做到劳逸结合，不仅要学得好，还要“玩儿”得好！

（李军华）

第四章　培养良好的学习心态

第一节　没有做不到只有想不到——自信

一、百分之一的希望实现了就是百分之百的胜利

【经典案例】

高二五班在振兴杯足球赛中夺得了男足亚军。这个亚军来得相当不易，因为在小组赛先输一场的情况下五班实现了成功逆转，创造了振兴杯赛事的奇迹！

11 月 14 日，五班在小组赛中以 0∶1 惜败于六班，一名主力队员的脚还受了伤。而在此之前，文科班联队以 2∶0 胜了六班，五班只有以 3∶0 大胜“文联”才能出线。大家情绪十分低落。第二天，更惊人的消息传来，五班与“文联”的比赛提前一周改在当天下午举行，五班主力队员因为有伤，阵容都凑不齐，学生情绪很不好。中午班主任王老师到班里说明了改期的原因，并让最乐观的学生给大家分析了形势，最终得出的结论是：六班已经没有出线的可能，而五班还有出线的可能！看似荒谬的结论经过科学的分析大家都心服口服，下定决心要创造“理论上的可能”。下午，五班运动员身着战袍精神抖擞地上了战场，其他同学也为他们加油助威。结果让大家终于相信：没有什么是不可能的！王嘉楠的出色守门，严昊轩、申川、董方赢等干将的绝佳配合更使五班所向披靡，虽然上半场 0∶0 战平，但五班气势一直占据上风，因为每个人都有一个坚定的信念——我们

有可能赢，我们要拼尽全力创造奇迹！果然，在下半场短短二十分钟五班连进三球！五班创造了奇迹！先输一场之后居然以小组第一的成绩顺利出线！拉拉队员喊得嗓子都快哑了，但心中难以抑制的喜悦和兴奋使任何语言都显得苍白。

【名师点评】

五班的获胜让人惊喜，他们绝处逢生，是赢在一种气势上——明知希望渺茫，但当他们看到了希望，就把创造奇迹当做自己的使命，这种信念使得每个队员都抱定了必胜的决心，才会在赛场勇往直前、出色发挥，最终将这百分之一的希望变成了现实，赢得了胜利，更赢得了尊严。

在数学考试中，总是看见有些同学的试卷出现许多空白，有好几题根本没有动手去做。做不出是一回事，没有去做则是另一回事。不敢去做稍微复杂一点的题（不一定是难题，有些题只不过是叙述多一点），是缺乏自信心的表现。稍难一点儿的数学题都不是一眼就能看出它的解法和结果的。要去分析、探索、比比画画、写写算算，经过迂回曲折的推理或演算，才能发现条件和结论之间的某种联系，整个思路才会明朗清晰起来。在数学解题中，自信心是相当重要的。要相信自己，只要不超出自己的知识范畴，不管哪道题，总是能够用自己所学过的知识把它解出来的。

（王建华）

二、从自卑孤僻的问题生到医学博士

【经典案例】

M是个腼腆、害羞的男生，不爱和老师、同学交流，总是独自一个人发呆，而且特别爱哭。开始的时候，有的男生还总爱开他的玩笑，后来发现他是真哭，而且他奶奶总爱给老师或家长打电话告状，说某某某欺负M了，搞得大家莫名其妙，从此，很多男生都不愿和他接触，更不敢跟他开玩笑了。

在一次体育课上，老师让同学们进行投篮练习。M天生缺少运动细胞，运动神经不发达，所以总也投不进，还不如女生做得好，招来了一阵阵的笑声。开始，M 还忍着，后来干脆把球一扔，跑到一边哭去了。班委们看到这种情况，马上跑过去劝他，但是 M 越哭越委屈，怎么也停不下来。他一边哭着一边想，自己就是很笨，学习成绩不好，唱歌五音不全，体育尤其差劲，真是丢人！

这时班长把班主任 L 老师叫来了。L 老师关心地问他："M，有没有受伤，为什么哭啊?"她又对周边围着的同学说："是不是谁欺负 M 了？没事的话你们都散开吧。别打搅我们。"

M 听到老师的话，觉得心里暖暖的。他自己也觉得一个大男生老是哭真是丢脸，其实也没什么人欺负他，是他自己总觉得自己不如人，所以才哭的。师生俩就坐在操场上聊了起来。

原来，M 的爸爸妈妈都是博士，工作很忙，不善交际。M 的奶奶曾是他就读小学的领导，M 在上小学期间受到了许多老师的关照，在各方面都比较突出。但是进入中学后，这种关照不复存在，而且随着学科知识难度的增加，M 在学习上也越来越吃力。爷爷奶奶的隔代宠爱使得他经常以自我为中心，日常生活中的不能自理现象又经常招来同学的嘲笑，所以在初中阶段他从一个非常自信的孩子变得非常自卑和敏感，经常是在学校里遇到不如意的事情就憋在心里，不愿找老师和同学倾诉，而是回家向爷爷奶奶哭诉，搞得两位老人也不知所措，经常是不明就里地给老师和同学家长打电话告状或质问，造成了没有同学愿意与 M 交往的局面，从而形成了一个恶性循环。

L 老师发现其实 M 很想和老师、同学交流，但是由于不够自信，所以往往弄巧成拙。在谈话中，L 老师了解到 M 从小就立志学医，想像他妈妈一样做一名优秀的医生。L 老师决定就以 M 的理想作为解决问题的切入点。她告诉 M 他能行，有着双博士的优良基因和良好的学校教育环境，只要自己树立自信心，尝试去和同学交往，就一定能够改变现状，不要再像小孩子那样遇到小麻烦就躲在爷爷奶奶的怀里。

M 同学在 L 老师的指导下，从自理自立做起，先从短期的学习目标入手，制订科学合理的学习计划，充分利用中午时间去找老师答疑。在 L 老师的鼓励下，他还开始积极参加篮球等体育活动，慢慢地变得开朗起来。随着学习成绩的提升，他越来越自信，担任了班里的物理课代表，敢在早读时站在讲台上给全班同学讲题了！看到M的进步，L老师非常高兴，经常不失时机地在全班表扬他，并以他的事例鼓励其他同学早立志，并为了自己的理想而奋斗。感受到老师和同学们的关爱和认可，M更加努力。接下来的两年里，M同学慢慢地追上甚至超越了很多同学，在高考中取得了裸分646分的优异成绩，如愿考上北医，并且是八年本博连读！

陪着M一路走来，看到M可喜的收获，L老师由衷地笑了。

【名师点评】

一个自卑孤僻的问题学生成长为一名医学博士，是什么样的神奇力量造就了这一切？美国心理学家丹尼·高曼认为：情商是人类所特有的一种最重要的生存能力，作为个体的人要在社会上取得突出的成就，除了要有高智商之外，更重要的还要具有高情商——浓厚的兴趣、坚强的毅力、足够的信心和锐意进取的恒心。学生只有拥有了良好的自信，所向披靡的意志才会更坚定，攻克困难的毅力才会更持久。上面的故事可能许多班主任老师都经历过，学生的成长期是不稳定的，尤其是一些小时候比较优秀的孩子在进入中学后，适应不了竞争而变得不自信，再加上家庭教育的不合理，会使一个孩子从自信变得自卑甚至自闭。L老师以爱心和责任心为重，密切关注M同学，帮助他树立自信心而实现自己的梦想，帮助一个自卑孤僻的孩子成长为一个有自信心的医学博士。帮助学生建立和保持良好的自信，是我们在教育教学中不可缺少的环节。尤其是作为一名班主任老师，我们更应该注意培养学生的自信，帮助他们充满信心地度过每一天。

（李军华）

三、我能行！I will succeed！

【经典案例】

佳佳是一个非常清秀、沉静又多才的女孩，她是学校广播电台的台长。佳佳和我相遇在高三那一年，当时，我教的是文科班 B 层，本应该在 A 层学习的佳佳自愿来到了我的班级。佳佳在学习上很用心，很努力，能够按要求很好地完成自己的练习任务。她也非常细致，印象最深刻的是她整理了高三练习中出现的每一道错题，笔记整理得规范全面。如果正常发展的话，佳佳会很顺利地完成高三一年的复习任务。

问题出现在了高三上半个学期的后一阶段。学习状况一直较为稳定的佳佳成绩上突然出现了滑坡，一次、两次、三次……和她自己的正常成绩相差了十几、二十几分，甚至是期末考试她的成绩都非常不理想。看着佳佳每天紧锁的眉头，我不禁思考着佳佳的问题所在：听课状态没有问题，作业质量没有问题，学习状态没有问题，做题速度没有问题，问题到底出现在什么地方呢？

寒假之前的一天中午，我和佳佳在午餐时坐到了一起。“老师，我想和您聊一聊，我期末考试考得非常不理想，我自己很着急，又不知道问题出在了哪里？”“我也观察你很长时间了，你的学习过程绝对没有问题，这样吧，你和老师说说你的考试过程，行吗？”“我考试刚开始的时候还好，听力、单选部分做的都比较顺利，做到完形的时候，我看了好几遍文章，都没理解，感觉心“怦怦”直跳，手心里都是汗，心想这下完了，这次考试准考砸了，稀里糊涂做完了完形和阅读。”“是这样啊，老师给你讲个例子，你自己想想问题出在了什么地方，好吗？”佳佳专注地看着我，认真听着。

“这是我从一本书上看到的一个例子：在一次世界级的优秀指挥家大赛中，小泽征尔从评委那里拿过乐谱指挥演奏，突然出现了一个不和谐的音符。一开始他以为是乐队演奏错了，又重新演奏了一遍，还是不对。他说是乐谱出错了。但评委们坚决说乐谱没错，是他错了。要知道当时台下坐的都是音乐大师和权威人士。但经过仔细考虑，小泽征尔斩钉截铁地说：‘不，是乐谱错了。’这时，台下响起了热烈的掌声，恭喜他夺得桂冠。你知道吗，其实，乐谱是评委们故意设下的圈套，看选手在发现了错误并遭到权威反对的时候，还能不能坚持自己正确的观点。前面的选手由于不自信，错失良机。而自信的小泽征尔却能勇敢地否定权威，最后获得了成功。”

“老师，您是觉得我不够自信，对吗？其实，这一段时间，我自己也意识到了这一点，可总觉得自己还有很多不会的地方，越想越心慌。”“复习到了现在，很多同学都会经历一个恐慌期，总觉得自己有很多漏洞，哪里都是问题，这些都很正常。老师给你一个很好的建议，每天早晨起床的时候跟自己说三遍‘我能行！’每次感觉自己否定自己的时候就跟自己说‘我能行！I will succeed！’这是其一。再有就是要学着明确自己做了什么，你认认真真做作业，认认真真听课，认认真真整理每一道错题，你非常细心，你的知识掌握得也很扎实，高考经常偏爱你这样的学生，相信自己，你肯定能行！”听到了这里，佳佳的眼睛变得亮晶晶的，脸上也有了笑容：“谢谢老师！”

寒假回来之后的第一次考试，佳佳的成绩恢复到了她的正常水平，老师问她都做了什么，她说她每天都跟自己说二十遍“我能行！I will succeed！”。除了认真做作业之外，她每天大声朗读半个小时的美文。坚持朗读英语的美文帮助她增进了语感。高考时佳佳超水平发挥了自己的能力，以 629 分的成绩考入了外交学院。

【名师点评】

莎士比亚说：自信是成功的第一秘诀。学生中缺乏自信的例子有很多，佳佳就是一个很典型的例子。不自信的原因也有很多，有人是因为自己的长相，有人是因为自己的家庭，有人是因为自己的经历，有人是因为自己的成绩。如何建立自信，除了上面的办法，还有一点就是要学会正确看待自己。有缺点、有问题在所难免，但我们不要把眼睛老盯在自己的缺点或问题上，那样会搞坏自己的心情，挫伤自己的自尊心和自信心。佳佳就是忽略了自己会的知识，忘记了自己付出的努力，而过度关注了自己的问题，造成了信心的缺失。我们常说要善于发现自己身上的不足，但这不是让我们沉浸在失意和自责中，而是要使我们更好地把握自己。

面对高考，自信与否对取得好成绩确实起着很大的作用。最后让我们回到这个最根本的问题：什么是自信？

“我能行”的态度就是自信，自信是人对自身力量的认可，深信自己一定能做成某件事，实现所追求的目标。自信的表现是：

思想上相信——我能行，

行动上表现——我能行，

情感上体验——我能行。

（柳东梅）

第二节　不抛弃，不放弃——坚持

一、十三公里路

【经典案例】

坚持成就梦想

每年到了一二·九前夕，XX 学校的高一新生们都很紧张。因为学校有一个传统活动，就是一二·九远足——新生们将从学校出发，一路步行到香山脚下的烈士陵园。全程约十三公里。这远足可和运动会不一样，是需要全班同学都参加的。也和军训的拉练行军不同，是既考速度又考知识的项目。

每次远足之前，新生们都很紧张。有的怕自己坚持不下来，有的觉得这个活动考的是体力，班里有明显体力不好的同学，可如果请假人数太多是会影响比赛成绩的。一时间抱怨活动太累的有之，向高年级的同学请教的有之。

其实除了学生之外，班主任们也很忙碌，考虑学生们的身体状况，考虑学生们参加比赛的策略。最重要的是，考虑自己是否也能和学生们坚持跑完全程。要知道，有的班主任年纪已经不小了。

家长们每次也都有争议：这样长的距离是不是合理，学生们参加身体状况是否能够跟上，会不会有学生为了班级的荣誉而即使身体不好也坚持，最后对身体造成损伤。

然而每年的一二·九远足都如期顺利地进行着，一直持续了十多年。虽然每次都有校医的车跟着同学们，但绝大部分班级都是全勤，而这十三公里路对于参加过的同学和老师们都是非常珍贵的回忆。

当学生们刚出校门的时候，队形还十分整齐，大家都快步小跑，精神百倍。可随着路程越来越远，有些同学开始体力不支了。这时候每班都有一位或者数位负责给大家加油打气的同学跑前跑后以保证大家不会掉队。为班里举旗的同学是最累的，他不单要跑在前面，而且还要不停地挥动红旗为大家指路。等路程过了一半左右，大家就都上气不接下气了。这时候那些背包就跑到了男生的肩上。女生们都轻装前进。而男生们除了帮女生背书包之外，有时甚至还会轮流背起体力不支的同学继续前进，却从没有人说要坐到医务室老师的车上。虽然说的是一二·九远足，其实每个班级都是从头跑到尾，连班主任老师都是跟着一起跑下来的。

其实，学生们平时跑个800米都会觉得累得不得了。每次都有同学说受不了，每次体育会考中的长跑都是难度最高的。运动会的800米、1000米项目都是不容易找到人参加的项目，那十三公里这么长的距离所有人怎么会都跑下来而且第二天还能精神百倍呢？

【名师点评】

答案就是两个字“坚持”。同学们之所以在体育课上不能够顺利完成800米，是因为他们可以有各种理由不去完成，因此没有坚持。而在这十三公里的路上，放弃就意味着对班级团队荣誉的损害。正是这样的想法，支持所有人以最快的速度跑完全程。其实如果大家仔细观察各种超级长跑比赛就会发现，运动员们一开始都是以小集团的方式在奔跑着，最后阶段才会冲刺拉开距离。比赛制胜的关键，就是运动员能否坚持跟上最快的集团。亲身参加过长跑比赛的人可能感触更深。比赛中，只要一直咬牙跟紧最前面的人，不要落后，最后一定能够取得好成绩。学习上也是如此。你只要盯紧自己的目标，一直向前，即使再累也坚持下去，就一定会达成愿望。

（柏雪松）

二、坚持成就梦想

【经典案例】

S同学拿到成绩单后，实在是郁闷了一阵子。全班45个人，他又是集团军最后梯队里的一员！怎么会这样呢？他天天找老师答疑，晚上学到半夜，也挺努力的啊！可是成绩怎么总是上不去呢？他简直有些灰心了，甚至想还不如不学呢，反正也是最后一名。但是回想起自己得知被这所市重点学校录取的兴奋时刻，和自己当时定下的宏伟目标，他又觉得不能轻易放弃。思考再三，他决定找班主任老师谈谈，让老师帮忙分析一下。

没想到，老师见到分数单后，先是表扬了他！这次考试他的生物成绩竟然是全班第一！惊喜过后，他更加迷惑，生物都考到第一了，怎么总成绩还是倒数啊？老师帮他仔细分析了各科成绩，原来，语文和英语两科加起来才和生物的分数差不多，数理化三科的成绩也不乐观，所以生物再强也没有用！

接着，针对老师问的几个问题他进行了反思。比如答疑问题，他喜欢中午找老师答疑，当时也觉得都听懂了，但是他从来没有及时整理和回顾过，而是认为答过疑问题就解决了，还不排除有时为了面子问题不懂装懂，结果下次考试中遇到同样问题就又迷糊了。再比如熬夜问题，许多时候是死抠一道理科难题，不知不觉两三个小时都过去了，不仅没有解决这个难题，而且还耽误了其他科作业的完成。还有，为什么生物能考得那么好呢？因为生物是新开的一门课，不需要什么基础。大家都站在同一起跑线上，他努力付出就能获得丰厚的回报。再想想自己的经历，S不禁摇头苦笑。他是一名择校生，入学时成绩就比其他学生低，尤其是语数外三门主课的基础都很薄弱。虽然他有着不服输的劲头，但是由于没有系统的学习规划，所以经常是捡起了这科就丢了那科，成绩一直上不去。

通过老师的分析，他看到了希望：如果能够学好生物，其他科目应当也能够学好！但是，目前要做的是先把以前的债还上！通过生物成绩，他坚信只要自己不放弃，坚持努力，一切都是可以改变的！

于是，他在老师的指导下制订了自己的学习计划时间表。每天早上他都会利用大脑清醒的时候背单词和大声朗读课文。每天中午找老师答疑时他学会了记笔记，也不再不懂装懂，而是打破砂锅问到底。晚上回到家他先回顾一天的笔记，及时整理错题和中午答疑的问题，争取做到举一反三。在复习笔记的基础上再做作业似乎容易了许多。做作业时他不仅注意文理结合，避免在一门科目上耽误太长时间，而且学会了先挑容易的做，把难题留到最后，尽量不在一道题上做无用功，实在做不出来的第二天去请教同学或老师。

后来的几次考试成绩也不是很理想，他想到过放弃。但是在老师的鼓励下，他明白了现在所做的一切只是在弥补初中以前就已经长期被拉开的差距，不可能一蹴而就。而且，通过老师的分析，他了解到像英语学科的学习不是一两天就能在成绩上有所体现的，量变的时间积累不够充足时，怎么可能迅速产生质变呢？他相信，凭着自己聪明的脑瓜儿，只要继续坚持下去，就一定能够赶超别的同学！

凭着坚定的决心和不懈的努力，一年后，他的成绩终于有了明显的提升。看到了希望，他更加努力了。所谓“一分耕耘，一分收获”，高考时他以超出重点线五十多分的高分考入哈尔滨工业大学。

他现在的目标是争取大二时通过英语六级考试，争取考上研究生甚至出国留学。有了高中的奋斗经历，还有什么做不到的呢？

【名师点评】

上面的故事告诉我们：坚持成就梦想！S 同学的类型在学校里比较普遍，他们大多数基础薄弱、成绩不理想，虽很努力但不得法。许多这样的学生选择了放弃，结果就是再也爬不起来了。主观意愿上的放弃使得想帮助他们的老师也束手无策。而 S 同学的身上有着一种不服输的精神，他在困惑的同时不放弃希望，知道向老师寻求帮助，这种不服输的精神和主动的学习态度在他的成长过程中起到了至关重要的作用。从 S 同学身上，我们看到了坚持的力量。人的一生中多多少少会经历挫折和失败，但是只要我们不放弃、肯坚持，“只为成功找方法，不为失败找借口”，我们就一定能够克服困难，走向成功！

（李军华）

三、安然，咱再坚持一下！

【经典案例】

安然是我校09届毕业的学生，作为她的班主任和英语老师，三年的时光里，安然和我有过很多次摩擦。如果不谈学习的话，安然是一个非常优秀的学生，运动会上是学校百米栏的女子组冠军，运动场上的她信心百倍；一二·九远足活动中，在大家都累得东倒西歪、男体委倒下的情况下，体能很好的安然默默地维系班级纪律，看护着同学们的安全；更加令人感动的是，每次老师递给安然试卷的时候，安然从来都是认认真真地用双手接过，这一点让所有的老师们都觉得心里暖暖的。现在的孩子基本上都是独生子女，能够做到这一点真是太难得了。除去学习，在任何方面，安然都表现出了很好的品质，她幽默，诙谐，坦诚……

所有的问题都出在了学习方面，由于初中的基础知识掌握得不够好，进入高中之后，加上知识容量增大，速度增快，起点较高，从一上高中，安然就感觉到很吃力，到了高二以后表现就越来越明显，面对着成绩的不理想，既好强又好面子的安然表现出桀骜不驯与强烈的逆反心里。英语课上故意趴着睡觉或是做语文作业，一问她，她会理直气壮地说：“中国人干嘛要学英语”“老师知道你有困难，你有什么问题老师可以再给你讲讲?”“没问题！哪儿都不懂，烦不烦呀，我还有别的作业呢，我可以走了吗?”了解了她的脾气之后，一般我都是以沉默来化解她的这些怪话。

上了高三之后，开始的一段时间，安然还是很努力地跟着，慢慢地表现出了力不从心，再后来，就表现出不愿意考试，“老师，我要参加跆拳道选修课!”“高三学生要参加每天的大练习，你不做练习，老师上课要讲，你怎么办?”“凉办呗！考什么考，老是那点分。”“坚持到一定的阶段，你的成绩就会有飞跃的！”“那不行，我得练跆拳道！”没办法，我只能拿纪律要求她，“不参加大练习按旷课处理！”“随便！”说完，安然就扭身走出了教室。她的焦躁不安到“一模”以后表现得更加突显：早读的时间，大家都在教室里静静地晨读，安然却到操场上一圈一圈地晨跑，看着她那红通通的小脸，作为班主任的我沉默着，担心着。没有其他更好的办法，我只能和她的家长取得联系，试图从另外一个渠道了解她的状况。她的父亲是一名历史学家，很达观，感受到了孩子的焦虑，也很理解孩子的学习困难，答应和孩子好好沟通一下，一个问题暂时解决了，安然又坐了下来。就这样迎来了“二模”，每场考试她必提前交卷，依旧表现着她的独特。面对着成绩的停滞不前，安然表现出了想放弃的苗头。一天早晨，我把她叫出了教室。

“安然，我知道你现在觉得很累，感到很难跟上大家，觉得自己有很多不会的知识点，其实，这样的想法每个人都有，咱们不跟别人比，咱跟自己比，再坚持二十天，争取能上一本，好吗?”“那不可能，还差一百分呢!”安然低着头，但认真听着。“只要你努力了，老师和你的爸爸妈妈就认可你，老师陪着你，我们一天天坚持，我们只想着努力即可，我们不想结果啊。安然，咱再坚持一下!”说到这里，我一下子把安然搂到了怀里，我的眼里满是泪水，安然的眼圈也红了。从那以后，安然很安静，默默地一天天坚持着，最后的高考她突飞猛进一百多分，真真如愿地上了一本。

【名师点评】

一位优秀教师温斯泰德曾经说过，“侧面教学”可能是老师行为中最具影响力的部分，自然的、随意的、无需仔细思考的交谈可能会对一个学生的行为产生更加深远的影响。作为一个老师，我很高兴那天早上的闲来之笔，会帮助当时的安然渡过当时的那个坎儿，在当时安然快坚持不住的时候让她停了一下，静静心神。安然在高考时能够取得前所未有的成绩，关键的一点是她在最难的一刻坚持了下来，在觉得自己快不行的时候挺住了。正如美国作家卢·维克瑞所说的：

Four short words sum up what has lifted most successful individuals above the crowd: a little bit more.

成功的秘诀就是四个简单的字：多一点点。

（柳东梅）

第三节　勤能补拙，笨鸟先飞——勤奋

一、“O”型腿的舞蹈家

【经典案例】

彭清一是共和国四大演讲家之一，也是中国演讲家协会副理事长，还是中华教育艺术研究会理事长，183 所大学特聘教授，他的直接听众达 300 万人。而在此之前，他是歌舞团的演员，舞蹈队的队长，更是中国舞协的理事。在 1951 年，他的舞蹈获得了第三届世界青年联欢节一等奖。

而这样一位“舞林高手”，居然是“O”型腿！

彭清一的原名叫彭家祥，他的家乡在山西忻州，10 岁丧母成为流浪儿，1949 年以后他才有机会进入了华北大学艺术系学习。彭清一天生一副好嗓子，在华北大学艺术系学的是戏剧，但他却喜爱舞蹈。特别是参加了中央西南民族工作团之后，西南之行使他在民族民间舞方面有了很大进步，尤其他跳的西藏舞，韵味十足。在汇报采风的演出时，当时著名的舞蹈家戴爱莲发现了这个有潜力的小伙子，于是彭清一被送入了中央戏剧学院舞蹈团。

彭清一并不清楚搞艺术需要特殊的身体条件，比如上下身比例，比如“力度”和“软度”。他更不会知道自己的腿是最犯忌的“O”型腿。他不懂得自己已经 20 岁了，早已超过可塑的年龄。而且舞蹈讲究的是童子功，需要至少十年的艰苦磨练才可以入门。所以当苏联著名芭蕾舞蹈家斯考尔斯和芭兰诺娃看到这

么一个大小伙子，而且还是个罗圈腿时，连连地摇头。这时彭清一才发现自己学舞蹈的条件这么差。他感觉消沉，甚至想放弃舞蹈。但是戴老师的期望，朋友们的鼓励使他鼓起勇气，坚定了自己的信念和选择。

舞蹈基本功不扎实，彭清一就通过平时加量训练来弥补。他对每一个动作都要练上百次、上千次，一个上午要换好几件汗水淋淋的背心。为了练好芭蕾中的旋转动作，使旋转动作优美、柔和，彭清一连走路都在想动作，练动作，以至好几次撞到路上的行人。

可是体型的先天不足又怎么办？彭清一想到了一个土办法，他晚上绑起自己的腿睡觉，以矫正“O”型。有一次因为绑住的时间过长，彭清一的腿麻木了，解开绳子时，他一下子就摔倒了。就是这样的土办法，让他的O型腿被纠正了过来。这其中的辛苦，别人是无法体会的。

功夫不负有心人。很快，芭拉诺娃发现彭清一的众多变化，感到非常惊喜。再一次分班时，彭清一被分配到芭蕾舞甲班，这个班的每一个学员都是舞蹈团的佼佼者。

然而在1985年，55岁的彭清一又遇到了人生中的一个难关。他在给青年演员做示范动作时不幸跌倒，左腿胯骨粉碎性撕裂，并留下了终身残疾。彭清一不得不离开心爱的舞台。但他并没有消沉下去，通过努力，彭清一又迈上了另一个人生的舞台——演讲台。为了写好演讲稿，他经常挑灯夜战，全然不顾自己病残的躯体。20年来，他的足迹遍布全国多个省、市、自治区，听众达数百万人次。他还担任百所大学的兼职教授、数十个大型企业的高级思想政治顾问。

【名师点评】

从先天不能跳舞的“O”型腿到舞蹈一等奖，到舞协的理事，又从舞台走上演讲台，彭清一每次都是从不具优势，甚至是不可能的地方起步。而他的成功，完全靠的是个人的努力与不懈奋斗。都说艺术是需要天分的，尤其是舞蹈，在身体要求上更为苛刻。即使达到形体上要求的舞蹈演员，也仍然需要从小练起，也就像俗称的“拳不离手，曲不离口”。这与学科知识的学习其实是一样的。身体条件的不足，可以通过后天的勤奋来弥补，学科知识的积累更是需要长期的勤奋。以学生们最头痛的背诵为例，艾宾浩斯在关于记忆的实验中发现，记住不同内容需要不同的重复次数。虽然次数不同，但重复是必须的。也就是说任何人想要有好的记忆，都必须花时间重复加深印象。因此在学习上再天才的人也是需要花一定时间的，而这时间的充分利用，就成为了成功的关键。所以勤必然可以补拙，而不勤学的人必然不能达到自己能力的顶峰。

（柏雪松）

二、丑小鸭的蜕变

【经典案例】

期中考试表扬名单出来后，高一（8）班教室里热闹非凡。

“嗨，你考得怎么样?”

“不太好，才第六。你呢?”

“第六还不好? 我才考了第十三名，不过比上回进步了一点点，这回我妈得给我买 MP4 了!”

“……”

听着同学们热烈的讨论，看着大红纸上的表扬名单，C 同学悄悄地撕碎了自己的分数条。唉，自己已经很努力了，为什么还是上不了表扬名单? 为什么使出了吃奶的劲也上不了光荣榜? C 真是欲哭无泪，心里苦闷极了。她最怕这时有同学来问她考了第几名。她甚至有时候怀疑自己是不是爸爸妈妈捡来的孩子，他们两个都是硕士，在工作单位都能够独当一面，可是自己怎么就像个笨小鸭似的，真是给父母丢脸! 她趴在桌子上，郁闷地想：干脆放弃得了! 努力不见回报，还学什么劲啊!

“C，怎么了? 哪里不舒服吗?”正在 C 胡思乱想的时候，传来了班主任 L 老师温和的声音。

“啊，老师，没什么。自个儿瞎想呢。”C马上坐直了身子回答老师。

“不是没什么吧？是不是觉得考试成绩不理想？来我办公室聊聊吧。”L老师善解人意地说。

“嗯，好的。”听到老师的话，C不禁眼圈红了。她连忙起身跟着老师走向办公室。

在办公室里，师生俩进行了一次长谈。C诉说了自己的苦闷，说着说着忍不住哭了起来。她真的觉得自己很笨，怎么努力都考不好。听完C的诉说，L老师却说了一番让C颇感震惊的话：

“谁说你的努力没有效果了？你看，你的成绩虽然一直没有考进前20，一直没有达到你自己的期望值，但是你要看到自己的进步啊！你想想看，高一刚入学的时候，你的成绩是班里倒数的，但是你一直都很努力，你的名次在一点点上升，现在都考到了31名，这不是进步是什么？老师和同学们可都觉得你进步很大呢！”

想想看也是，听完老师的话，C也觉得自己是有进步的。可是为什么自己总觉得别人学得很轻松而自己学得那么累呢？是不是自己智商低啊？L老师否定了她的自我贬低，告诉她大多数人的智商都是差不多的，虽然她不是很机灵的孩子，但绝不是笨孩子。只是由于入学的起点不同，她现在所做的一切很多是在还初中所欠的“学习债”。L老师还告诉她“早起的鸟儿有虫吃”，只要自己肯付出，肯努力，就一定会有回报。

听到老师的鼓励，C看到了希望。她回顾自己高中以来的学习情况，发现老师说的非常有道理。她又恢复了信心。在老师的指导下，她为自己制订了学习计划和短期目标，坚持做到文理兼顾，坚持每天整理笔记，坚持保质保量完成各科作业，坚持每天找老师答疑……

在随后两年的学习中，C非常刻苦，每当看到自己的一点进步，每当完成了一个短期目标，她就鼓励自己“早起的鸟儿有虫吃”，自己虽然不聪明，但是勤能补拙，只要付出了就一定有回报。就这样，C一点一点进步着，成为班里公认的最勤奋的人。在老师的鼓励和同学们的赞扬声中，她充满了自信，更加努力地学习。后来，她充满自信地参加了高考并取得了优异的成绩，考入了北京理工大学。

现在，在C的信念里，勤奋就等于成功。她一直记着老师说的话“早起的鸟儿有虫吃”，她相信勤能补拙，只要肯付出，就一定会有回报！

【名师点评】

从上面的故事里，我们看到了一个“丑小鸭”蜕变的过程。C同学就如同千千万万个普通学生一样，他们不是很聪明，可能永远当不了尖子生，也出不了什么风头。但是他们肯努力，愿意付出。如果每个老师都能像L老师那样及时发现学生的思想问题并耐心加以开导，让学生了解“勤能补拙、笨鸟先飞”的道理，那么，将会有更多的学生像C同学一样可以通过努力实现自己的梦想。希望每一个认为自己很普通的同学，牢记“早起的鸟儿有虫吃”这句话，因为“伟大的成绩和辛勤的劳动成正比，有一分劳动就有一分收获，日积月累，从少到多，奇迹就可以创造出来。”

（李军华）

第四节　融入团队，互帮互助——分享

一、当“孤狼”学会了分享

【经典案例】

期末考试前的一天中午，高二（1）班的教室里，许多学生都在埋头写作业。H同学四处望了望，没有人注意他。他悄悄地从书包里拿出了好不容易从某重点中学搞到的复习资料，低头做了起来。

“嘿！H，你又在做什么‘葵花宝典’？让我看看！”Y同学刚进教室就发现

了H同学的练习册与众不同，伸手就去翻练习册的封皮。

“没什么，没什么。我随便从书店买的。”H一边说一边要把练习册装进书包。

“让我看看呗！要是好大家一起做，别藏着掖着啊！”Y不肯罢休，伸手抢书。

“凭什么给你看啊？你都考到年级前五名了，干嘛非要看我的破资料啊！我得找老师问问题去了。”H躲不过，拿起书就要往教室外面走，他真的不想让他最大的竞争对手看到自己好不容易搞的“秘籍”。

“H你真没劲，不就是一本书吗？给我看看又怎么了？看看就考第一了？我的资料不是随时都放在桌子上给大家看的吗？又看不没！算了算了，我不看了，你也别躲了。”Y说完了就回到了自己的座位，马上就和同桌讨论起问题来。H有些尴尬地坐下了。他想了想，唉，都是这本练习册惹的祸，还是回家再做吧，免得又被别人惦记。

结业式那天选三好学生，高二（1）班的黑板上写了十多位同学的名字，有三名学生在唱票。

“今天的选举结果是：N同学41票，Y同学39票……经过大家不记名投票，这八名同学被评为这个学期的三好学生。向他们表示祝贺！”随着班主任L老师的宣布，全班响起了热烈的掌声。H也随着大家鼓着掌，表面上装得喜气洋洋的，但是心里却直冒酸水。也是，他这个学期非常努力，还做了许多“宝典”和“秘籍”，总成绩进入了班级前五。而且，他一贯努力，一直都保持在班里的前十名。可是，三个学期了，尽管他成绩很优秀，可是一次三好生都没有被评上过。问题到底出在哪儿了？H不禁陷入了深思。但是他百思不得其解，不行，得找老师好好聊聊！

结业式后，H找班主任聊了两个小时，诉说了自己的苦闷和烦恼。听完他倒的苦水，L老师笑了，告诉他其实老师等这一天已经等了很久了。原来，L老师早就了解了H同学的“藏私”行为，虽然在班会上提醒过同学们要团结互助，互相学习，在平时也经常表扬Y和其他几名同学的资源共享，但是H一直都在抵触，认为自己找到的好资料，给别人看了自己不就失去了主动权吗？虽然 H 同学自己一直很努力学习，但是他不怎么合群，同学向他请教问题，他怕耽误时间都给推掉了；别的同学向他借资料，他也总是找借口回绝了。这样的事情多了，同学们都知道他比较独而不愿意理他。所以，虽然他成绩优异，但是每次选三好生，同学们都不愿意选他。听了老师的分析，H 恍然大悟。接着，老师又告诉他，其实同学间的竞争并不可怕，有竞争才有进步，大家一起学，共享自己的资源，分享自己的学习经验，每个人都可以少走很多的弯路！而且，一个班作为一个整体，通过每个人的努力和彼此间的良性竞争提升自己的成绩，进而促进团队取得成功，这才是更为可贵的。

和老师交流过后，H 的转变非常大。新的学期开始后，有了好的资料，他不再偷偷地做，而是主动与同学共享。他甚至承担了自己的优势科目——数学的早读讲题任务。为了更好完成任务，他花了很多心思，从自己做过的试题中挑选最经典最具代表性的试题给大家讲解，受到了广泛的好评。慢慢地，同学们都不再戴着有色眼镜看他，而是真心地和他交流探讨学习上的问题，课余时间还约他一起打篮球。H 越来越享受到与人分享的快乐。他发现，原来自己偷着做题时就像做贼一样，以前遇到难题不愿问同学或老师，总是怕“泄密”，现在好了，一旦敞开心扉，愿意和同学们交流，他发现自己的难题越来越少，因为随时可以和同学们进行讨论解决难题。而且，以前自己只有几本“宝典”和“秘籍”，和同学们一交流才发现，原来人人都有“法宝”！幸亏自己及早发现了自己的问题，改掉了藏私偷学的坏习惯，要不然得错失多少“练功”的好机会啊！还有，通过精心准备早读和给全班讲题，H 发现自己的数学思路更加清晰，理解得更加透彻了。原来，与人共享是一举多得的好事啊！

后来，H 终于凭自己的实力和真诚当选了三好生。一年后，H 以 668 分的高分考取了清华大学协和医学院的八年本硕博连读临床专业，他所在的班级有十七名同学分别考入了清华大学和北京大学。H 认为，他们所取得的成绩都得益于 L 老师推动大家共同创造的共享环境，他通过自己的经历深深地体会到了团队的力量和互帮互助、资源共享的益处。高中三年将是他永生难忘的三年！他决定将团队和分享的精神带到大学，带到将来的工作中去，他相信：走出“自我封闭”牢笼的自己，将来一定能够更加成功！

【名师点评】

上面故事里的 H 在我们身边比比皆是。作为大城市的独生子女，这些孩子从小以自我为中心，缺乏团队意识和分享精神。尤其是一些尖子生，为了保住自己的领先位置，学习时往往存在“吃独食”的现象，担心别的同学尤其是竞争对手看了自己的资料会超越自己，所以很多班里都存在着不良竞争的现象。感谢睿智的 L 老师，她告诉孩子们，要把眼光放长远，自己班里的同学要学会资源共享、互通有无，营造良性竞争的氛围，这样更能激发大家的学习劲头；要懂得天外有天，真正的竞争对手不是同班同学，甚至也不是和自己同年参加高考的万千考生，真正的对手是“自己”——“勤能补拙”说的是战胜自己，“敢于坚持”同样讲的是战胜自己。而要取得成功，更需要全班同学齐心协力、互帮互助，一旦提升了整个团队的力量，自己的水平自然也就提升了。H 同学通过自己的经历认识到了分享的力量，也希望更多的同学学会分享，因为分享能够激发潜能，促进个体和团队的双赢！

（李军华）

二、上下同欲者胜

【经典案例】

美国商界出现了一个新词：Coopetition，也就是 Cooperation（合作）和 Competition（竞争）的合成词。它的出现，改变了人们对竞争的认识，一方面竞争，一方面在合作中与对手分享。其实这个理念在教育界大家那里并不陌生。前苏联著名教育实践家和教育理论家瓦·阿·苏霍姆林斯基（1918—1970）说过：“只有当学习是在丰富多彩的精神生活的背景下进行的时候，只有当集体与个人的和谐成为这种丰富性的核心的时候，学习才能成为人愿意去从事的活动。”学校的生活是五彩缤纷的，孩子们会遇到很多挑战，这要求他们必须学会竞争；同时他们又生活在集体中，这就要求他们学会合作与分享。只有这样，孩子们才能达到优势互补、共同提高的目的。听听孩子们讲述的故事吧。

我们的高三资料分享小组

一轮轮的复习伴随着高三的脚步接踵而至，做卷子、答疑似乎已经成了家常便饭。复习虽然是紧张的，但聪明的学生还是要讲求方法，争取做到事半功倍，在有限的时间里获得最大的提高。对知识进行梳理并加以总结，便是老师总会提到的，也是非常重要的，却经常被大家忽视的捷径。通过总结，我们不仅能够更好地建立起知识体系，也能更有效地查漏补缺。的确，总结往往要耗费我们大量的精力，它所带来的效果在初期也不很明显，这也是很少有人照做的原因。但如果我们换个方式，是不是就能更高效地进行总结呢？其实大多数资料是可以大家共享的，那么如果我们能分工合作，不仅能节约时间，更能够从中互相学习和促进——这也是我们的小组诞生的最初原因。

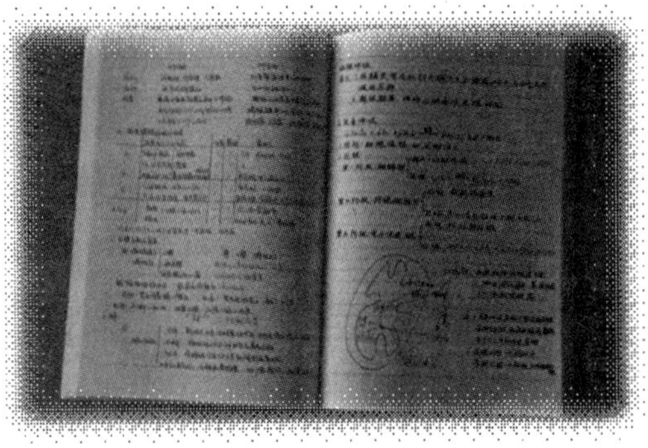

起初的小组仅仅由班长和两三位同学组成，在体会到这种方式的好处之后，班长尝试把小组扩大，在全班范围内进行宣传，并让大家自愿参与。这样做的好处在于能够调动起更多同学收集材料，增加资源的丰富程度，全面覆盖知识点；能够提高同学们学习的积极性，扩大了受益人群；更能在班内创

设出一种良好的学习氛围，使大家互相促进、共同进步。

想法一经提出，便得到了百分之九十以上同学的支持。由于参与人数众多，我们也让大家根据自己的需求按照科目结成六个小组。每个小组中既有学得不错且比较有总结思路的同学，也有想要通过小组总结，在该科目上有所进步的同学，这样的小组组成非常合理。我们请在相关科目成绩较好且有着自己见解的同学担任组长职务，并给组员们分配任务。要求是每个小组内部不出现重复的内容，要把自己认为重要的点着重标注出来，并且尽量总结易错点、重点和难点。电子版、纸质版均可。

以语文小组的其中一项总结为例，同学们通过对历年131套试卷的整理，总结出常考的虚词及默写项。这项总结的工作量巨大，但由同学们分工合作完成起来，便别有一番乐趣。小组成员在后期的考试和高考中在该两项中均没有失分。

通过一些人员调整，我们保证了每个小组人数的平均。我们的每一位组长也都很负责任，能够将任务平均地分配给每个同学，且自己带头多干多做，并在规定时间内完成资料的归总、排版，按时上交。

我们的成果是十分丰富的，如语文组的诗歌鉴赏及阅读方法总结、数学组的立体几何概念公式总结、英语组的主题范文总结、物理组的实验题总结、化学组的有机化学总结、生物组知识点全覆盖总结。同学们总结的方式也是多种多样：有电子打印、手绘图表、剪贴、画图等等。

六个小组的资料最终由班长汇总并负责印刷。班长不惜多出些钱将资料装订成册，又加上了封皮和小组人员名单，使我们的成果最终形成了一本资料书。选择这样正式的方式一是因为我们的资料的确丰富，从厚度上可见一斑；二是让同学们拿到书的时候，更加能感到一种成就感，能更好地激励大家，也提醒大家要珍惜自己和他人的劳动成果。

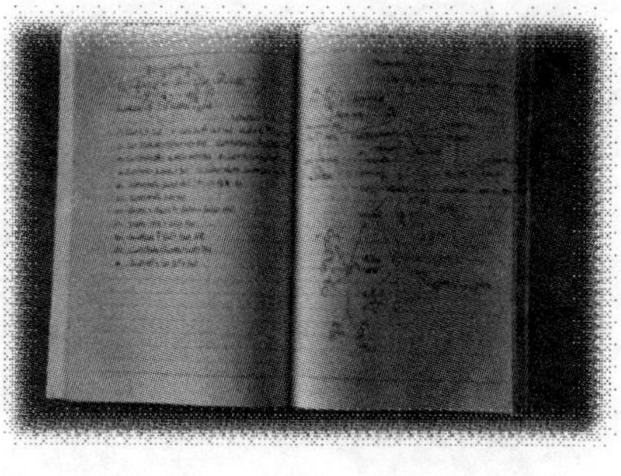

高考后我们班的同学都实现了自己的愿望，进入了大学继续奋斗；而我们班的总体成绩，也在稳步上升后在最后一役也

是最关键的一役中第一次超过了另一个平行班。不敢说这本资料书在其中究竟起了多大作用，但它至少使班上的同学在考前最重要的几个月里凝聚到了一起，并把所有的经历投入到学习中去。而毕业后，它也成为了我们高中三年生活中宝贵的记忆。

【名师点评】

在高三这竞争激烈的一年，孩子们仍然能够彼此分享、互相帮助，这非常珍贵。他们也用自身证明了这样做的好处。的确，好的氛围往往是最大的动力；来自同学分享的信息和资料也是对孩子们最大的鼓励。大家一起向上，往往比太过刻意的竞争来得更为有效。很欣慰孩子们能做到携手前行，共同面对这艰苦的一年，一起分享这其中的喜怒哀乐，最终交上了他们满意的答卷，并且在整个的人生中留下了一笔厚重的值得留恋和回忆的财富。

（刘莉）

第三部分　健康成长篇

第一章　身体是学习的基础

第一节　好的身体素质是学习的保障

一、“疯狂”诵读的小夏

【经典案例】

这个故事发生在笔者的家乡。

小夏是一个在普通工人家庭里长大的孩子，从小就很积极奋进。她把学习和改变人生命运联系在一起，一直希望通过努力求学，为自己和父母创造一个更好的未来。在中学，同学们都钦佩她的好学和毅力，而小夏最终也不负众望，考取了当地人都向往的首都一所著名高校的外语系。进驻高校，看到学姐们纷纷苦学外语，准备深造，小夏找到了继续奋斗的目标和动力。不夸张地讲，小夏是把“时间海绵”里的水给挤得干干的了。举一个例子，体育课三级跳的那不到十秒的助跑、起跳、腾空、落地的时间，我们能做什么？对于小夏来说，这点时间可以背一个提前做好了速记卡片的英语单词！就是源于这样的一种勤奋态度，小夏在外语方面不断进步。

但是，小夏也受到一个问题的困扰，就是口音不正。在地方学习了六年英语的她，对词汇、语法、阅读、写作都顺手拈来，唯独在发音方面与其他很多大城市来的同学有差距。外教课上，她亦不敢像其他同学那样站起来就跟外教交流，而总是先坐在座位上打腹稿，然后默默重复几遍，感觉自己能说顺了才鼓起勇气抬头看老师，但又常常发觉贻误了交流对话的时机，老师已转入下一话题。

小夏暗自下决心要纠正发音，说出地道的口语。这样，她开始了“疯狂英语”般的自我训练法。每天她都要听听力跟读文字资料，摘掉耳机大声颂读（甚至是喊读）并录音，小夏认为这样一锻炼了口语，二也增强了自己在张嘴说英语方面的信心。不夸张地讲，小夏找到一切可以利用的机会去张嘴说外语。同学们很钦佩她的学习热情，但同时也感觉她的热情“像火热的沙漠”，温度过高——这样的口语学习方法，大量地损耗声带，事实上不符合人体科学，小夏几度染上了咽炎。可是执着的小夏每当嗓子刚好一点就又开始疯狂式的训练。数次咽炎病痛的经历之后，小夏反而更加疯狂地从“海绵”里挤时间，高声朗读，做补救。直到有天，她发现自己的嗓子不再是嘶哑，而是失音了。

故事的结局，是出乎大家意料并令人感到遗憾的：小夏在大二的时候，由于声带损伤过重，导致正常发音交流不畅，已无法满足外语系的学习要求，被迫转入该校的考古系重新修起。首都梦，高校梦，小夏都圆了，但是，与心爱的外语失之交臂，将是她一生的遗憾。

【名师点评】

小夏的故事告诉我们，健康高于一切。

没有强健的身体，一切无从谈起。因学习热情过高导致失音而被迫转专业的小夏，有一个致命弱点：因专注学习而忽略掉了她的健康，而这最终成了学习路上最大的绊脚石。她牺牲了健康去努力学习，最终却在求学的漫漫长路上得不偿失。健康的重要性，已经被老师和长辈谈及得太多太多，但是真正被我们忽视的，却也正是健康。用一句现在很流行的话来做个总结吧——没有了健康，一切都成了“浮云”。

二、凋零，源于脆弱的心

【经典案例】

小商是北京某重点中学的一名高二学生。在老师们的眼里，小商是个乖巧的好孩子，加之她拥有北京生源的优势，大家都认为小商的前途会是让人比较羡慕的。但是正值花季的她，像众多青少年一样，既了解如今学业竞争的残酷，也仍会偶尔放松对自己的要求，偷个小懒；因此小商的成绩会忽上忽下，不够稳定。不过，小商性格内向，老师和同学们很少看到她因为考试成绩理想而喜形于色，也听不到她因为考试失利而抱怨不已。

但是，谁也没想到，就是在这样一名被大家看作是乖乖女，最不会偏离轨道的孩子的身上，发生了最无法让大家接受的一幕。

那是在一次月考后。小商的年级排名出现了很明显的下滑，班主任很关切地找到她，与她谈心。谈话的内容主要是提醒小商对成绩要重视，因为很快就要进行新一轮的分班考试了，希望她调整好状态，争取留在实验班。在谈话中，小商没有表露出太多个人的意见，只是默默聆听，偶尔点头。但谁也不曾想到，内心深处，小商竟然产生了既自卑又悲观的想法，她怀疑自己与其他同学没有了可比性，甚至再也无望考入名牌大学了。

第二天，小商谎称自己身体不舒服，让家长给请假便没有去上学。劳碌的父母并没有发现小商的任何异常，关照了一下孩子后便照常去工作。内向的小商，把自己留在房间里，越思考越悲观，越想越不敢再往下想。心理压力过大的她，最终竟然写下了一封遗书，在信中表达其对学业的压力，对竞争的恐惧以及她内心的脆弱。她选择用结束自己生命的方式，来结束这一系列由学习引发的烦恼。当她的父母下班回来时，他们面对的已经是孩子冰冷的尸体。

【名师点评】

这件事情引发了京城众多媒体对青少年心理健康的大讨论。小小花季学生的过早凋零，是多么地令人痛心疾首！而催生这一悲剧的事件，只是一次考分的不理想！我们姑且抛开“重点校”“实验班”“分班考试”“名牌大学”之类的问题不谈，仅试问，一个十六岁的孩子，究竟可以承受多大的压力而不至于将受之父母的血肉之躯轻易放弃？当我们这些教育工作者关注学生的学业，并在学生的身体方面嘘寒问暖的同时，为什么没有在心理层面上更好地帮助孩子们树立健康的、积极的人生观呢？科学的健康概念，本身就包含身体健硕和心理健全两个方面。或许，很久以来，大多数家长和教育工作者过多地关注了对孩子们身体上的营养补给，却没有留意孩子们的心灵之窗是否也是明亮的。毋庸置疑，没有健康的体魄，学业不会有好的保障；同样，没有健康的心理，通往成功的道路也会“通途变天堑”。

（李鑫）

第二节　体育运动有利于提高学习效率

一、“铁打”的阿琼

【经典案例】

阿琼是一所重点中学的女生：高高的个子，身材纤细，永远都是一袭齐耳的短发。貌不惊人的阿琼，却是该校的 super star。为什么？因为高中三年期间，这个柔弱的小女生，蝉联了该年级全部期中期末考试乃至高考模拟考试的第一名，并把第二名远远地甩在后面。换句话说，该校第二名是风水轮流转，但阿琼稳稳坐在了头把金交椅上，一坐就是三年。老师们开玩笑说“铁打的阿琼，流水的第二名”。

这样，她就有了一个有趣的外号——铁打的阿琼。然而，这个“铁打”，还有另外一层含义，那就是，貌似羸弱的阿琼实际上是个体育发烧友，她身体棒棒的，就像军营里铁打的战士。

如今的中学生，大多有一副“学问眼镜”架在小鼻梁上，但是阿琼永远都选择坐在教室里的最后一排，且不需要借助眼镜就能看清老师在黑板前的各种演算和讲解，这让很多同学都好生羡慕。阿琼所在校的花名册是按照考试成绩降序排列的学生名单，因此阿琼的名字永远排在第一个。这样，体育课上的一些器械项目，需要她第一个上场演示。但是，阿琼对各种体育项目从来不怯场，总是像做题一样信手拈来，因为她对体育运动拥有像对学习一样的自信心。有些同学佩服阿琼的全面发展，但细心的人会发现，与其说她是天生拥有好头脑和好身板，倒不如说是阿琼巧妙地将两者结合，互助互长。

过来人都知道，高三是最考验一个学生的心理素质、身体素质和智商的阶段。期盼考取重点高校的学生们往往秉烛夜读，希望通过每天晚上数个小时能自我支配的时间将白天老师所讲以及个人没有吸收的知识进行总结和吸纳。但是，学生们又往往会发觉倦意困意会时常袭来，一不小心他们就捧着书本见了周公；倘若坚持不睡，效率也会大打折扣。然而，每天早读时间，阿琼却必定会交齐各科的作业，并满怀信心地迎接新一天的学习。在她那里，似乎从没有什么“欠债”的不良记录，她甚至还可以热心地帮其他同学“还债”——帮他们解释一些难以理解的概念和公式。阿琼的这种状态，只能让大家用“神话”来解释，用现在时髦的话讲，就是“学霸”。但是，“学霸”亦有其平民版本——阿琼的邻居曾经爆料，高三一年，这姑娘几乎天天都会在夜里自学的间歇，跟母亲一起下楼去跳绳，因为这样做既能给大脑充氧，又可以赶走瞌睡，并且，出汗后她更会感觉压力似乎也随着汗水一起从体内排掉了。

勤奋，毅力加上适当的体育锻炼，使阿琼的学习如虎添翼。高二升高三的暑假，学校安排全体学生赴首都参观北京大学。作为“学霸”的阿琼，不但与大家一起领略了这一知名高校的魅力，更是被校领导专门带去参观生命科学系，因为那是她的高考目标所在。高考结束，阿琼没有任何悬念地被北大的生命科学系录取。作为母校的骄傲，阿琼受邀返校给学弟学妹们讲述自己的学习经验——除了一些科学的学习方法，阿琼着重谈及了她长期以来坚持不懈的体育锻炼。体育运动提高了她的学习效率，使她的精神饱满，头脑清晰，是令她受益匪浅的并将继续采取的有效的学习方式。

【名师点评】

阿琼的故事告诉我们，健康的学习方式对我们的学业大有裨益。我们常说，1+1大于2，其实正是这个道理——一个小时的脑力劳动，加上一个小时的体育锻炼，其效果优于两个小时的脑力劳动。身体越好，孩子在学习时大脑越清晰，反应越敏捷，能够持续学习的时间就越长，能承受的学习强度也相应越大。更重要的是，在体育锻炼中，学生除了强健身体，更能够通过运动培养自己坚持不懈的精神和勇敢的人生态度。这种对意志品质的锻炼，不仅可以促进学生在学业上的上进心，更有助于学生身心全面的发展。总之，“铁打”的身体，能帮助我们实现“铁打”的成绩。

二、爱踢球的鸥盟

【经典案例】

鸥盟是班里一名比较有个性的男生。对他最早的认识，源自这位学生时常挂在脸上的一副什么都无所谓的表情。再后来，他家长（母亲和外婆）的到访，以及此后她们与班主任之间旷日持久的，只针对一个话题的电话和见面联系，使老师越发地关注到这样一个似乎很难改变的事实：鸥盟对足球的热爱，是难以被外界所撼动的。

尽管高中部四点十分放学，但鸥盟到家的时间几乎永远都是在六点半以后。而实际上两地之间的公交站点只有四站。鸥盟的母亲希望孩子能够在重点学校勤奋读书，有所作为，早日跻身年级前十，而他这样撒欢儿的踢球（即她眼里的玩物丧志）让鸥盟母亲的心里一点儿底都没有；从小看他长大的外婆，更是担心孩子这么长时间游离在老师与家长的掌控之外会学坏。因此，两位家长对班主任再三表达她们的意愿，却总也离不开“踢球”二字。

另一方面，尽管学校三令五申不允许私自带球类器具到校，更不准学生在教学楼内使用体育器具，但鸥盟依旧是时常犯“脚痒”的毛病，触犯校规。这样，班主任身负德育处与家长方面双重的压力和使命，与鸥盟就踢球的问题进行过几次交谈。谈话期间，鸥盟都是极尊重老师的态度，只是在踢球的问题上，似乎没有什么让步。班主任也谈到，担心他过多地把注意力关注在球类运动上，“玩疯了心”，收不回来，在学习上吃亏。这个心里特有谱而脸上却什么都不吝的男生，只是承诺不再触犯学校的规则，不给班里的量化考评减分；其他的，一律持保留意见。班主任在几次转达家长意见无效的情况下，也只好转战地下，暗中观察鸥盟的学习状况和考试成绩，试图找到突破口。然而，鸥盟的成绩，似乎一直没有波峰和波谷，总是处在班级和年级的中位。

渐渐地，鸥盟爱踢球的这个特点被各科老师发现并最终习以为常。倘若哪位老师下课拖堂，第一个起身抗议的一定是鸥盟，因为他要争分夺秒去操场上“撒欢儿”呢；大考前清理考场，学生没有午饭，大多数学生都赶快回家吃饭，鸥盟却必定还是要先在球场放松一下，然后才心满意足地离开校园；期中期末考试前的备考阶段，他的球友们会因为考前压力而不敢花费时间在踢球上，鸥盟就自己在球场来场“个人秀”……总之，足球是鸥盟校园生活中不可缺少的一部分。

当然，身处重点学校实验班的鸥盟，自然不会把精力完全放在足球运动上。实际上，每次大运动量的体育活动后，鸥盟或坐公交，或步行回家；到家后淋浴，就餐，之后就开始一心一意地学习了。从事自己喜爱的体育运动使鸥盟不但在身体上感觉通透，更在心理上得到满足，学习起来也是劲头十足。老师们对他的评价都是“反应快，脑子好使，很有上升空间”——然而，这一上升空间，到底是客观存在的还是被足球运动给屏蔽了？答案在鸥盟步入高三时得以揭晓。进入高考前的系统复习阶段，很多同学感觉自己在学习上不自觉地放慢了脚步，有种脑子“秀逗”的感觉。一些爱学习的学生，甚至老是发出睡不够、困啊、没精神之类的怨言。但是鸥盟的眼睛却依旧是每日炯炯有神，透着机灵劲。在漫长的三年学业长跑中，鸥盟终于从“中位”的排名开始发力，准备超越。他依旧是一副什么都不吝的表情，但鸥盟对难题的关注度越来越高，对与学习、高考等话题的谈及次数越来越频繁，被多位老师提到的“上升空间”终于“现身”了！打个形象的比喻：在众多同学开始感觉吃力的时候，鸥盟却轻而易举地开始了冲刺。他的这一状态，与他长期以来脑体结合的训练不无关系。最终，这位一度被家长担心会“玩物丧志”，被老师担忧“玩疯了心”的男生，考取了北京的一所重点大学。

【名师点评】

老人们常说“磨刀不误砍柴工”。但是，很多学生以及家长，在学习问题上，都认为“砍柴”这个行为本身是有产出的，而“磨刀”却像是停滞不前，从而忽略甚至否定“磨刀”这一行为。如今社会的节奏越来越快，人们似乎也开始变得浮躁，大家都希望尽快地看到效果，而不是遵循事情本身的发展规律。实际上，脑体结合是科学的学习方法。我们时常会听说某位学生很淘气，最终却考上比某位文静十足的孩子更好的学校的例子，也是这个道理。一台长期运作的电器，倘若不拔掉电源散热修复，很可能在使用寿命未达之前便报废。我们的大脑亦需要休息和调整，以便达到其最佳的工作状态。适当的体育运动，正是让大脑充氧休息的良好方式，有助于学生高效学习。

（李鑫）

第三节　怎样进行适度的身体锻炼

一、频繁的腹痛，谎言 or 实情？

【经典案例】

马小凯是这个文科实验班为数不多的几名男生之一。不知是男生的天性使然，还是作为“少数派”不喜欢总是和女生共处一个教室凑热闹，总之午休时间小凯基本都会一吃完午餐就跑到篮球场上驰骋拼杀，待下午上课的预备铃响起才大汗淋漓地回到班里。上过下午课的老师都知道，下午的第一、二节课讲起课来是有难度的，因为很多学生会有昏昏欲睡的状态，难以和老师产生互动。在这种情形下，倒是顶着一头的汗的小凯总是精神抖擞的样子，想必应该是课堂上的活跃元素吧？但是事实上，小凯在老师的眼中却经常是个“麻烦制造者”。为什么这样说呢？原来，课堂上本来就难以调动的气氛，经常又被小凯给“搅局”——前一分钟还活灵活现的他，突然就会举手说自己肚子疼，要去看校医甚至联系父母准备回家。大家本来就不是很集中的注意力再次被分散。老师们曾怀疑小凯的行为是为了吸引同学们的注意力，毕竟一个爱篮球的高个子男孩本身就是很有魅力的，而隔三差五的“小病”是否是他令自己与众不同的一个手段呢？或者，小凯的玩心太重，心收不回来，所以告假从而逃避学习？任课教师们有着各种的猜测，但每当小凯去追着老师们要求答疑时，对小凯的好感又战胜了各种猜测。

终于，小凯在高一下学期的一次意外，给全体同学和老师都提了醒。下午课上，小凯又是“老毛病”，称自己肚子疼。正在进行单元测试的任课老师，一方面忽视了小凯的实际情况，一方面希望他能够坚持答完试卷，便要求他下课再做处理。没过一会，小凯趴在了课桌上，之后，他的同桌便呼喊老师快来，称小凯似乎晕过去了。当老师抬起小凯趴在课桌上的头，发现他身下的试卷已经被汗水浸透，而这不再是运动后的汗水，而是疼痛导致的休克性出汗。老师也慌了手脚，赶快叫班里两位个头比较大的男生协助他带小凯去最近的医院。幸运的是，小凯只是肠痉挛，没有大碍，进行一些治疗后很快就康复了。但是，对于小凯频繁的腹痛，对于午间的运动，大家都有了新的认识。

【名师点评】

科学研究表明，饭后立即运动，对身体的危害很大。饭后胃肠充满食物，加上运动时振荡较大，在重力的作用下，肠系膜会受到牵扯，使人产生腹痛感。因此，饭后不能进行像打篮球、跳高、快跑等剧烈运动，否则轻则对胃肠道的消化和吸收会产生不良影响，重则损害脏器的健康。

以上我们通过一些事例反复向朋友们强调了体育锻炼的重要性，但是古话讲得好：过犹不及。过少的体育锻炼固然不利于大脑的休息和充氧，但高强度和不合时宜的身体锻炼，要么会损耗学生的体能，要么使学生过于亢奋，难以集中精力进行正常的学习，更有甚者，不科学的锻炼方法会损害孩子们的健康。关于科学的锻炼方法，简言之，循序渐进，持之以恒，遵循科学，照顾个体。脑和体，本是一对既对立又统一的矛盾。正所谓“天道酬勤”，适度锻炼，刻苦学习，同时保持良好的心态，各位的未来一定会精彩无限。

（李鑫）

第二章　培养良好的交流能力

第一节　倾听孩子的声音

有效的交流建立在彼此了解的基础之上，而懂得倾听的人，便会率先走进对方的内心，从而站在对方的角度，思考自己的目标。这样为自我目标的达成奠定了成功的基础。人们越来越清楚地认识到，倾听不仅是一种尊重，更是一种能力、一种智慧。要想引导孩子学会倾听，作为师长的我们首先要懂得倾听孩子的声音。毕竟，十几岁的年纪，自信和烦恼，希望和失败，理解和困惑，这些矛盾的统一体，必定撞击着每一个孩子的心灵。处在这个年纪的孩子，需要被理解，需要被倾听——您，做好准备了吗？

美国知名主持人克莱特曾经和一位小朋友有过这样一段精彩的对话。“小朋友，你长大后，想要当什么？”小朋友十分认真地回答：“我要当飞机驾驶员！”克莱特接着问道：“如果有一天，你的飞机在半空中熄火了，你会怎么办？”小朋友想了想：“我会告诉飞机上所有人绑好安全带，然后我自己跳伞出去。”尽管在场的听众都笑了起来，但克莱特仍然继续注视着小朋友，想看看他是不是一个自作聪明、甚至有那么点自私的孩子。于是他继续问道：“你为什么这样做呢？”小朋友十分委屈又十分急切地说：“我要去拿燃料，我还要回来的！”

真的，不要轻易打断孩子的话语——这是思想的涓涓细流，倘若我们能耐下心来，全心倾听，我们便能循着这潺潺溪流，发现那清澈的思想之泉，从而真正地走进孩子的内心世界。

【经典案例】

亮亮是一个很淘气的孩子，好动、爱说话，几乎没有片刻的安静，甚至老师站在他的身边，他也还是管不住自己，不停地说话。他座位周围的人已经不止一次地向我提出调换座位，以求安宁。其他任课老师对这个调皮的孩子都很头疼，曾经要求我将他调到教室角落的位置。考虑再三，我还是没有这样做。一来，亮亮视力不好；二来，放到最后的角落，就让孩子误以为老师舍弃了他——这决不是我的初衷。

可是，亮亮似乎并不领情，依旧我行我素，一切如常。一天，他居然在我的课上看起了报纸。作为他的班主任，我觉得他的这种行为简直是在挑衅我的威严，我怒火中烧，一把将他拽起来，呵斥了几句后，心情仍然不能平复，于是我一把抓起了他的书包扔出了教室。至今我还记得他当时的表情，有吃惊、有恐惧、有尴尬、有不知所措——但唯独没有愧疚与悔过——而他没有的这两样感受，却属于当时的我。

于是，我抑制住气愤，和他谈心。课后他跟我来到办公室，我不想让谈话从一开始就陷入僵局，可刚才的一幕又实在不好缓和。

我一边上下打量着亮亮，一边努力想着怎样才能打开这尴尬局面。忽然，我眼前一亮。亮亮手中的报纸居然是《体坛周报》，要知道这也是我很钟爱的报纸，每周必读。于是，我对他说："《体坛》啊，这礼拜省了，看你的了。每周都看吗?"

亮亮对我的话感到有点意外，但还是露出了笑容："不是啦，头一回。"

"头一会就让我逮到了?"我有些不解，"怎么会看起《体坛》?"

"上礼拜在您的桌子上看到有份《体坛》，趁您不在看了两眼，觉得还不错。"亮亮回答。

亮亮的这个回答，让我感到，对于经常"暴风骤雨"的我，他其实并不抵触。我决定和他聊聊，就从这张报纸聊起。看到报纸的头条是国际米兰和 AC 米兰的那场报道。我问他："看了?"他兴奋地点了点头后，又犹豫地摇了摇头。

我笑了："你更喜欢哪支球队?"

他小心翼翼地回答："还是国米吧。"

我学着孩子们的网络语言说："为么（为什么）？"

……

其实，对他的见解，我不甚赞同。但看着他眼睛发亮的神情，饶有兴致的侃侃而谈，我并未打断。为了不失真实，我还偶有反驳，给他辩驳的机会，让他说个痛快。

虽然聊的并不是有关学习和纪律的事情，但这是我和亮亮聊得最多的一次。其实，有时候，谈话的内容倒成了形式——说话，可以释放情感；而倾听就会让释放者敞开心扉。即便你不能给对方什么指点和帮助，但有了倾听，你便在心灵上给予了他十分丰厚的精神馈赠。我坚信耐心的倾听，会等来我所期待的他的"良心发现"。

终于，尽兴之余，亮亮总算没有回避今天的事情。他不无顽皮地说了句："其实，今天很对不住啦！"一向玩世不恭的他，能说出一句低头认错的话确实不容易，但我并没有被他的一句悔过的话所收买。我更想知道，亮亮自控力差的根本原因是什么，我想再和他的家长聊一聊。亮亮知道我的想法后，显得有些为难，更有一些担心。

原来，亮亮的父母昨天刚刚因为他的成绩而吵架，他不想今天又让父母担心，特别是他的妈妈，身体不好，情绪不宜激动。听了他的这番解释，我很是欣慰他能主动向我谈及这些，并夸奖他是个懂事的孩子。

虽然答应了亮亮，不要和家长说今天的事情，但我觉得还是要了解一下他在家的表现，从而深入了解，正确分析。

于是，我拨通了亮亮妈妈的电话，邀请她来学校聊聊。谈话中，我得知亮亮家住得很远，在东四环，他的父母都已经接近 60 岁了，可是每天早上 4 点多就要起床为他做饭，然后再骑车把他送到学校，他的母亲身体不好，还患有心脑血管疾病，可是因为担心孩子，每天放学时，还要再从家里赶到学校接孩子回家。聊着聊着，亮亮的母亲就落下泪来。每天起早贪黑地为孩子操劳，可是孩子却不知道努力，管束不住自己。听了这些，我对亮亮的情况也有了进一步的了解：老来得子，让这个家庭充满了对孩子的爱。但是这种过分的宠，却造成了对孩子的溺爱，让孩子失去了自我管理的能力。

第二天，我把亮亮叫到了办公室。告诉了他我昨天和他妈妈在电话中的谈话，又慢慢把他妈妈为他所做的一切，和妈妈的不容易说与他听。这个无论别人怎么严厉批评都呵呵笑的男孩子第一次流泪了，眼泪一串串地落下来，我知道，这一次是真的触动到他的心了。我在递给他一张张纸巾的同时，也觉得自己有些哽咽。不只是为了他的触动而开心，更是为了我可以帮助到他而感到释怀。

为了进一步和孩子深度沟通，我和亮亮建立了每日记录本。每天亮亮都会把当天自己的表现记录下来，把每天的希望记录下来，并把这些记录与我分享，我也会每周对他的进步做一个评价。这个小小的本子记录了亮亮一串成长的脚印。

让我没有想到的是，在接下来的月考中，他在作文中写到了我。作文的命题是“难忘的……”。他写下的是《难忘的对话》。虽然写得很少，虽然词语并不华丽，可我觉得，那真是我见过的最美的一篇文章。至少，我知道了，我真正走进了一个孩子的心里。

几天后，亮亮的妈妈来电话告诉我，我递给亮亮擦眼泪的纸巾，他叠平夹在了自己的日记本中，并在后面密密麻麻地写了很多发奋的话语。挂上电话的一瞬间，我觉得眼前的世界那么明亮。

【名师点评】

走进孩子们的心里，其实真的不难。俯下身来，听听他们的声音，听听他们周围人的声音，你会发现孩子有孩子的道理，孩子有孩子的感受。不要急于责备，而要耐心地倾听，用心地倾听，这既是对孩子的充分理解，更是对孩子的充分尊重。在充分理解和尊重孩子后，你会不由自主地和他们跑到一个战壕里去。那时，作为老师的你会发现，原来你和学生不是对立的敌人，而是并肩的盟友，你们需要共同面临的问题是成长。只有作为师长的我们，耐心、用心地倾听孩子的声音，才会事半功倍。

（张剑雄）

第二节　引导孩子学会倾听

卡耐基就曾经说过："谈话是一种听与被听的艺术。"如何让孩子认识到倾听的美好呢？天天与孩子们打交道的我们，其实最清楚孩子们更喜欢在真实的生活中去感知。当他们感受到倾听带给他们的快乐、明白倾听的意义时，就自然会主动倾听，并研究这其中的门道。

【经典案例】

每周四的班会是同学们最期待的，最近孩子们喜欢上了辩论会。为了今天这场辩论赛，大家准备了很长时间，从遴选辩题到所需道具一应俱全，就连电视上辩论赛的计时程序也被他们搞到了，并且培训了计时员。

同学们分两大阵营相对而坐，正反双方的辩手们按着桌牌的顺序纷纷落座，主席居中。这般井井有条的开场，谁能料到会有接下来的结局……

一切大好形势都随着自由辩论环节而急转直下。先是正方三辩滔滔不绝，问题一个接着一个，直到计时员提示超时，也不见他有坐下的意思。在主席威胁要扣分的情况下，才算罢手。反方看到对方气势过于嚣张，也不甘示弱。反方四辩一跃而起，却并未理会正方三辩的问题，说了一堆毫不相干的话。双方发言的两位辩手由于说话过多且情绪激动，都已面色通红，像是要打一场架似的。

由于正方并未回答反方问题，反方说："请正方正面回答我的问题。"

正方的回答倒也干脆："你们什么问题？那你先回答我的问题再说。"

反方被这样的回答也搞懵了："那你们刚才又问了什么问题？好了，不跟你们一般见识了，我再说个实例……"

这样的对话不禁让人觉得好笑，一听就是孩子话。双方就这样各言各辞，听得我十分煎熬。一场辩论，看似唇枪舌剑，好不激烈；实则只有硝烟没有炮火，让人觉得索然寡味。

辩论赛结束后，大家觉得很热闹，可又觉得不痛快。于是我和大家一起分析，究竟是什么原因，让这场辩论赛很不尽兴。

“他们根本不理我的问题。”一位辩手情绪十分激动地说。

“其实对方的问题也并不是每一个都需要回答。特别是有些问题确实是需要战略性回避的。但是如果对对方大部分问题都不回答，就说明本方确实已束手无策了，那么失败便是必然的了。”我接着说，“但事实上，是我们束手无策吗？其实没有回答对方问题的原因是大家没有留意对方的问题，甚至是直接忽略掉了对方的问题，从而无从回答，只能自顾自话了。”

孩子们意识到问题原来出在了“听”上。

我将正反双方所准备的材料分别进行全部的实物投影，并统计了双方问题和实例的数量。再让同学们一起回忆，在刚刚的辩论赛中，共有多少个问题被对方正面回答了、有意回避了或是完全忽略了。

统计发现，正方共准备问题和实例 17 个，对方正面回答了 3 个，有意回避了 2 个，剩下的 12 个被完全忽略了。反方共准备问题和实例 19 个，对方正面回答了 5 个，有意回避了 3 个，剩下的 11 个被完全忽略了。

	正面回答	有意回避	完全忽略	共计
正方	3	2	12	17
反方	5	3	11	19

看到了数据，大家已经明白了。于是，我继续追问：“为什么大家会忽略对方的问题呢？同学们都看过电视上的辩论赛，辩手们在不发言的时候在做什么？”

“在写东西。”有个小男孩说道。

“对，谁能知道在写什么呢？”我继续问。

“好像是在记别人说什么？”还是这个小男孩。

“非常好。实际上，每一位辩手，都会在不发言的时候，快速地记录着对方辩手的问题，并找出破绽，从而有针对性地发起反击。”我继续说，“要想让自己的辩词强劲有力，甚至一招制敌，首先我们要学会倾听——认真对待别人的发言。这决不仅仅是一种对他人的尊重，更是一种智慧和能力。学会倾听，是成功沟通的前提。”

又是一周的班会，又是一次辩论赛就要开始了。一切似乎都和上一次没什么不同，但我看到了每个辩手的桌子上，都多了一个小本子，这让我十分欣慰。

在以后的日子里，我很注意和他们聊天，并让他们互相评论彼此的观点，从而强化他们倾听的意识，让他们感受到倾听的重要和倾听的快乐。

【名师点评】

安静的倾听，其实是一件很快乐的事情。让孩子真切地感受到倾听的快乐，远比我们空洞的说教强上许多。这需要我们敏锐的洞察、适时的捕捉，让孩子在鲜活的生活中感知。

（张剑雄）

第三节　建立自信，勇敢表达，表达自我

在大学里，经常会有一些讲座，这并不稀奇。而如果你参加美国一些知名大学的讲座，你会发现一个有趣的现象。每次开讲前，总有不少同学拿一张硬纸，中间对折一下，让它可以立着，然后用颜色很鲜艳的笔粗粗大大地写上自己的名字，再放在桌前。于是，讲演者需要听者回答问题时，他就可以直接看名字叫人。原来，讲演的人都是一流的人物，他们就意味着机会。当你的回答令他满意或吃惊时，很有可能就暗示着他会给你提供更多机会。这是一个很简单的道理。事实也如此，的确有很多同学，因为出色的见解，最终得以到一流的公司任职。

我们都承认沟通的重要性，而勇于表达自己是有效沟通的第一步。鼓励、引导孩子勇敢地迈出这一步，孩子便能占尽成功沟通的先机。但事实上，很多孩子面对陌生人羞于表达，甚至不会表达。主动开口讲话真的很难吗？其实不然，也许只是一句“您好”就什么都解决了。

【经典案例】

班上有个姓孙的小男孩，相对与另一个姓孙的大个子男孩而言，他的个头实

在太小了，于是同学们管他叫“小S”。

小S是个安静的男孩，上课不主动发言，下课也很少和同学们说说笑笑。我一度觉得，他是个孤僻的小男孩，并一直很担心。于是我叫来他身边的同学，想问问小S为什么总是少言寡语。他们回答的倒也干脆：“不知道！”其实，与其说是不知道，还不如说他们根本就没有关注过小S，抑或是他们的生活和小S的生活很少有交集。

连小S身边的人都对他知之甚少，这更让我对他感到担心。为了更深入地了解小S，我拨通了小S妈妈的电话。电话中，我了解到，小S自小身体很弱，她妈妈就是连平时准备饭菜都十分注意，搭配稍有不当，小S就会出现嘴唇干裂甚至头晕的症状。他的父亲很重视小S的身体锻炼，每天都坚持陪他打球，一到周末还去登山。谈及小S为什么这么少言寡语，妈妈觉得还是自小身体不好，个子矮小、体格单薄让他感到有些自卑。

冰冻三尺，非一日之寒。小S的沉默寡言由来已久，要想一扫笼罩已久的自卑情绪，就需要给他更多的机会。

虽然小S身体单薄，可体格健壮的我们谁能天天坚持锻炼，每周都要爬山呢？我想小S在体力、耐力上一定行。于是，机会来了。

新一届运动会在即，同学们报名很积极，可只有一个项目——男子1000米无人问津。不难理解，这实在是个十分辛苦的项目。在我的鼓励之下，小S默许参加。

随后，我与小S的父亲通了电话。他十分高兴孩子能参加比赛，对我所担心的小S的体力问题，做父亲的十分自信，说孩子每周爬山，体力是没问题的。在准备比赛的这几天，他要和孩子把每天的锻炼改为长跑，让孩子尽快适应这个项目。

比赛当天，小S的父母也来到现场为他加油。我安排同学们在跑道的几个拐弯处，为他加油。最终，小S取得了第三名的好成绩，同学们为他欢呼。小S妈妈更是激动地抱着孩子留下热泪。

这一次经历，让小S的自信提升了不少。有了自信作基础，这为主动沟通提供了很重要的保障。嗯，是该采取下一步行动的时候了。

勇敢表达的重要性是不言自明的，可我们是不是也应该想想，孩子哪里来的勇敢？勇敢源于自信！很多唯唯诺诺、不愿表达的孩子，大都有自卑情节。只有帮助孩子建立自信，让孩子认识到自己也有优秀的一面，才能让孩子拥有表达自我的勇气。

图书馆的老师通知我新到了一套练习册，让我尽快派学生领取。

其实，每次都是班长去领书。对一个开朗、有一定的办事经验的孩子而言，这件小事简直不能算个事，他会做得十分自然、顺利，甚至不用过脑子就把书领回来了。可对于小 S 而言呢？也许连向陌生老师开口说明来由，都会犯难。

我叫来了小 S，表明要交给他领书的任务。他显得十分犹豫，本以为他会推托甚至拒绝，为此我都已经想好了如何说服他迎接挑战，但他向我提出："能不能和班长一起去？"

他能这样说，令我很欣慰。一方面，这表示他已经不抵触和陌生人沟通；另一方面，他将自己的想法说出来，这本身就是在与我沟通。可是考虑再三，我不想让小 S 成为班长的小跟班，我相信他能独立完成这项任务。

我并没有说什么鼓励的话，因为我觉得，什么"你能行"之类的话简直是对办这件小事的人的讽刺。可这事对小 S 而言又确实是个挑战。于是，我决定利用男孩子的自尊心，将他一军："你为什么要叫上班长呢？"

他张了张嘴，并未回答。只说了一句，"那我该怎么说呢？"

"进门见到图书馆的老师时，不妨先问一句，您好！"我看着他笑了笑，向他投去坚定的目光。

他的速度出奇地快，将一摞练习册放在桌子上，然后自己在一旁喘气。这样快地跑回来，与其说是为了把练习册尽快抱回来，倒不如说，他是在向我证明这样的小事对他而言也不过是个小 case。

我笑着对他说："闪电侠啊，很快嘛！图书馆老师怎么说的？"

“我只说了一句‘您好!’，图书馆的老师就问我是不是来领书的，还问我是哪个班的，回答了老师的问题，我就抱起老师指的书跑回来了。”小S擦了擦一头汗水，十分开心地向我描述了刚才的情景，那神情像是打了一场胜仗。

我点点头，告诉他：“都说万事开头难，其实，一声招呼，一声问候，就是我们的开场白。”

在随后的日子里，校园中、楼道里我经常看到小S和同学们甚至跟外班同学打招呼，还能见到他在放学时和几个同学有说有笑地回家。

有了这样的勇气，之后就是再容易不过的一件事了，就像小S一样，从一句“您好”开始。谁都不会拒绝一声问候，我们的沟通便能就此开始。

一天下班时，在校门口见到了小S的父亲，他向我描述着孩子的变化，表达着他的欣喜。当我问及，放学已经有一会儿了，他为什么还没接到孩子时，他更是高兴地指着操场说：“他正和同学们踢球呢!”看到小S和同学们开心地玩在一起，我也很是欣慰。

可在当天的晚上，我接到了小S父亲打来的电话。原来，当天踢球时同学小军不小心把足球踢出了校园，踢到了隔壁的小区。两个孩子找了很久，却没能找到。那个足球是小S爸爸从英国曼联老特拉福德球场买回来，送给他的生日礼物，小S很在意这个足球。

当天回家后，小S很不开心。他想让小军赔他个一模一样的，可他又觉得不好开口，想让父亲去解决。可小S的父亲觉得这样很不好，希望孩子不再计较。父子双方争论得不可开交，于是与我通了电话。

我肯定了小S父亲的观点，赞赏了他通过讨论、协商的方式说服孩子的行为；同时也认可了小S的想法也并没有错。

其实家长作为成人，对那个所谓英国带回来的足球真的毫不关心，因为我们觉得比起同学之间的和睦相处，那个足球简直一文不值。但事实上，那个足球对小S的意义是非凡的，他想要回足球的想法是坚决的，而且我们可以肯定的是，主张自己的权利真的没有错。更何况，谁说要回自己的东西就一定会影响同学的和睦呢？

既然孩子没有错，父亲也有道理，那问题纠结在哪里了呢？其实，作为成人的我们总想说服孩子，让他们按照我们的意愿做事——这就是问题所在。无论小S的决定是怎样的，他都会面临一次难得的成长机会。如果他要求那位同学赔偿他的足球，他将怎样面对那位同学？又如何和他相处？如果他不要求那位同学赔偿，那他的损失该怎样弥补？还是让孩子们自己解决这个问题，让他自己思考每种可能所带来的一系列的问题，然后去面对，去解决。

我把自己的想法告诉了小S的父亲，他豁然开朗。

第二天，小S一早来到学校，他的桌子上多了200元钱，是小军放在那里的。小S找到小军："我要的不是钱，更何况你又不是故意的。我想昨天放学踢完球，天太黑了，也许足球在草丛中，咱俩没发现。今天中午咱们再去找找吧。"

小军也很仗义，"咱们发动同学们吧。"小S高兴地点点头。

到了中午，六七个孩子一起找了半个多小时，还是没有找到。小军十分自责地又拿出了200元钱，送到小S面前。

没有找到足球，小S有些伤心，眼前的这200元钱并不能让他开心。就这样小S心不在焉地上了一天课。刚一放学，他就飞速离开了学校。

又是一天早上，小军的课桌上有32元钱。小军很是不解，小S走到他身边，我用你那200块钱买了个很不错的足球，这是剩下的钱。

放学时，小S十分开心地和伙伴们说："这是小军买的足球，我们一起去踢球吧！"

孩子们又在操场上开心地踢球了。

【名师点评】

我们当然可以通过讨论、讲道理，用自己的观点来影响孩子，但要切记不要让孩子沦为我们的复读机、传声筒。我们要坚定地相信，孩子们也是充满智慧的。他们有自己的观点，有自己的语言，更有自己的方式。只有用自己的语言表达自己的观点才能称之为成长的声音；把自己的想法用自己的方式付诸行动，也是一种表达，这才是成长的足迹。让孩子们表达自我，才是他们需要的。

（张剑雄）

第三章　心理素质的培养

第一节　培养积极乐观向上的性格

一、对待孩子张弛有度

【经典案例】

小G同学从进入高中就表现出了与他人的与众不同。但是这种与众不同没有表现在学习上，而是从外表上得到了充分体现——他扎了耳洞，留着长发，还在初三放暑假时把自己的头发染成了红色（后来为了能够顺利进入高中才将头发染了回去）。学校在一次行为规范检查中发现了这个问题，就让小G回去将头发理一下，要符合中学生行为规范的要求，结果小G同学回去后就不愿意来学校了。经过老师们多次做工作，小G同学还是选择了逃避，不愿意继续来学校上课。

后来我们和他的母亲进行了沟通，了解到了小G的成长过程。在小G很小的时候，他的父母就将他放到了爷爷奶奶家，两个人都因忙于继续深造和工作而无暇顾及孩子。爷爷奶奶对小G却是爱护有加，百依百顺，因此在小学期间，小G的衣食住行几乎全部由爷爷奶奶负责。小G在小学的生活可以说是风平浪静，凭借着一点儿小聪明，学习成绩虽不太好，但是也不至于太差。唯一让人比较头疼的是小G比较散漫。进入初中后，小G的父母博士毕业并且事业小成，终于有工夫来管管小G了。这个时候小G才算真正和父母生活在一起。但是小G的父母都是非常要强的人，他们工作能力很强，都是单位的骨干，所以对小G的要求就特别高。他们看着小G每天自由散漫，不努力学习，就非常生气。于是他们给小G制订了非常详细的学习计划，要求小G必须要达到他们的目标。如果小G有所懈怠，他们给予的不是鼓励与安慰而是狂风暴雨似的批评与责骂。这样的行为导致小G回到家之后就待在自己的房间不出来，不愿意与父母有什么交流。小G母亲看到这种情况后有所反思，怕这样下去孩子的情况会越来越糟，于是就不敢管了，变成了孩子说什么就是什么，对小G不敢提一点儿要求。而小G的父亲看到小G母亲这样的态度后更加生气，对小G的批评更多了。尤其是在一次放假期间，他的父亲回家看到小G又躲在屋里不出来，就生气地将门踹开，并将里边的电脑砸了，这直接导致了矛盾的升级，小G与父亲大吵一架后离家出走两天。后来慢慢地，小G的父亲对小G也不提什么过高的要求了，只是要他每天能按时上学就好。

经过了初中时与父母的“历练”后，小G同学觉得任何事情只要自己消极“冷战”就能够按照自己的想法解决问题。于是当面临学校让他理发的时候，他又一次选择了逃避，希望学校能够妥协。可以想象，消极逃避已经成了小G解决问题的法宝了。但是在学校时可以逃避学习，在家中可以逃避父母，在以后的生活中，难道什么都要选择逃避吗？

【名师点评】

不难看出，小G现在的状况和其父母的教育方式有很大的关系。父母由原来的丝毫不管，到初中的打压严管，又到后来的放任不管，这对小G的处事方式产生了极大地影响。尤其是初中阶段，孩子进入青春期后产生很多心理变化，自我意识越来越强，放任自流，认为“树大自然直”的教育或过度严格，甚至认为“不打不成器”的教育都会对孩子的性格发展带来消极影响。张弛有度，既要注意引导孩子少走弯路，又要在孩子的能力范围内让其自由发展，会让孩子顺利走过青春期，为培养孩子积极乐观的性格奠定良好基础。

二、创建快乐的家庭氛围

【经典案例】

小L是一个非常自律的孩子。在很多时候，他表现得知书达理，乐于助人，如果不和他接触，大家都会认为小L是一个非常懂事的好孩子。但就是这么个孩子，到了初中却一个朋友都没有，除了上课，他在学校做的另外一件事就是在校园里游荡。随着时间的推移，小L在学校已经无法正常学习，因为别人无意中说的一句话他都认为是在说自己。有一次，班里两个同学正在讨论问题，小L走了进来，这时那两个同学正好停了下来，结果小L就认为这两个同学肯定是在说自己的坏话，整整一节课都没有听进去，下了课还跑到老师那儿说那两个同学肯定是打算揍自己一顿。老师和他谈了很长时间，小L才渐渐得以平静，但是这种猜疑的心态总是反反复复影响着小L。

有一天，小L一大早就满头大汗地来找老师："老师，我犯了严重的错误，我总是给别人制造麻烦，这回可怎么办呀。"老师问他："看来你现在很着急，发生了什么事情呀?"小L说："昨天，我爸爸说我没用，我没敢吭声，我妈妈替我辩解了几句，结果我爸爸很生气，还掀翻了桌子。我想了一晚上，真的觉得自己很没用，总是惹爸爸生气，让妈妈担心。"老师安慰了小L一番，让他先回教室上课，然后又给他的妈妈打电话告诉她小L的表现。在电话中，小L的妈妈表现得也很无奈。原来小L的爸爸对孩子的要求一直非常严格，因此小L也非常害怕爸爸。有时候在一起吃饭，小L都不敢从爸爸附近的盘子里夹菜。结果越是这样，小L爸爸越觉得小L没用，只要坐到一起，就是数落和责骂，从来没有给过小L支持和鼓励。慢慢地，小L就变得特别敏感，他觉得自己没用，给妈妈带来了无尽的烦恼。所以当爸爸掀翻桌子的时候，小L觉得自己又闯祸了，他因此而忐忑不安，无心学习。

在了解了情况后，老师建议小L的父母要注意给孩子创造一个温暖快乐的环境，不要总是一味指责孩子。同时建议小 L 父母能够找专业的家庭心理治疗老师进行咨询，找出形成目前这种家庭模式的问题所在。由于小 L 的父母都在高校工作，因此他们很快找到了适合的家庭心理治疗老师。小 L 的父亲对小 L 的态度不再是一味地苛责训斥，而是更多地给予了关怀与鼓励。小 L 也是一个聪明上进的孩子，在感受到父亲给予的关爱后，他的心态变化很大。他的胆子慢慢变大了，不再是怯怯的小男孩了。升高中时，他以优异的成绩考入了一所重点高中的实验班。

【名师点评】

可以说小 L 是不幸的，同时又是幸运的。不幸的是他的父母在之前的生活中没有给他一个和谐快乐的家庭环境。幸运的是他的父母及时发现了自己的问题，做出了很大的改变，这才使得小 L 能够在人生的重要时刻——青春期阶段树立起了自信心。宁静愉快的家庭氛围会让孩子感觉到有安全感，生活乐观自信，而家庭气氛紧张的家庭，孩子往往会紧张焦虑，缺乏安全感，忧心忡忡，容易发生情绪与行为问题。如果您为孩子创设了一个和谐快乐的家庭氛围，那就是为孩子拥有积极乐观的性格创设了良好的环境。

三、引导孩子积极看待问题

【经典案例】

如果问哪个孩子最积极乐观，周围的同学肯定都会首先想到小 F。小 F 是一个个子小小的女生，论成绩，她不是最棒的，但是她学习的劲头总是很足；论才艺，她也不是最突出的，但是样样活动她都乐于参与；论长相，肯定不能说好看，但是她自信的笑容会打动每一个人……

现在学生的学习压力普遍很大，尤其是在竞争激烈的重点学校里。很多同学每天谈论的重点就是学习，因此很多活动都是心有余而力不足。但是小 F 却喜欢什么活动都要了解一下，要是有兴趣的还要积极参加。在参加学校心理志愿者面试的时候，她说出了自己之所以如此积极乐观的秘密。小F从幼儿园就开始全托，因此她当时非常不适应，经常哭着不愿意去幼儿园，因为她觉得在幼儿园没有任何乐趣。在大家都一筹莫展的时候，小F的爷爷——一个心理学教授，为小F准备了一个贴画小本本。贴画本上有哭脸、笑脸和平静的脸。爷爷要求小F每天睡觉前想一想，今天是高兴的事情多还是不高兴的事情多，要是高兴的事情多就贴上笑脸，不高兴的事情多就贴上哭脸，如果差不多就贴上平静的脸。在刚刚开始的几周里，小F拿回去的贴画本上有很多哭脸。于是爷爷又引导她，能不能从认为不高兴的事情中看看自己有没有什么收获，如果有收获，那就是有进步了，就应该能高兴起来了。于是在接下来的时间里，小F的贴画本上笑脸越来越多，极少的也是平静的脸，哭脸几乎看不着了。到上小学的时候，小F根本用不着贴画本了，因为她凡事都会想一想自己有什么收获。用她自己的话说："就是上课回答问题回答错了被别人善意嘲笑，那也是给大家制造了一个放松的机会呢，我为什么要伤心呢？"

【名师点评】

一个人是否积极乐观，主要取决于你的眼睛看到哪里。如果你看到的是积极的，那么你的心态就是乐观的，如果你看到的是消极的，那带给你的只能是消沉。正如美国心理学家埃利斯所言：人的情绪不是由某一诱发性事件的本身所引起，而是由经历了这一事件的人对这一事件的解释和评价所引起的。这就是ABC理论的基本观点。在ABC理论模式中，A是指诱发性事件；B是指个体在遇到诱发事件之后相应而生的信念，即他对这一事件的看法、解释和评价；C是指特定情景下，个体的情绪及行为的结果。通常人们会认为，人的情绪的行为反应是直接由诱发性事件A引起的，即A引起了C 。ABC理论则指出，诱发性事件A只是引起情绪及行为反应的间接原因，而人们对诱发性事件所持的信念、看法、解释B才是引起人的情绪及行为反应的更直接的原因。所以，引导孩子积极乐观地去思考问题，必然会让孩子拥有乐观的信念，让其内心充满正能量。

四、请不要吝啬你的赞扬

【经典案例】

小R是一个安静、善良的女孩子。她性格温和、做事细致周到，而且学习成绩一直很好。在担任班里的卫生委员期间，小R的工作做得很出色，她们班的卫生总是年级最好的。班主任老师一提到小R就非常高兴，说她工作上是老师的小帮手，学习上是其他同学的榜样，这样的孩子简直太好了。但是凡是接触她的老师，却总能从她的眼睛里看到忧伤，有时候她还自己一个人坐在教室的角落里发呆，这是怎么回事呢?

原来小R的父母对孩子的要求很高，总是不断给小R设定很高的目标。由于小R勤奋好学，这些对小R来说并没有什么特别大的难度，她基本都能够完成父母设定的目标。但是每一次小R完成目标后，父母很少给予她肯定。往往是小R兴冲冲地向父母报喜，然后父母只是点点头说句“知道了”，就去忙自己的事情，或者要求小R要做得更好。父母给小R订计划，提要求是有自己的标准的，而这些标准往往都是从同事的孩子那儿得来的。由于父母总是用同事家的孩子举例子，要求小R不断进步，在整个小学阶段，小R几乎就是为了得到父母的肯定而努力着。

进入初中之后，对于小R来说，学业负担越来越重了，而父母对她的要求也越来越高了。由于青春期自我意识越来越强，小R对父母的这种做法产生了厌烦感。但是由于从小严格的教育也让小R知道不能直接和父母顶撞，因此她把这一切都压抑在了内心，只是有时候会在周记中有所流露，希望能够得到父母的赞扬。

在最近的一次期中考试中，小R在成绩出来之后变得忧心忡忡，其实她的成绩在班里仍然名列前茅，几个和她要好的朋友都羡慕得不得了，但是她却认为自己这次考试成绩没有达到父母的要求，回家后父母肯定会批评她的，为此她甚至不敢把自己的成绩告诉父母。果不其然，当小 R 的父母知道了她的这次考试成绩，批评一番后，又给她报了个他们同事孩子也在上的课外补习班。这一次小 R 终于没有忍住，她向父母哭诉：“我就是不好，我做什么都不行，别人的孩子就是好，让他给你当孩子吧！”小 R 的父母是第一次听到小 R 如此过激的反应，他们也愣了，经过反思，他们终于明白了自己的这些行为和话语给孩子带来的伤害。

【名师点评】

俗话说：“良言一句三冬暖，恶言一声暑天寒。”希望得到表扬是人的天性，每个孩子仿佛都是为了得到赏识而来到人间，请不要吝啬你的赞扬。马斯洛关于人的五个需求层次理论清楚地告诉我们，一个人在满足了温饱、安全和情感等低层次的生理需求后便会追求获得尊重和自我实现的更高精神需求，而获取表扬正是人们追求高层次需求的最大激励。父母是孩子最亲近的人，如果孩子感到连父母都认为自己不好时，他的自尊心和自信心就会受到影响，甚至会影响到孩子对父母的信任感。因此，聪明的家长表扬孩子时，从不将其与另一个孩子做比较，而是和孩子的过去比。对于孩子来说，家长能够发现他们的独特之处，会让他们在成长的过程中对家长充满感激。

五、让孩子体验成功

【经典案例】

小 Y 是他们年级公认的学生领袖级人物。小小年纪的她，表现出超出同龄人的懂事，坚强与自信。现在很多孩子，尤其是女孩子非常娇气，有什么事情总是认为自己完成不了，想着求助于家长或老师。但是小 Y 同学却一点儿也不娇气，她不但能很好地完成自己的学习任务，还组织了很多深受同学们喜爱的年级活动。每一次活动从策划到实施，基本上都是小 Y 同学独立带领她周围的小干部们完成，很少有让老师担心的时候。所有的老师对小 Y 的评价就是：自信，超出一般人的自信。

而用小 Y 自己的话来说，她的这种自信并不是与生俱来的，而是和她妈妈给予自己的帮助有很大关系。她说自己小时候非常胆怯，都不敢在众人面前大声讲话，更别提让她组织活动了。她妈妈发现了这个问题后，就鼓励她从一些小事情做起，比如让她去小卖部买东西，或者去问路等等，每次当她完成任务后，妈妈都会非常真诚地鼓励她，让她感受到了成功的喜悦。慢慢地，小 Y 的胆子变大了，在众人们面前说话一点儿也不紧张了。后来，妈妈又利用小 Y 的寒暑假时间带她去旅游。她们旅游从来不跟旅行社，而是采取自助游的方式，这样在旅行的过程中可能会遇到很多问题，比如行程安排、住宿、就餐等等都要自己解决。而这些问题，妈妈都交给了小 Y 去安排，自己仅仅是做安全保障员的工作。通过自助游的形式，小 Y 和妈妈去过很多地方，在游览祖国美好河山的同时，磨砺了小 Y 的意志，又通过用自己的能力去解决了旅行中的一个又一个问题，小 Y 体验到了成功，对自己的能力有了更进一步的认可，进入了一个良性循环，就变得越来越自信了。

【名师点评】

在很多时候，孩子之所以消极被动就是因为他们的不自信，他们不认为自己有解决问题的能力，因此他们不敢主动处理一些他们完全能够胜任的事情。一个人有了自信才能够充分调动自身的一切积极因素，挖掘自身潜能，充分发挥自身的创造性，从而有所成就。而培养自信心最主要的方式就是让孩子体验成功。对于处在身心发展阶段的孩子来说，成功的体验是他潜能开发的催化剂，只要家长方法得当，就能够使孩子获得足够的成功体验，让孩子自信、积极、乐观地成长起来。

（李雅红）

第二节　学会正确面对失败和挫折

一、受挫又何妨

【经典案例】

马上就要参加一模了——刚刚结束了期中考试的小 K 紧张而期待地翻阅着日历，不禁想象着自己参加一模考试的样子。看到往年的学长们那一张张优异的成绩单，小 K 满怀憧憬，同时又有些担心自己能否也变得如此优秀。不过，就算是成绩中上等的自己，只要经过这几周的刻苦学习也应该能名列前茅……这样想着，他激动地握紧双拳，向自己下了这样的战帖——“考入年级前 30 名!”

于是，小 K 开始了为期一个月的啃书生活。每天晚上都将当天的知识背诵理解，并且归纳整理笔记，一直熬到 12 点才肯上床睡觉；在学校也拼命利用每一分钟与老师和同学讨论问题。就这样，精心整理的复习笔记越来越厚，而小 K 则觉得学习变得越来越轻松有趣。经过这一个月的查漏补缺，小 K 胸有成竹地参加了一模考试。

但是他的成绩却低得出人意料。

拿到批改完的试卷，小 K 沉默了。他没想到自己的答案与正确答案几乎没有差别，只是几步之遥。“这个差一点，那个差一点，这一点一点积聚起来就是个大大的差距。”如果这些错误仅仅是因为能力不足而犯下的话也就罢了，但由于粗心犯错却让人感到巨大的不甘与沮丧，灰色的心情仿佛一张大网将他笼罩。出成绩的这个下午，小 K 独自待在校园的偏僻角落望着天空发呆，他不禁喃喃低语道：“好像有种一切都 game over 的感觉……”

但这真的就是结束了吗？小 K 的脑海中浮现出今后的人生路程：一模后是二模，二模后是中考，中考后要上高中，然后经历高考，之后考研读博……自己还有很长很长的路要走。与整个人生相比，一模不过就是时间洪流中的一颗沙粒而已。而且，真正能改变人生的名为“中考”的转折点仍未到来，这几次模拟考的成绩什么都决定不了。自己还有成功的机会，不是吗？

仰望天空的小K再次为自己鼓足了勇气，露出了淡淡的笑容。“拼了，人生能有几回搏！”

仍是为期一个月的啃书计划，仍是背诵理解、整理笔记、加紧复习的生活，小K压下自己想要玩耍的欲望，把之前常犯的小错都归纳在了一个本子上，经常拿出来警示自己。累，小K忍了；烦，小K忍了；苦，小K也忍了。“咬牙坚持”，小K对自己说。他明白自己无法改变过去，所以他决定用全力改变未来。

终于到了六月末，小K坚定、自信地走进中考考场，最终的成绩定格在小K喜悦的笑脸上。

【名师点评】

从以上的故事中，我们可以看出，漫长人生路上总会有大大小小的失败与挫折，有的失败，甚至大得超出了我们的心理承受能力。但当你被沮丧围困，无法振作时，请你仔细考虑——难道真的要在这种地方放弃自己所追求的未来吗？失败与挫折总是存在，或许我们会为其痛苦一时，但时间会继续，生活会继续，一次的挫败不能、也不会成为我们人生的终曲。为了获得最后的成功，我们手中仍保有最强的王牌——那就是拥有无限可能性的未来。受挫又何妨呢？只要你不放弃，永远都面向未来努力，成功定会叩响你的大门。

二、胜利就在前方

【经典案例】

话说有这样一位同学，在她刚刚接触英语时，这门学科好像戴着一层神秘的面纱，慢慢地走进了她的世界——精灵般的字母、潇洒的字体，对，还有漂亮的英语老师，一切使她爱上了这里。可慢慢地，从初一下学期期中考试开始，她的成绩便坐上了似乎望不到头的滑梯。

起初伴随她的尽是失落与失望，直到下一次月考后，她找到了爸爸："爸，最近不知道怎么了，英语成绩总是上不去。现在一上英语课，就总是想睡觉，一点兴趣也没有。"就这样，她和爸爸认认真真地谈了一次话，谈话过程中，她了解了自己的问题所在："不要害怕失败，要调整状态、勇敢面对。"从爸爸的话中，她坚定了信心，对近期的英语学习有了初步的规划。

从这次考试抓起，她第一次认认真真地对试卷进行了全面分析——每道题的题型、考点，丢分的原因，错题的分布。分析完，心里便有了底。对，还有一项任务——制订短期计划，实施该计划的时间定在下一次考试之前。

就这样，她坚持着，无论大考还是小考，每一次都会认真对待，积小胜成大胜，一个学期以后，她的成绩又回到了原来的位置。

"从另一个层面讲，心态也很关键。不单单对于成绩，更重要的是对于自己，正确地面对自己的成功与失败，可以在考场上从容地面对一切。"她在自己的日记中写下了这句话，希望能够继续走下去。

时间飞逝，经历过风雨的洗礼，品尝过成功的味道，她，走过了两年的时间。步入初三，她变得更加成熟，追随着老师的脚印，一步一步地向中考进发。但老天总是这样，她的努力似乎没了成效，于是，她想到了老师。

"成败在于完形和阅读能力的提升，每天一定要坚持练习，这是第一……"面对着老师鼓励的笑容，她似乎又看到了希望，尽管希望只停留在远处，远远地望着她。从老师的话中，她又有了新的目标——加强专项练习。也就是说，之前积累下来的学习方法一切照办，只不过把侧重点转向专项练习上。于是，她每天都会做三篇阅读和一篇完形，坚持了一个月，她惊奇地发现，英语成绩竟然又在稳步提升了。

临近中考，还有一个板块没有解决——作文。她从容面对，又一次找到老师进行了深入的交谈。要不说嘛，老师就是老师，从那里，她再一次收获了信心——有感情地朗读范文、背诵范文、仿写文章。终于，她在一个月之内啃下了这块硬骨头。

当她自信满满地走出中考考场时，轻声说道“失败是成功之母”。是的，如果没有自己之前积极寻找失败的原因，与家长和老师配合，又哪能有今天收获成功的喜悦呢？

【名师点评】

其实，每个人都会遇到不顺心的事，关键在于如何面对，就像文中的“她”一样，把挫折变成激发其积极向上的动力，才是制胜的法宝。面对失败，首先要对产生问题的原因进行分析，一定要刨根问底。其次，分析完问题就要制订后续的计划，有了目标，才能有动力。第三，也是最关键的一步，就是要坚持对计划的实施，不积跬步无以至千里，一步一步有耐心有韧性地走下去，才有可能取得最后的胜利。同学们，让我们带着自信与从容，沉着冷静地去面对一切吧，胜利就在前方！

三、心中的彩虹

在生活中，我们每个人都会遇到一些挫折，有的人会怨天尤人，而有的人则会化挫折为动力。

【经典案例】

五月，暮春时节，一年一度的“红五月”歌咏比赛即将拉开帷幕，小明的班级为此正热火朝天地准备着，这是毕业前的最后一战，上次的比赛他们获得了初中组二等奖，这次他们一定要将一等奖收入囊中。

选歌、排练、定动作、排队型、选服装、做道具，一系列的工作让小明和他的同学们忙碌并快乐着，因为他们心中有目标，身体有活力，一切的疲倦在他们眼里都不算什么。随着比赛一天天地临近，他们的心中更加自信，他们改编了一首很有难度的山歌，形式上也做了很大的创新，服装非常亮眼，动作整齐协调，

“第一名没问题”，大家心里暗自高兴。

到了比赛场地，临上场前几分钟，学生会的同学突然送过来2个便携式麦克风，说最好选男女领唱各一名，这样声音会大些，否则台下什么也听不见。这可怎么办？以前从来没有练过，也从没选过领唱啊，班里同学立刻慌了阵脚。这时有人推荐小明上，小明很紧张，直说：“我不行，我从来没有领唱过。”这时，班主任走了过来：“小明，这是咱班的重要时刻，需要你为班级出力，你就上吧，只管放大声音唱，其他一切都不用管。”看着同学们期待的眼神，小明点了点头，就这样走上了比赛场地。

到了场上，小明发现，如果没有麦克，音乐的声音会远远盖住同学们的歌声，于是，小明战胜心中的怯懦，大声地拼命地唱起来。比赛结束，走到台下，小明以为大家会给他热烈的掌声，但是奇怪，为什么同学们都在窃窃私语？他仔细一听，“跑调了！”“跑得厉害，这次没戏了。”“小明跑调怎么还那么大声地唱啊！”“嗡！”小明感觉天空一下变得昏暗，空气中似乎弥漫着令人窒息的气息，本来就缺乏自信心的他此时恨不能找个地缝钻进去。

到了宣布比赛结果的那一刻，小明心中暗自祈祷：“就算不是第一名，至少也保持之前的第二名吧，千万不要因为我拖了全班的后腿。”可是上天好像没有听到他的祷告，结果很凄惨，没有进入前三甲，只得了个“最佳表演奖”，在小明看来这不过是个安慰奖而已。小明听到其他班的同学和老师议论道：“这个班真可惜，他们准备的那么好，可惜就是领唱跑调了。”小明躲在角落里骂自己笨，骂唱歌跑调的自己可恨，他实在不敢回班面对同学们失望的脸庞。

小明跑到更衣室，默默地换下衣服后，找到老师，请假说自己病了要回家，老师看着他涨红的脸，同意了。小明冲进家门，躲在屋里，留下了痛苦的泪水。到了晚上，他接到了班主任打来的电话：“孩子，今天的你很勇敢，我代表全班同学感谢你！今天的我们虽然没有得到第一名，但那不是失败，只是一种失误。失误并不可怕，当失误已经成为事实时，我们要做的不是懊悔，更不是怨天尤人，而是要勇敢地正视它，从中找到通往成功的机会。”

第二天，当小明鼓起勇气来到学校的时候，同学们都围到了他的身边，关心地问候他，并且感激他前一天的壮举，班长对小明说的话，让他至今记忆犹新："这一次我们没有失败，因为努力的过程比结果更为重要。"

是的，就是这样一群热情的同学们支持了他，鼓舞了他，小明恢复了自信，甚至比以往更有自信，他暗下决心：下次，我一定要好好准备，为班级争光！一个月后的演讲比赛，小明精心准备，代表班级参赛，将一个金灿灿的奖牌带回了班级。

【名师点评】

彩虹出现在风雨后，成功来自磨难中。人生道路是不会一帆风顺的，坎坷难免存在，但只要你像小明一样勇敢前进、不向困难低头，战胜自己心里的孤单和恐惧，你就会成功。人生不也正像一棵树吗？有时难免会遭受到突如其来的风雨，雷击。但是树都可以在风雨中屹立着，在雷击中挺立着，我们为什么就不可以敞开胸怀，微笑着迎接风雨呢？风雨越大、越猛，彩虹的美就越绚丽、越壮观，不是吗？生活丰富多彩，世界千姿百态，让我们抱以良好、乐观的心态，勇敢地走进风雨，去寻找心中的彩虹！

四、面对灰霾，勇敢微笑

人生不如意之事十有八九，但是，只要有勇气去面对那一个个的不如意，勇敢地战胜失败和挫折就够了，不是吗？

【经典案例】

小婷是我们班上学习很好的一个女生。尤其是上初三以后，她的成绩更是突飞猛进，她每天学习刻苦是大家都可以看到的。记得每次班会的时候老师总会表扬她："你们要向人家小婷学习，要是大家都能像小婷一样用功的话咱们班的中考就不用愁了。"小婷呢，也只是笑笑，然后接着低头学习。同学们心里佩服，但感觉又做不到像她那么得好。

小婷最爱学的就是数学，一本一本的高中奥林匹克竞赛题让还在初三的我们十分佩服。而每次的数学考试，小婷永远是稳居第一，丝毫没有悬念。作为朋友，我们必然是羡慕，一下课都去向她取经，小婷总是说："在中考时，我们总有一项科目是要擅长的，不然万一考砸了，还有一科可以提分。"没有人不对她的这番话表示赞许，大家也都真心地向她学习。

一模考试结束后，大家都忙着问小婷是不是又是数学第一名，可是，令人诧异的是，小婷这次数学还不到班级的平均分。小婷难过极了，泪如雨下，她丝毫不明白自己连日的努力怎么会换来这样一个不尽如人意的结果。小婷开始变得特别不安，她怀疑自己做那么多题到底有没有用，上课也变得六神无主，直到快下课的时候，她听到老师说了这样的一句话："同学们，在学习上不管遇到了什么问题，都可以来找老师，在学习上，老师比你们的家长更了解你们。"

一句话点醒了小婷，是啊，自己怎么就没想到呢？抱着试一试的态度，小婷拎着一模考试卷，在当天放学的时候，走进了数学老师办公室。因为自己这次的试卷问题比较大，分析持续了将近两个小时。哪个地方怎么错的，该不该错，为什么会错，是真的不会还是马虎了……一个个问题都在老师的指点下一一地总结在了试卷上，本来薄薄的一份试卷被她密密麻麻写满了注意事项和问题出现的原因。小婷走出校门的时候，天都已经黑了，小婷回到家中，回想刚刚老师的每一句指导，开始着重练习。几天后，她就明显感觉到了思路比以往更加清晰。加上她原本做过了很多的题，基础十分扎实，成绩很快就又提上来了。在之后的数学考试中，小婷的成绩又回到了第一的位置，久违的笑容也重现在了小婷的脸上。

【名师点评】

从小婷的经历中我们可以看出，挫折和失败并不是很可怕，可怕的是在遭遇挫折和失败之后不知道该怎样去面对。就像刚开始的小婷那样，面对付出了很多努力得到的却是不尽如人意的结果，她除了无助地哭泣什么也没做。如果一直采取这个态度来面对挫折的话，相信她也不会再有以前的好成绩。但是她没有，她勇敢地面对了挫折并选择向老师求助。老师的经验和鼓励给了她很大的帮助，也使她又一次成功了。所以说勇敢的求助与不懈的努力是面对挫折时最好的方法。世上无难事，只要微笑面对失败，坚持自己的努力，成功总是会来的。

五、成功并不像你想象的那么难

【经典案例】

林子晨是一名性格开朗的女生，学习成绩一直很不错。但是到了初三，加上了一门新的科目——化学，林子晨明显感到在学习上力不从心了，超级复杂的化学方程式往往把林子晨搞得晕头转向，而且无论她如何努力地死记硬背，那些HCl、NaOH等等东西还是把她弄得乱七八糟，几次化学考试的成绩都很不理想。从此以后，林子晨开始变得心事重重，原本爱说爱笑的她变得沉默了许多。

更糟糕的是，由于把大部分精力用在化学上，林子晨其他拿手的科目也因为消极的状态而大幅度下滑，这样一个惨不忍睹的结局让林子晨对化学，乃至学习这个事情充满了憎恨。

这样的状况持续了大概一个月，直到有一天，林子晨上网时忽然看见一个很受欢迎的美剧——犯罪现场调查。在好奇心的催使下，她看了几集，并且一下子爱上了它。剧中的CSI们运用各种科学手段检验犯罪现场遗留的各种物证，最后把真正的罪犯绳之以法。而其中最令林子晨惊奇的就是那些看似平凡无奇的鉴证工具，仅凭一些瓶瓶罐罐和几滴无色液体竟然就能检验出干净的地毯上是否滴过血？这太不可思议了！那些无色的液体究竟是什么呢？林子晨上网搜索，得出的结果却大大出乎她的意料，因为那个神秘的液体竟然就是化学课上经常用到的酚酞！“小小的不起眼的酚酞居然有这么大的功效？它还有什么是我不知道的呢？”林子晨带着满腹疑问，发疯一样地把所有有关酚酞的性质和用途看了一遍，忽然发现化学是如此的奇妙，它竟然就在我们身边，而不是乱七八糟又脱离实际！怪不得老师上课总是说：“化学是神奇而有趣的，它可以帮助我们正确认识物质，探索物质世界的奥秘。”受到了酚酞的启发，林子晨把之前学过的那些让她嗤之以鼻的化学用品都仔细地研究了一遍，而对于化学的好感也渐渐增加了。

如果你爱化学，化学也会爱你。渐渐地，林子晨的化学学得越来越好，很多时候她都能把剧中学到的知识用到课堂上，而书本中的知识经常也会出现在 CSI 们的鉴证工作中。用简单的初中化学知识竟然就能破案了，这让林子晨不由得暗暗自喜。

仅仅一个月后，化学已不再是林子晨的短板，居然还成为了林子晨最喜爱并擅长的一门学科。在其他科目中，林子晨的基本功本来就扎实，现在没有了化学拖后腿，林子晨的总成绩也有了质的飞跃。期末考试总结大会上，林子晨手捧两张奖状——学习进步奖和化学成绩优异奖，心中久久不能平静。

回想起初三刚开学时的那个在化学上无比失败的自己，她无比感慨："'不要认为一切都不可能，任何事都有可能。'不是因为有些事情难以做到，我们才失去自信；而是因为我们失去了自信，有些事情才显得难以做到。"

【名师点评】

林子晨的故事告诉我们失败并不可怕，成功也并不像想像的那么难。生命中总有挫折，那不是尽头，只是在提醒你，该转弯了！当你遇到一件无法解决，甚至已经影响到你的生活、心情的事情时，何不停下脚步，给心灵一个修禅打坐的时间。或许换个方法，或许换种角度，或许换条道路，事情便会简单了许多。困难好比弯曲小径上紧闭的大门，你有两条路可选择：1. 从小路旁边拐弯；2. 等待大门敞开。就像文中所讲的故事那样，"通往广场的路不止一条"。学会转弯也是人生的智慧，因为挫折往往是转折，危机同时是转机。在困难来临时学会"转弯"的人，才是真正的胜利者。

（徐静）

第四部分　高分方法篇

第一章　目标明确，制订学习计划

第一节　目标明确，勇往直前

【经典案例】

中考之后，小锋顺利地完成了初中的学业，经过最后阶段不懈的努力和拼搏，他完成了人生的又一次转折，成为了一名重点高中的学生。在收到录取通知书后，他沉浸于成为中考佼佼者的喜悦而彻底放松下来，觉得学习终于告一段落，高考还很遥远，现在可以好好歇一歇了，“放松”是他对即将到来的高一生活的评判。

可当他成为高一新生，结束军训正式开始学校生活后，他发现从初中到高中，无论是课程设置、学习内容、学习方法，还是人际关系、身心发育、校园生活，都发生了很大的转变。这使他逐渐感觉到了许多不适应——对学校文化的不适应、对学业要求的不适应，以及对自我定位的不明晰，他顿时手足无措起来。曾经，他是那么骄傲的一个人，初一初二没怎么努力学习，成绩在班级能混个中等，到了初三，想要考上重点高中的目标吸引着他，于是他开始下功夫学习。经过一年的时间他成了学校里的佼佼者，最终他成功、自豪地从普通中学考入重点高中，身上光环无限。可现在光环不再，处处的不适应给他的心理造成了强烈的落差。

小锋找到班主任，把自己的恐慌与困惑说了出来，希望经验丰富的老师能在此时给迷途中的自己一些意见。听了他焦急的叙述后，老师说道：“小锋，刚升入高中的同学需要适时调整心态，顺利完成从初中到高中的自然过渡。高中的知识容量、难度远远超出初中，如果你进入高中后继续沿用初中学习的方式方法，那么不适应是必然的。”

“初、高中的差别有那么大吗?”

“是啊，与初中相比，高中的学习知识量大、学科内容深，学科知识的抽象概括性强，需要掌握大量的科学概念、公式、定理、定律；另外高中学习综合性、系统性强，要理解或解决一个问题，往往需要综合运用各学科知识。”

“我在初中只用了一年的时间就把三年的知识都掌握了，高中是不是也一样呢?”

“你通过中考前的一段突击就取得了好成绩，这到了高中是行不通的，高一是高中三年的基础，一旦在知识上出现断层，想再赶上就很困难了。高中是不同于初中的新阶段，你如果太放松，就难以适应高中紧张的学习节奏。”

小锋点了点头，是啊，自己开学初放松了一个月就明显地感觉跟不上了，于是问道：“那我现在应该怎么做呢?”

“新学期的目标你确定了吗？”

“目标？离高考不是还有三年呢吗?”

“有的同学的目标是考上自己理想的大学，也有的同学的目标是追赶上某位同学，这是长期目标与短期目标之分，目标可以不同，但是绝对不能没有。更重要的是有了目标后，一定要为此付诸行动，全力以赴。这些没有必要拿张纸唰唰大笔抹几下，但是在你的头脑中一定得有个奋斗目标，有个全套打算。没有目标就是没有终点，一个连自己终点都不知在哪里的人，将如何完成这段旅程呢？当然这一路不会是一帆风顺，它总会有让你黯然流泪的时候，不过阴天之后总会是晴天的，因为你是一个骑士，拥有骑士精神。勇敢的骑士，不会被任何困难打倒!”

老师口中的“骑士精神”强烈地震撼了小锋，他的勇气与斗志由此被激发了出来。这一晚，他在日记中写下：“我要做一骑勇士，勇往直前!”小锋为自己定下了两个目标：一是长远目标——考上XX大学；二是短期目标——进入班级前10名。

在明确了自己的学习目标后，小锋开心地笑了，在目标的引导和鼓舞下，他又有了前进的动力。就像一名登山运动员，现在他要攀登学业的高峰，而这个目标以后会一直在他的心中激励着他。

【名师点评】

故事中的小锋所面临的正是大部分高一新生的常见问题——如何平稳度过初、高中衔接期。相对初中的学习，高中面临学习方法的重新洗牌，跨越了知识和能力两大台阶，它更加注重对知识的深入理解、融会贯通，需要学生有对知识活学活用的能力。高尔基说过："一个人追求的目标越高，他的才能就发展得越快，对社会就越有益。"一个成功者之所以能取得成功，就是因为他们心中固守着一个目标。一个学生有了明确的学习目标后，他就能始终处于一种主动求发展的竞技状态，能充分发挥主观能动性，精神饱满地投入到学习和生活中去，而且为达到目标能够有所放弃，一心向学。

第二节　制订合理的学习计划

【经典案例】

高中生每天要学的内容很多，如果不分先后顺序和轻重缓急，就会手忙脚乱、丢三落四，本来能学好的东西也学不好，这就需要制订一个学习计划。每天运用计划促进学习目标的实现，磨炼意志力，养成良好的学习习惯并且提高学习效率，减少时间浪费。

在明确了学习目标后，小锋向刚刚高中毕业的哥哥请教了如何跨越好从初中到高中的学习台阶的秘诀。

哥哥告诉他："初、高中之间，在知识上有它的连续性。初中所学过的知识，都是高中学习的知识基础。但是，跟初中比较起来，高中各学科在知识广度、内容深度上有明显的提高。因此，认识初、高中在学习内容、学习方法等方面有什么不同，做好思想准备，尽快制订合理的学习计划并主动积极地创造条件来适应各科学习，是非常必要的。”

小锋问道：“学校有教育计划，老师有教学计划，跟着老师走，按照学校要求办就行了。何必自己再订计划呢?”

“学校和老师的计划是从教的角度针对全体学生制定的，很难照顾到个别，而每个学生的情况是不一样的，你应该针对自己的情况，再制订出一个适合自己的具体的个人学习计划，这样两方面相互照应、配合，才会取得最佳的学习效果。千万别像我当年‘脚踩西瓜皮，滑到哪里算到哪里’，最后弄得狼狈不堪。”

“列计划的目的无非是通过白纸黑字，使得自己对自己的学习情况能够进行监督和检查而已。这也没什么难的嘛!”

“小子，你可别小瞧了这计划，里面的说道大着呢。”

“Really?”

“一份好的学习计划大致包括三方面的内容。一、进行自我分析。这里面包括两点：1. 分析自己的学习特点；2. 分析自己的学习现状。二、确定学习目标，这个目标要适当、明确、具体。三、科学安排时间，要保证全面、合理、高效。”

“制订了计划就能保证我恢复以往的风采了吗?”

“订了计划，一定要实行，不按计划办事，计划是没有用的。为了使计划不落空，要对计划的实行情况定期检查。可以制订一个计划检查表，把什么时间完成什么任务、达到什么进度，列成表格，完成一项，就打上‘√’。根据检查结果及时调整修改计划，使计划越订越好，使自己制订计划的能力越来越强。”

通过和哥哥的交流，小锋明白：一个人确立自己的理想并不难，难的是有一个为实现理想而攀登的规划和决心。为此，小锋决定给自己制订一个高中三年的规划，再给自己做个高一阶段的短、中、长期计划：

高中三年学习计划

（一）高中六个学期的分析和自我目标

为实现以下规划必须做到：树立信心，满怀激情，走好成功第一步。切忌盲目激情，要有计划分步骤地学习，养成踏实认真的学习态度。

1. 高一上半学期是一个人从初中走入高中的过渡时期。这个时期最主要的目标是：积极适应各科老师的教学方法，迅速吸收新知识，同时稳住脚跟，一步一个脚印地进步。所以我这个学期的目标简单来说就是四个字：适应、稳定。

2. 高一下半学期是一个适应后的寻求及养成期。这个时期由于对自己的学习态度、方法、能力有了一个比较客观的认识，因此对各学科特点也有了一定掌握。这个时期的主要目标是：重点培养良好的学习习惯，形成适合自己的学习方法，做到循序渐进地、有规律地学习，全面发展，形成自己的优势学科。简单来说就是：养成、规律。

3. 高二上半学期是一个定位起飞期。此时，高中生活早已适应，学习方法、习惯已经成熟，所以，这个时期就要开始有所突破。这个时期最主要的目标是：进入一本梯队。

4. 高二下半学期是一个稳步发展期。有了高二上半学期的起飞和突破之后，又要开始稳住脚跟了，这时要全面地、客观地看待自我和他人，毕竟“知己知彼，百战不殆”。这个时期最主要的目标是：稳定自我水平，基本确定自己在年级的学习地位。

5. 高三上半学期是一个扎实复习期。经过高二的认知后，自己的学习地位也稳定下来，不再轻易后退，就要完全静下心来稳扎稳打地复习。此时也要注意调整心态，摆正主观态度。时刻保持新鲜的自信心、坚韧的性格，不要受客观环境的影响，履行自己的计划，做到步步为营。

6. 高三下半学期是一个加速冲刺期。可以适当地做些拔高。要全面解决自己所面临的问题，查漏补缺，扫除残敌，不留后患。还有，此时心理素质也很重要，时刻摆正心态，注意情绪的变化，做到自我及时调整，自我鼓励和认定。就如爱迪生所说：“自信是成功的第一秘诀。”

（二）高一阶段的短期、中期与长期计划

当天计划：今天作业有语、数、外、物四门，数学作业是大题，利用中午的整段时间做。物理是张卷子，可以用下午自习课的时间做。外语是选择题的练习，充分利用课间空隙做一会儿，剩下的回家完成。语文是阅读理解，是弱项，要回家好好想想，不急于做完。预计到家后晚9：00可以完成作业，之后可以把今天的数学物理笔记复习一下，用45分钟够了。上回的物理考卷发下来了，要用半个小时订正一下。还剩下一点时间，把化学参考书拿出来做几道题。加上休息时间，11点之前就可以睡觉了。

中期计划：这个星期还有不少东西课后没有巩固。语文中的古文似乎学得不行，要再把以前学的也复习一下。数学函数一章讲完了，要在2～3天内把这一章的脉络理一下，不用花太多时间细看，一个小时足够了。

长期计划：物理上半学期力学没学好，下半学期的许多东西都涉及到它，一定要在下半学期抽空把力学一章的书、笔记、习题、测试卷都看一遍，争取期末的物理可以上90，总成绩进前20名。

一段时间之后，小锋明显地感觉到有计划学习要比无计划学习好得多，也很快地适应了高中的学习生活，成绩逐步呈上升趋势。小锋总结道："计划是实现目标的蓝图，好的计划等于成功的一半。"

【名师点评】

古人云："凡事预则立，不预则废。"无论做什么事有了计划就容易取得好的结果，反之则不然。文中的小锋在和哥哥交流后制订了符合自己实际情况的学习计划，这使得他学习目标明确，实现目标也有保证；他恰当地安排了各项学习任务，使得学习能够有秩序地进行；同时计划的制订培养了他良好的学习习惯，也提高了他的计划观念和计划能力。由此可见，一份合理的学习计划对学生的学习效果有着深刻的影响，正如俗语所说"好的开头是成功的一半"，高一新生的学习是新一轮的挑战，制订一份合理的计划将帮助其赢在高中学习的起跑线上。

（任伟然）

第二章　时间管理，提高学习效率

第一节　加强时间管理意识

俗话说："活到老，学到老。"生命不息，学习不止。但要想学好，可不是一件容易的事。升入高中后，很多同学都发现学习比以前困难多了，不少同学每天都埋头于书山题海之中，经常"开夜车"。这些同学的学习精神可嘉，但其做法却未必可取。其实，一个学生在学业上的成败很大程度上取决于他对时间的利用。

【经典案例】

六年前，我家亲戚的小孩以优异的成绩考进了一所高中，第一次期中考试他是班里倒数第三名，正数第65名，他和家长都非常着急，亲戚带着孩子找到了我。

通过和小孩的交谈，我了解到，这个孩子非常有上进心，学习也很努力，每天除了吃饭、睡觉外，几乎所有的时间都用在学习上了。只是他有个做事拖拉的毛病，并且有点过于"执着"，比如晚自习（亲戚是河北的，孩子高中住校）有一道数学题没做出来，就坐在那苦思冥想，一直耗到深夜，结果其他科目都没有时间去温习了。了解到这些后，我给亲戚的小孩提了个建议。

我问他："你想不想在期末考试中的排名有所提升？"

孩子说："想，做梦都想。倒数第三的滋味简直就是煎熬。"

我接着问："你现在一共有九科，假如其中一科得满分，而其他八科不及格，能提升名次吗?”

孩子说:“肯定不行啊。”

我继续说:“是啊,那你应该怎样分配你的时间呢?”

孩子面带难色,反问我:“我应该给各科平均分配时间吗?”

我给他分析:“你高考的时候必考语、数、外,理综或文综二选一。但高考前你需要通过会考,而且不管你以后选择文科还是理科,多学一些知识总是有好处的。我给你的建议就是合理利用你的课余时间。因为上课的时间不归你自己支配,所以你要学会自己把握课余时间。合理分配时间,并不是要你给每一科平均分配时间。有些科目分配多一些,有些科目少一些;有些科目适合早上学,有些科目适合晚上学。具体到每天你有多少课余时间,怎么分配这些都由你自己计划,计划好了,就要执行下去。我建议你把计划具体到分钟,比如周一晚自习有2个小时,给数学40分钟,英语30分钟,语文20分钟,等等。到时间了一定要换下一科目。”

孩子当时似乎有点惊讶,后来他告诉我,原来时间还可以这么利用。尽管当时他对我的建议半信半疑,但他还是照做了,结果那一年的期末考试他考了全班第九名。一下子前进了56名,班主任让他给同学介绍进步的经验,后来又在全校师生前演讲,这让他成为了当时学校的小明星,风头盖过了年级第一名。后来每次考试他都是学校里前五名,最终以优异成绩考入中国人民大学。

【名师点评】

对于高中生来说,时间管理就是高效地利用有限的时间,实现学习目标。文中的孩子初上高一,每天都埋头于书山题海之中,恰恰说明了他在学习上不善于利用时间,不会制订计划、统筹安排,学习没有质量、没有效率,只会用耗时间的方法求得心安。实际上,他试图不浪费每一秒钟,结果反而是很多时间都没有用得其所。这个孩子的故事告诉我们:智力因素并不是阻挠人迈向成功的第一大障碍,只要大家加强时间管理意识,在有限的时间内提高学习效率,每个人就都可以超越过去的自己。

第二节　提高学习效率

一、高效的约瑟夫

【经典案例】

约瑟夫和威廉是两个好朋友，他们同时被一家公司录用。在开始的半年里，他们一样努力，每天工作到很晚，最后都得到了总经理的表扬。可是半年后，约瑟夫得到了提升，从普通职员一直升到部门经理；而威廉却似乎始终被冷落，到现在还是一个普通的职员。

终于有一天，心中不平的威廉向总经理提出了辞呈，并痛斥了公司的用人不公。总经理没有生气，他希望帮助威廉找到问题的关键。因为他知道威廉虽然工作努力，但效率不高。这也是他一直没有得到提升的主要原因。

总经理微笑地看着他，忽然想出了一个主意："威廉先生，请你马上到集市上去，看看今天有什么卖的。"威廉很快从集市回来说，刚才集市上只有一个农民拉了一车土豆卖。"一车大约有多少袋，多少斤？"总经理问。威廉又跑去，回来说有10袋，100斤。"价格是多少？"威廉再次跑到集市上。当威廉回来的时候，总经理对气喘吁吁的他说："休息一会吧，你可以看看约瑟夫是怎么做的。"

约瑟夫需要完成的是同样的事情，但结果却大不一样。他很快从集市回来了，并且向总经理汇报说，到现在为止只有一个农民在卖土豆，有10袋共100斤，价格适中，质量很好。他带回几个让经理先看看，价格便宜，公司可以采购一些；而且还把那个农民也带来了，他现在正等在外边。

听完约瑟夫的汇报，总经理非常满意地点了点头。而这时，站在一旁的威廉也已经明白了一切，这就是自己和别人之间的差别。

【名师点评】

不少同学为了提高学习成绩，总试图延长自己的学习时间，不仅挤占了休息、锻炼、娱乐时间，甚至连老师上课的时间也用在看书上，“投入”可谓多矣！但由于头昏脑胀、精神疲劳等原因，时间的使用效率并不高，真正学好、学扎实的并无多少，“产出”何其少！不用说，他们的学习成绩也不会有大的起色。于是这些同学开始“愤愤不平”：为什么我整天除了学习就是学习，成绩还总不见提高，而班上有的同学又是玩球又是看课外书，学习时间并不多于我，最后却考了个好成绩。

效率的差别来自做事过程的不同，不同的人在做同样一件事，结果会大不相同。约瑟夫能够由普通的职员升为部门经理，是因为他一次性全面有效地掌握了市场信息，避免了出现威廉那样辛苦却低效率的工作。学习也一样，看着大家都在教室里上课，学习的时间也一样，但成绩却完全不一样，这就是学习效率的差距。

二、“不太用功”的优等生

【经典案例】

“大家都觉得，能走进清华北大这类名校的学生一定是‘学习机器’，特别刻苦特别用功，其实不是这样的。”

6 月 8 日下午，当别的考生都在考虑接下来怎么估分、怎么填报志愿时，乌市一中高三（12）班学生穆昊在大家羡慕的眼光中拿到了清华大学录取通知书，那一刻，他说自己其实不是个“很用功”的人。

“参加清华大学保送生考试，成绩位居理科全国前 10 名，这个成绩让我有些意外！”穆昊说，他并不像大家想像中的那么努力，该玩的时候还是在玩，偶尔他的妈妈何琳还会督促他学习。

“其实，每个人都应该寻找到一种适合自己的学习方式。我觉得提高学习效率相当重要，大家的学习时间一样多，你的效率高了，你学的东西就会多。”问及穆昊为什么轻轻松松学习，成绩却那么突出，穆昊这样回答：“要提高学习效率，首先上课的时候要聚精会神，全身心地投入，因为老师讲的知识都是精华，对学习具有指导性的作用；其次，要提前预习学习内容，这样可以轻松地掌握老师要教的知识；另外，科学安排时间也是很重要的。”

穆昊的妈妈何琳说：“穆昊学习最大的特点就是课堂消化、轻松掌握，他上课认真听讲，课堂上就把老师讲的知识消化掉，有疑惑的就想一想、问一问，基本不把作业或疑惑带回家。平时学习的时候，不搞题海战术，每做一道题，都会认认真真地去考虑这道题中的每一个知识点，并且再三进行比较，巩固知识要点。”

其实，穆昊的生活内容并不只是学习，他喜欢弹钢琴，小学时就取得了钢琴（业余）8 级；他喜欢游泳，抽空就会约上两三个同学去游泳馆游泳；冬天他常常自己去滑冰；有时候，他还和同学一起打打乒乓球；平常有了闲暇时间就会和父母出去转转。穆昊说，爱好和学习其实并不矛盾，劳逸结合，才使他学习起来事半功倍。

【名师点评】

通过穆昊的故事我们可以看出：成绩与时间不是简单的正比关系，耗时多未必成绩好，学习效率才是关键的因素。穆昊的成功实际上反映了提高学习效率的重要方法——把劲儿使在刀刃上，即合理分配时间：提前做好预习、上课抓住重点、巩固知识要点、科学安排时间、劳逸结合，这就是学习中的“事半功倍”。对于刚刚踏入高中门槛的同学们来说，只靠埋头学习的方法是不合适的，提高学习成绩的直接途径是要学会管理自己的时间，向时间要效益，即提高学习效率。学习效率的高低，除了对学习成绩产生影响外，还是一个学生综合学习能力的体现。总之，“世上无难事，只怕有心人。”同学们，不要期待成功的到来，而要用努力征服未来。最后，请让我以拿破仑的一句话作为结尾：“想得好是聪明，计划得好更聪明，做得好是最聪明又是最好。”

（任伟然）

第三节　主动率先的精神助你成功

根据学习过程可把学生分成主动学习型和被动学习型，主动学习的学生总是让人感到精神饱满、积极乐观；在课堂上专心致志，善于质疑；专注时间长，勇于表达自己的观点，愿意做领军人物；表现出具有较浓的学科兴趣，能有质有量或超额完成老师布置的作业，还可能向老师索取额外任务；课后善于归纳总结，并及时与老师沟通答疑；善于反思，常和老师交流学习心得。在学习中，他们总是积极地寻求各种解决问题的办法，即使在遇到困难和挫折时也是如此。

被动学习的学生在课堂上映入老师视野的往往是无奈的叹息、无神的眼光、书懒得拿笔懒得动的神态；交流过程中只是被动地听他人说，即使有不同观点，也是尊口难开；对待作业，形式上可能只完成老师布置的作业，有时候作业还得做点“除法”或“减法”；对存在的问题等待老师讲解，不会主动答疑。不同的过程带来不同的结果，主动率先的精神助你成功。

【经典案例】

“孙珂 100 分”“啊，又 100 分！”二模成绩出来后，老师公布了优秀学生的成绩，当念到“孙珂 100 分”时，教室内的平静被打破了。是啊，一模全区满分的学生只有 9 人，她是其中之一，二模她又考了满分，难怪同学们这样震惊。无论题多简单，答满分都是一件不容易的事，何况高三考试，题不可能简单到让学生轻松拿满分，可以说她创造了考试的奇迹。她有什么“法宝”使自己的化学成绩达到如此优秀的境界呢？下面是她和老师的一段对话：

时间：某天下午放学后。

地点：化学办公室。

孙珂：老师好！您现在有时间吗？我想答疑。

老师：好的。

孙珂：今天的作业，有几个问题不太确定。

老师：真是好孩子，作业都做完了，你什么时候做的？

孙珂：中午。

老师：噢，我明天上课要讲这个卷子。

孙珂：没关系，弄不明白心里老是放不下；再说，您重点讲的不一定是针对我的问题。

老师：你整个卷子没问题了，再听课你不觉得浪费时间吗？

孙珂：没有，有些题虽然做对了，但听您讲解或其他同学的分析，我可能会找到更好的解决问题的方法。有时候虽然答案选对了，但自己的想法竟然是错的，只是巧合罢了，听课才是自己提高的过程。

老师：对学习过程有这样的感受，说明你达到一定境界了，你听课很专注，从你的眼神里我能感受到。有时候我在想，若认为老师今天讲的内容你都会了，为何还能如此聚精会神地听课？你今天给了我答案。同学们要有你这种主动学习的精神，那就没有学困生了。

孙珂：谢谢老师夸奖，我会努力的，老师再见！

【名师点评】

从上述对话中，我们不难找到孙珂取得如此优异成绩的原因，那就是积极主动的学习精神。每次作业、每张试卷都达到不遗留问题。学习一段时间要进行知识整理，使零碎知识网络化，达到融会贯通的境界。考试前，进行问题和错题整理，主动答疑，不做问题的收藏者。高考状元卢洪峰说，高三我形成了自己的最佳学习方法，其法宝就是两个本子：一个总结本和一个错题本。

总结本就是把所有的知识用自己的理解进行整理、总结，形成自己所理解的体系。形象地说，就是自己写一本自己看的“书”。自己写的“书”对自己最有用，理解也会更深刻。无论什么时候，有了新的理解，都及时把它加入到这本“书”里头，最终形成网状的知识结构。

错题本就是把你做过的题中那些做错的和不会做的题搜集起来，以后常看。因为我相信，最容易错的题就是你已经错过的题。如果一个人能把以前的错误都记住，以后决不再犯，那么他就是圣人；如果绝大部分错误都能够改正而不再犯，那么他就是伟人；如果绝大部分错误都能够铭记，那么他就是高人。我们应至少争取做第三类人，只要你能做到，你就能在高考中获胜。孙珂同学做到了，也确实成为一名高考获胜者，在那一年高考中她以 657 的优异成绩被清华大学录取。

这个世界上没有天上掉馅饼的事情，即使有天上掉馅饼的好事，也不一定会落在你的头上。在一大堆的人中，比你高的就有优势，你只有主动地跳一跳，才可能抢到这个馅饼。成功来自于先天的聪明和后天的努力。先天的聪明是天赋，可遇不可求；后天的努力却要求你自己去把握。这种由认知、领悟而激发出来的主动精神，不论成功途中有多少艰难险阻，都会转变成新的力量，成为通往成功的有效捷径。主动永远是成功者的信条。从此刻起，不要再去思考为什么做不到，多积极思考如何去做到，做到主动出发。

（王小磊）

第三章　学科学习窍门

第一节　语　文

一、功夫在平时

【经典案例】

“刘老师，都说您是好老师，孩子回家也老夸您，我们认为孩子能让您教是幸运的，您看我已经帮孩子把这次月考的试卷认真做过了分析，发现孩子的作文还行，因为我们平时总是帮助他修改，但他的语文总成绩不理想，我们发现这主要表现在基础和阅读上，我们觉得基础好解决，让他多背背，阅读我们也在想办法，我刚从书店给他买了几本和课本配套的练习册，您帮忙给看一看这些题怎么样，有没有训练价值，对孩子提高语文成绩有没有帮助？我们全家都很着急，孩子在小学时语文成绩虽不优秀，但也不像现在这么不理想，那个时候他的语文成绩在班级中也是中等偏上呢，没想到进入初中之后会和别人拉开这么大的差距。您推荐一些提高语文成绩的学习方法，我记一下，回家按您说的做。”

听着孩子妈妈的话，看着孩子妈妈焦急的表情，刘老师笑着说：“首先，我很感谢您对我的评价；其次，我也很感谢您对我工作的支持，不仅带着孩子改了试卷，还把试卷认认真真分析过了。您发现孩子第一次月考的语文成绩不理想，问题主要体现在基础和阅读上的观点，我也很认同。考完试后我也看了他的卷子，发现课本上该掌握的基础知识他掌握得并不扎实，阅读题他好像并没有理解文章就急于做答了。”

“刘老师，您说的太对了，他呀就是懒，平时让他背字词，他老觉得麻烦，他老说背完了就忘，平时背都是浪费时间，还不如考前再背，结果考前背了也没记住多少。考试时，因为做前面基础知识的时候他老觉得模棱两可，一下子就慌了，到后面做阅读题的时候一看时间不够用了，他就急着动笔写了。这孩子可急死我了，您说我们家长该怎么办呀，我怎么能帮一帮他呀！孩子第一次语文大考就考成这样，以后中考、高考可怎么办呀？”

看着孩子妈妈脸上滑落的泪水，刘老师递过去一张纸巾，平心静气地说：“您能说一说孩子小学时是怎么学语文的吗？”孩子妈妈擦了擦脸上的泪水说：“他小学时回家基本不怎么学语文，就是写写作业，抄抄字词，考前反复做老师发的练习题，那个时候差不多他们都这样。”刘老师继续问：“您观察过没有，他进入初中后回家是如何学语文的呢？”“他还延续着小学时的习惯，上课记笔记，回家完成您布置的作业。”“那您观察过没有他通常完成作业用多长时间？”“基础知识积累那部分，他完成得挺快的，这孩子写字快，几分钟就写完了，您让写的读书笔记，他每天大约 20 分钟就能写完，您说孩子这也是按要求在写呀。”刘老师笑着说：“您别急，先听我说说我的观点，小学语文和中学语文学习还是有很大的区别的，听了您刚才的话我发现这孩子小学时学习大部分是被动的，被动地听讲、被动地记笔记、被动地完成作业，当然这个能看出来他的执行力还是比较强的，在小学时还是比较可贵的，如果在初中时还继续采用这种学习方法那势必会面临一些困难，初中语文学习更强调学生的主动学习意识，主动地预习发现问题，主动地思考提出问题，主动地行动解决问题。我们常说‘万丈高楼平地起’，这孩子要想改变成绩被动的情况，必须有主动参与的意识，在老师讲新课前主动预习、自行解决生难字词，并把课文中不理解的地方标注出来，要养成不动笔不读书的好习惯；上课时要跟着老师一起思考并积极主动回答问题，不要害羞，不要怕说错，课堂上说错总好过答题时写错吧；再有就是如果您有时间的话，在孩子读完书之后您和他探讨交流一下，因为我发现他的读书笔记有的时候写得抓不住重点，不知他是不是简单浏览一下就急着动笔了。我们让学生每天坚持写读书笔记，既是让他复习基础知识，也是让他训练阅读速度与准度，更是为了提高他的表达能力，而这些能力要想全面提高，绝非一朝一夕，它是一个慢功夫，甚至可以说是一项浩大的工程，要想改变语文学习的被动局面，必须把功夫用在平时，而不只是考前的临时突击。还有我不反对学生做题，但要选对题，现在的教辅资料太多，并不都适合学生，作为老师建议他只要跟着上课的节奏按要求做就行。做题之后不要简单对一下答案并改正就自我满足了，基础题对答案当然没问题，阅读题最好还是找老师面批，这样会更有针对性。最后我想提醒您的就是：不要替孩子思考或做事。总之，我还是那句话：功夫在平时。

【名师点评】

语文学习应注重基础，切忌好高骛远，急于求成。一位高考文科状元总结经验说，学好语文不在技巧，在读书。我很赞同这一观点，但前提是，我们应该读什么、怎么读，写什么、怎么写。如果同学们既能埋头读书，又能抬头看路，就会收到事半功倍的效果。另外，同学们还要记住，兴趣是最好的老师，要想学好语文，必须先对语文感兴趣，而兴趣是一点一点培养出来的，如果在语文学习方面你每天都有一点进步，换言之，如果你能主动自觉地去分析一个字形、掌握一个词语、理解一个熟语、记住一句名言警句、赏析一首诗、阅读一篇文章、欣赏一部名著，你的语文学习兴趣就会越来越浓厚，随之你的语文水平也会逐步提高。

二、修行在个人

初中语文学习与小学语文学习有着很大的差别，小学时课业负担较轻，所学内容深度及广度都有限，学生们可以在老师细心、耐心的带领下一遍遍复习巩固，强化形成记忆，于是有的学生就会认为要想学好语文，就得死记硬背，也就有了这样的故事：

【经典案例】

一次语文课上，李老师正在讲书上的课后习题，一个学生听讲时东张西望，注意力明显很不集中，与其他学生形成极大的反差。李老师走到他身边问他："付洋同学，别的同学都在跟着老师思考，并积极回答问题，为什么你的兴致好像并不高，是不是你都已经会了呢，还是你觉得我讲的某个知识点里值得商榷呢?"听了李老师的问询，付洋同学起立大声回答："老师，阅读题不是只要把答案写对了就行吗?您讲的答案，我已经记在书上了，不信您看。"李老师拿过付洋同学的书一看，的确如付洋所言，答案工工整整地用红色笔记在了书上。李老师又问："那我讲的你觉得你能理解并接受吗?"付洋同学再次起立，大声回答道："李老师，我理解不理解不都得接受吗，我如果不接受还能有什么办法吗?您下次考这篇时我把答案背下来，写上不就能得高分了吗?"李老师很好奇地盯着付洋同学说："你觉得我下次会考原题吗?""那您让我们记这个答案是为了什么?早知道您不考，我就不那么认真记了。"

李老师愣了愣，然后平静地对同学们说："同学们，你们觉得我为什么要把你们做过的、考过的题，甚至做对的题再讲一遍呢?"同学们纷纷发表了自己的观点，有的同学说："老师，您是为了让我们更好地理解。"有的同学说："老师，您是为了我们下次碰到类似的问题能更好地解决与处理。"有的同学则回答："老师，您是为了让我们知道错在哪里。"

"我还想问，你们觉得我下次会考原题吗?"李老师笑着问。"我觉得有可能，我们小学的时候就经常考原题，我把老师讲的答案都背下来就能得高分。""我觉得不会考原题，那有什么意思，阅读是考理解能力又不是考背诵能力，对吗，李老师?""考不考原题无所谓，最主要的是下次考这样的题，我至少不会像这次丢这么多分了，我觉得我有点感觉了。""老师，那您说说您会不会考原题呢?"

"我想对同学们说的是，我不会考，因为我要教大家的是一种方法，靠着这种方法，下次再遇到类似问题你们该知道如何应对，不至于束手无策。我没有那么神通广大，知道中考、高考会考哪篇文章、哪道题，但是我知道通常会考哪类文章，经常出现的题型是什么，我能做的是把你们领进门，具体修行就得看你们自己了。你们可以把平时习得的知识，运用到解决未来可能遇到的问题上，我相信你们是有这样的迁移能力的。同学们你们一定要记住：无论是做题，还是你们未来的生活，永远没有现成的答案等着你去背诵，你需要做的是去发现问题并解决问题。”

【名师点评】

教材上的文章都是经过专家精选的美文佳作，这些文章在思想内容上是健康的，积极向上的，在文章结构上是严谨规范的，在语言表达上是简明、连贯得体的，因此利用教材做例子，学习掌握阅读方法是最好的途径，基本篇目中的重点段应逐句、逐层地认真研读，只有在课内段的阅读分析中学到方法，才可能在考试阅读课外选文时游刃有余。

（江红霞）

三、听说语文的选修内容不参加高考，我们花太多心思学有意义吗？

【经典案例】

李方圆同学是一个凡事都要追问“为什么”的男孩子，高二的上半学期，我们结束了必修课的学习，正为开设选修课做准备。有一天上完语文课之后，他突然问我：“老师，我听说选修课的内容在高考时的语文试卷中根本不涉及，那我们为什么还要花大量的时间学习它呢？”我知道孩子的问题在于对选修课有错误的认识，于是我向全班同学介绍了选修课程的设置意义以及学习它的必要性。“必修课程要完成高中阶段最基础的内容，每个同学都要达到基本要求，而选修课是为了满足学生多样的学习需求，致力于学生有选择性地学习，从而为未来学习和就业打好基础。语文学习需要广泛的涉猎，选修课中的内容是教育专家经过精心挑选的文质兼美的优秀文章，是按照专题系列编排完成的。每个选修的系列内容丰富，知识连贯，一脉相承。如‘文化论著选读’是将中国古代儒、道、佛及其他重要思想流派的作品精心梳理编撰而成，在本书中你既能读到深奥玄妙的《道德经》，又能体会著名理学家朱熹先生早年提炼的‘读书法’，同时还可以走进近代国学大师王国维先生的《人间词话》，欣赏他对中国古典诗词独具特色的‘境界’解读。学习选修部分的内容时，我们除了像必修一样积累字词、积累优美片断，还应该建立系统的学习思维方法，及时梳理脉络，把握内容精髓，发现文章魅力与价值。”经过这一番介绍之后，同学们真正明白了选修学习的必要性，并且努力地投入到选修知识的学习中。

【名师点评】

以上这个案例充分说明同学们在高二起步阶段，对必修与选修的认识还比较模糊，尤其是从高考功利的角度去对待它。其实，我们学生慎重对待高考，认真提高成绩无可厚非，关键是要让学生明白语文课程设置的必要性，从而克服短期功利思想，从长远角度审视自己的学习行为。

四、高二学年课程紧张，如何让语文的知识积累更有价值呢？

【经典案例】

王小明同学凡事都喜欢动手积累，但是高二之后她遇到了新的麻烦，随着课程的逐渐深入，数理化的学习占去了她大多数时间，她已无暇像高一时那样从容地看，从容地写。每天上课灰头土脸，无精打采。我了解到原因之后，就把高二阶段积累知识的方法告诉她：“首先要放平心态，‘时间紧、任务重’是锻炼一个人综合素质最好的机会。学会平衡时间，抓大放小，抓主放次，不要患得患失。其次要坚持不懈地做好三项内容的积累。第一是让字词积累本厚起来。梳理必修 1 至必修 5 的字词句段，多进行形近字的比较，尤其关注多音字，如近义词：风姿、丰姿（美好的姿态）倩影（美丽的影子）风致（美的姿态）袅娜（柔美的样子）。第二是让写作素材本厚起来。素材本首先要按照内容分类，如自然、人生、社会；学习、成材、创新；爱情、亲情、友情；黑暗、腐败、打假。其次素材要有时代气息。每周买一份报纸，剪贴重点信息，并对此发表新闻评论。第三是让易错题积累本厚起来。把平日练习中易错的内容抄在本上，经常翻看，避免重复犯错。”王小明听后按此来做，不仅思路清晰，而且用极少的时间取得极大的效果，关键贵在坚持。

【名师点评】

以上案例告诉我们，如果我们把语文能力比作花朵果实，那么语文能力的成长则需要扎实的根，积累是滋养根部最好的方法。只要坚持在上述三方面做好储备，相信你也和王小明一样会成为一个生活的有心人。

五、高考语文中死记硬背的内容越来越少，学生懒得背诵该怎么办呢？

【经典案例】

班上现在有很多同学“懒得背诵”，原因很简单。面对堆积如山的背诵资料，他们也在计算着“成本”，不愿意把充足的精力赌在这微薄的“粮食”上。李玉同学尤其如此。有一次学完了苏洵的《六国论》，我布置的当日语文作业是背诵全文，他马上站起来问我：“老师，这个考吗?”“今天讲的知识你都掌握了吗”我反问道，他看着我愤愤地坐下了。回到办公室，心里想：孩子们之所以不愿意背诵，一方面是太过功利，另一方面是缺乏毅力。于是我针对同学们懒于背诵的现状，特意给大家准备了一节“特色语文课”，课上我列举了李白五岁诵六甲，十岁观百家、巴金十二岁背诵《古文观止》、茅盾能背诵《红楼梦》等大量古人成才的事例，充分论证了“背诵是成功的经验”这一观点。我告诫同学：

“诗文熟读背诵下来了，其中的字、词、句、篇，也记诵下来了，思想、认识、情感也记下来了，诸如标点符号、修辞手法、句间关系等等也都成了自己的东西。这些就成了语文的底子，也成了精神的底子，成了语文领悟的基础，联想的素材，比较的参照。”这次语文课结束之后，同学们大都能端正态度，认真背诵。有时候我会选定特殊时间特定篇目来考查学生背书的能力，大家各取适宜篇章，摇头晃脑，读得津津有味，很是可爱。

【名师点评】

以上案例说明，最笨的学习方法往往是最好的。我们要让孩子学会利用这个“笨”办法，抓住记忆力黄金时间多为自己储备一些“精神食粮”。当然贵在坚持，三天打鱼两天晒网会导致前功尽弃。记住《劝学》中的至理名言“积土成山，风雨兴焉，积水成渊，蛟龙生焉，积善成德，而神明自得，圣心备焉。故不积跬步，无以至千里，不积小流，无以成江海……锲而舍之，朽木不折；锲而不舍，金石可镂”。

六、课内文言文该怎么学，才能在考试中取得好成绩呢？

【经典案例】

王诗岭同学高二期中考试之后十分苦恼，原因是他已连续3次语文考试不及格了。拿到试卷后，他捶胸顿足，因为又是古文惹的祸。基本上古文10多分里能得3分就不错了。于是他希望我尽快帮他寻找原因，思考对策。我问他：“你有主动梳理知识的习惯吗？”他说：“有时候，但大多数时以买的参考书为参照。”我又问：“你经常做课外古文阅读题吗？”他摇头。于是，我直言不讳地指出了他的问题：“古文学习最好的方法是自己主动出击，面对陌生古文，先将参考书放在一边，自己尝试借助注释和工具书读懂文章，若有疑问，课上跟随老师讲解的步伐逐渐解决。而且课下要通过制作卡片等方式进行知识归类，这样你才能心知肚明。同时还要反复练习，达到熟能生巧的目的。”因为课外古文考查运用能力，课内古文则是为了培养语感，积累知识，想做好这个“迁移”，必备的程序就是练习。王诗岭坚持此法，效果果然良好，古文能力节节攀升。

【名师点评】

以上这个案例告诉我们，古文学习要“得法于课内，得益于课外”，平日里踏踏实实学习书本知识，坚持自我整理归纳，课下反复练习方可完成知识转化。方法正确了，能力自然有提升，分数当然也就更“漂亮”了，所以干着急没有意义，贵在寻法。

七、写一篇普通的议论文容易，可是如何才能写好呢?

【经典案例】

王想同学从小受家庭熏陶，酷爱古典诗词，尤其是李清照的作品，可以信手拈来，倒背如流，因此他的语文素养向来很好，写出的散文语言清丽，意蕴丰厚。但是步入高中阶段后，她陷入了极大的困惑。因为老师的批语中那句“此文更像散文”，让她对自己能否写好议论文大加怀疑。于是她努力学习议论文写作的章法，可是却一直不能得到满意的分数。针对王想同学的苦恼，我告诉她：“首先请你充满自信，语文学习固然有文体之分，但是就语文素养而言都是一致的，俗话说‘巧妇难为无米之炊’，你有米难道还担心做不成饭吗？其次要正确看待不同文体的差异，多比较，多体会。学习课本中的文章的遣词造句、谋篇布局等写作方法，反复模仿，反复修改。这样你自然会悟出其中之道。当然学会基本招式之后，还要提升素材的宽度、新颖度以及思考的深度。素材不能都是陈旧的老一套，开口闭口都是屈原、苏轼、司马迁等，要紧跟时代步伐，日益更新。同时试图从多角度思考问题，既赞时代之凯歌，又叹社会之浮躁；既聚焦李娜的力度、刘翔的速度、姚明的高度，又不忘王顺友20年邮递的坚守、赵世术13年的残体支撑。做到这些，就不光会把议论文学会，还能写好。”

【名师点评】

上面的案例中讲到了议论文的写作方法。纵观历年考题，考试内容出现三大“关注”：关注社会、关注人生、关注自然。这就要求学生既有敏锐的眼光、广博的知识，还要有深刻的思考，只停留在技术层面的训练方式必将被越来越“品味化”的语文考试所否定，因此，关注人本、体味人生、扩展知识面、形成个性多样的知识网络是学习语文必备的素质。

八、我们学理的学生重点靠数理化吃饭，难道还要花精力在语文上吗？

【经典案例】

班上有一个学生数理化成绩特别优秀，基本每次考试，无论试题难易，均远远高出年级平均线，让很多学生望尘莫及，被大家亲切称为“学王”。可是他却对文科有极大的偏见，认为文科的知识不足以体现一个人的聪明，甚至认为“同学之所以学文，就是因为脑子不够使”。前段时间，他因总名次一直在下滑陷入困境。眼看理想的清华物理系要和自己擦肩而过，他火急火燎地找到我，寻求帮助。我问他：“高考总分里，文科占据了多少分？”他说：“300 分。”我说：“不对，比这个要多得多。”他愣了。随后我给他讲了数学家苏步青坚持背《左传》提高古文素养，从而登上数学高峰的例子，并告诉他：“所有学科都是相通的，要想成为真正的‘理科王’，首先要重视文科的学习，尤其是语文。假如你连题目都读不明白，就算有再强的计算能力，结果也是南辕北辙。”这个同学突然明白了什么，转身离开，留下一句话：“看下一次。”后来据同学说，他每天强迫自己先做最不喜欢的语文，用很多的精力制作学习卡片，完成老师布置的写作任务。“功夫不负有心人”，最终他顺利地走进了自己理想的大学，2009 年他回到母校，在毕业生交流会上，动情地说：“请大家记住，全则胜，偏则废。”

【名师点评】

这个案例是关于理科生处理学科关系的一个话题。大多理科生重视数理化，轻视语文和外语，尤其是语文。事实上，就像农民种粮食，“付出与收获并行”，语文学习是需要长期积累，潜心钻研方可修成正果，只要每天坚持做一点，不仅对语文这一学科，而且对其他所有学科都会有大的帮助，因为它增长的是素养，而不仅仅是知识。

九、为什么学了半天，语文成绩仍然不见成效呢？

【经典案例】

班上曹玥同学痛感自己的语文成绩太差，决心在语文上多下功夫，青灯黄卷，暮鼓晨钟，甚至让家长拿出微薄的工资请了家教。他原以为只要自己努力，那么就一定会取得优异的成绩，结果期末考试时还不如没用功时考得好。他大失所望，伤心透顶，从此不愿再学语文。有一次上语文课他在做化学，我知道他已经放弃了努力。为了挽救这个孩子，我与他交流说：“因为语文伤透了心便不学语文，就大错特错了。你经过一段时间的努力，语文水平肯定有提高，只是没表现在试卷上。因为一次考试覆盖的范围实在太有限，你学的东西偏偏没碰上，这太正常了，所以有人认为考试有很大的偶然性和机遇性。语文成绩和水平的提高是个慢功，耕耘，下种，锄草，浇灌，阳光雨露，春风秋雨，共同作用、长期努力才有收获。吃下去的东西，需要分解消化，吸收组合，最后才能形成能力。”之后，我和他一起制订了学习规划，并督促他坚持。经过一个学期的努力，终于有了收获，在期末考试中，他的语文成绩有了显著提高。

【名师点评】

以上这个案例告诉我们学语文不能急功近利。有的同学上了高一，就想面向高考试卷，考什么就学什么。这样似乎有一时的收获，但到最后常常是强弩之末，缺少后劲。所以语文学习要耐住性子，着眼长远，小处着手，踏踏实实，坚持不懈。不计较一时一地的得失，功到自然成。

（田云）

第二节　数　学

一、我能行——喜欢数学才能学好数学

【经典案例】

一位中考状元在谈到自己的学习经验时，提到了对数学学习的看法：我十分喜爱数学，为什么呢？一、像陈省身说的，“数学好玩”。二、数学太有用了，可以说，生活中处处有数学。这话毫不夸张，因为数学就是从生活中提炼出来的艺术，只不过越来越抽象，越来越看似与生活不着边。其实这种抽象只能使作为解决问题的工具——数学更强大罢了。徐光启在译《几何原本》时说，“凡通此书者，无事不能通”，就是这个道理。我说这些是为了让大家明确学习数学的目的，最好还能对数学产生些兴趣。因为兴趣是最好的老师。像我，简直是痴迷！行走坐卧都带一本数学书，有空就看一两页，你说这样去学，成绩能太差吗？其实，兴趣不是天生的，谁都有机会去塑造。我的兴趣最早应追溯到小学四五年级，那时上奥数班，虽然常是似懂非懂，但我已被几个数字组成的有趣式子所吸引。上了中学，常常看数学家的小故事、数学学科的发展历史等轻松的材料，知道了笛卡尔怎样躺在床上，看着看着墙角爬动的蜘蛛就发明了直角坐标系；知道了祖冲之怎样把正方形割呀割就割成了一个圆，从而算出了π的近似值。这些东西，可能对于考试毫无帮助，甚至被认作浪费时间，“做两道题不是更好吗?”其实不然，正是这些与数学有关的历史和故事而不是课本让我产生了学习数学的

兴趣。它就像砍树之前先把斧头磨快一样值得去花费时间。如果你想真正学好数学，而不只是在考试之前熬夜背背公式将其敷衍过去，那么先培养兴趣吧！一个好的办法是广泛涉猎关于数学的书籍，不要一上来就局限在教科书里，那只是数学这座大厦的一块石砖，要想观赏数学之美，还得综观大厦全貌不是？

【名师点评】

伟大的科学家爱因斯坦说过："兴趣是最好的老师。"这就是说一个人一旦对某事物有了浓厚的兴趣，就会主动去求知、去探索、去实践，并在求知、探索、实践中产生愉快的情绪和体验，所以古今中外的教育家无不重视兴趣在智力开发中的作用。数学学习同样如此，孩子只有喜欢上数学，才能更好地去学习数学。因此，无论老师、家长都应首先注重培养孩子对数学的兴趣。培养数学兴趣比较好的方法可以是关注数学与实际生活的联系、阅读有关数学和数学家的书籍、独立思考问题、与同学交流讨论问题等，在此过程中也许有的同学会遇到一些问题，但我们一定要坚信这只是暂时的，只要我们坚持按着老师的要求去做，每个孩子都能学好数学！

二、高效课堂——会听、会记、会思考、会提问

【经典案例】

小 A 和小 B 是小学同学，其父母都很重视孩子的教育问题，虽然方式不同，但在小学时两人成绩都不错，两人升到同一所初中，又分到同一个班。在目前的社会大环境下，课外辅导班漫天飞舞，几乎每个家长都会给自己的孩子报上一大堆课外班，唯恐有一点点缺漏。小 A 的父母为了让小 A 做好小学到初中的衔接，让小 A 更好更早地适应初中的学习，在初一开学前的那个暑假就给小 A 报了课外班，提前学习了初一第一学期的知识。小 B 的父母对这种教育方式不认同，他们在暑假没有给孩子报任何一个课外班，只是引导孩子阅读了一些中学学习方法

的书籍。

初中的学习生活开始了，小 A 同学感觉学习很轻松，课上老师讲的早有耳闻，因此课堂也偶有分神现象，老师在引导同学经历和感受知识的形成过程时，小 A 同学早已知道了结论；与此同时，小 B 同学在父母的鼓励之下一直紧跟老师的步伐，认认真真地上好每一节课，尤其是课堂上全神贯注的状态给老师留下了深刻的印象。不知不觉半个学期结束了，期中考试中，小 B 同学获得了全班第一的好成绩，而小 A 同学的成绩并没有想象中的那样好。

【名师点评】

高效的课堂是学好数学的首要保证。初中数学课堂相比较小学数学课堂来讲，容量要大很多，几乎每天都要学习新的知识，反复练习的机会少了很多。因此，把握住课堂，才能把握住数学学习，才能实现事半功倍的效果。那么如何达到高效的课堂呢？我认为主要要做到“四会”，即会听、会记、会思考、会提问。

所谓会听，就是思维深度参与的听，参与到数学概念的形成过程中来，参与到理解概念的过程中来。在老师讲例题时，要听此类问题如何去思考，思路是怎么想出来的，题目的突破口在哪里？如何突破？数学程度好的同学可以不预习，课堂上跟着老师创设的情境、提出的问题，积极思考、积极回答问题，有不同观点可以提出来与老师和同学交流，与师生形成良好的互动；程度不太好的同学可以在上课前预习本节课要讲的内容，这就意味着在你认真投入学习之前，已经把要学习的内容快速浏览了一遍，了解了学习的大致内容及结构，课堂上再听老师讲解，效果将更好一些。

所谓会记，主要指能科学高效地记笔记。笔记该记哪些内容？什么时候记？听和记发生矛盾时怎么办？我认为数学笔记应记如下内容：1. 本节课的提纲。记提纲可以帮助学生把知识条理化、系统化，明晰本节课研究了哪些问题。2. 对于概念的解读。数学概念是数学之本，因此，理解概念、学会用概念揭示数学问题是我们必须培养的数学素养。3. 重要的思想方法。经常会看到很多同学在老师讲例题时记答案，实际上该记的应该是解题方法、思路或是数学思想方法，尤其是老师的点评。第二，笔记该什么时候记？听和记发生矛盾时怎么办？上课应以听为主，在听的过程中若有重要的点顺手记下来，往往此时老师也会放慢语速或重复多遍以示重点，这时同学们应抓紧记下来。当然也常常会听到有的学生抱怨“上课只顾记笔记了，没听见老师讲的”，这种情况其实很简单，听和记发生矛盾时一定以听为主，笔记可以课下整理。

所谓会思考、会提问，即指在课堂上同学们一定要让自己的思维参与到课堂学习中来。学好数学关键在于会思考。课上老师提出的问题要积极思考，并积极回答问题，与老师交流，有不同的见解可以提出来与老师交流、与同学交流。

三、课堂延续——会复习、会写作业、会总结、会反思

【经典案例】

“李老师，您好！我们家孩子小学数学挺好的，在班里每天都受到老师的表扬，写作业也很快，基本上在学校就完成了，从来不让父母着急。可上初中后不知道出什么问题了，成绩总上不去?”小 C 同学的父母心急如焚，找到小 C 的数学老师来取经。

李老师说：“别急。从课堂上来讲，孩子听课还比较认真，您能讲讲他每天晚上在家是如何安排学习的吗?”

小 C 的父母说：“孩子每天在学校基本上中午就可以赶完数学作业，晚上放学回来一进门就写作业，能比较快地完成其他作业！然后就没事了。”

李老师听完后基本明白其中的大致情况了，每年初一新生中都有一大部分同学存在这样的问题。小学时，由于年龄特点等等原因，无论是老师还是家长都会告诉孩子们：“赶快把作业写完了，你就可以出去玩了。”因此，大多数同学基本都遵循着回家赶作业，赶完作业就完事大吉的状态。而这种学习状态恰恰是被动的、不积极的，是不适应初中学习的。

李老师说：“别急，您讲的孩子的大致状况在很多孩子身上都存在，最主要

的原因还是在于孩子没有适应初中的学习，用小学的学习方法学习初中数学，所以效果总不是很好。初中数学学习与小学数学学习有很大的区别，相比较初中数学而言，小学数学内容较少，时间比较充裕，学生们可以在老师细心、耐心的指导下一遍遍复习巩固，掌握知识。初中数学需要记忆的知识少了，需要理解的知识多了；重复的机会少了，深入思考的机会多了。因此，孩子的学习方法就需要调整。除了抓好课堂之外，课后也很重要。我建议小C同学尝试一下这样的学习方法，应该可以奏效。想要学好数学，首先应该对每天的学习时间和内容有个规划，根据自己的情况决定数学每天大约多长的时间、这段时间怎么安排。大致应该包括这些环节：回家先复习当天所学的知识，已经会的知识条理化、系统化；课上还有一点欠缺的知识，重新思考，加以理解；对易错的或较难的题做好备注，反思；然后，再开始写作业。另外，写完作业如果时间比较充裕的话可以预习明天讲的内容或是看看课外书，绝不能为了完成作业而完成作业！此外，每周应该对一周所学的知识有个阶段复习，这样更将有利于知识的掌握和系统化。”

之后，老师和小C的父母都将此问题和小C同学做了交流，并帮助小C同学养成了良好的写作业习惯和复习习惯。在之后的学习中，小C同学的成绩稳步提高。如今小C同学已经上高三了，家长和老师对小C的学习没有过多的监督，但小C的成绩一直都很优异。小C每每见到他的初中老师都非常感激，当年老师帮他养成的良好学习习惯令他受益终生！

【名师点评】

的确如此，初中数学相对于小学数学而言，更突出了思维的含金量、能力的培养。小学数学内容较少，时间比较充裕，学生们可以在老师细心、耐心的带领中一遍遍复习巩固，掌握知识。而初中数学需要记忆的知识少了，需要理解的知识多了，重复的机会少了，深入思考的机会多了。因此应调整学习方法，尤其是课后的时间是课堂的延续，对学生的学习相当重要！这段时间与小学的区别也最大！简而言之，要做到“四会”：会复习、会写作业、会总结、会反思。回家要先复习再写作业。在复习时要做到整理、总结、反思、提高。整理就是要梳理当天所学知识，对概念定理深入理解，将所讲知识系统化、网络化；总结、反思、提高是指对典型例题要反复思考，不要满足于记忆解答，要体会每一步的“动机”，归纳解决问题的入口和关键步骤，思考有没有其他解法，各种解法之间有什么联系，尝试着改变条件和结论，探索一类题的解法。这样才能真正地学会思考，才能提高分析问题和解决问题的能力，在数学的知识海洋中自由遨游。

（左丽华）

四、“听懂了”为什么还不会做题

【经典案例】

高一开学已经一个多月了，大多数学生似乎已经适应了高中数学的学习。但面对高中课堂与初中课堂的不同，仍有很多同学感到无法接受高中数学课堂的大容量、快节奏。

一天，孔芳芳同学放学后主动找到教数学的王老师，诉说她一直以来的烦恼：“老师，为什么上课我感觉听得很明白，但一做作业就什么都不会了?”她一边说着，一边拿出上课的笔记本给王老师看。“老师，您看我的笔记，我上课的时候始终在听您讲题，而且我把您上课讲的题目都记下来了。”王老师接过她的笔记本认真地看起来。果然，她的笔记做得很认真而且很完整，几乎记下了王老师上课所讲的每一句话，但王老师看过她的笔记后却连连摇头，并问孔芳芳：“你上课的时候是把我讲的东西都记在笔记本上了，还是都记在脑子里了?”孔芳芳被王老师的话问住了，不知道该怎么回答。

看到孔芳芳一脸的困惑，王老师开始耐心地帮她分析她听讲中的问题。在听讲时，要关注老师对每一道题的分析，一道题为什么要这样做，怎么想到要这样做的，在做的过程中有哪些问题是要特别注意的。还有，在听讲与记笔记两者不能兼顾时，要先听老师所讲的问题，课下再去完善自己的笔记。

听了王老师的话，孔芳芳觉得很有道理，她开始尝试按照王老师的要求去听讲。上课的时候，她没有了原来手忙脚乱的感觉，慢慢学会了一种新的上课的方式，把上课的精力重点放在听上，这样大脑始终跟着老师的思路，虽然这样做的结果是笔记没有原来记得那么完整了，但她感觉课下做作业的时候好像比原来轻松了很多。经过一段时间的努力，她的数学成绩终于有了提高，用她自己的话说“学数学，我终于找到感觉了”。

【名师点评】

孔芳芳的问题在高一学生身上是一个普遍存在的问题。由于初中数学内容相对来说容量少而且简单，初中教师重视直观、形象、小步教学，教师每讲完一个知识点或一道例题后，会布置相应的练习，对重难点内容有较充足的时间进行反复强调与巩固。因此很多学生认为只要记好笔记，不会的题目对着笔记上的例题照葫芦画瓢就能做出来了。但高中课堂容量大，教师在授课时进度快重复少，强调数学思维和方法，注重灵活性、多样性和逻辑性，不是面面俱到，讲究举一反三，不少学生上课听得懂，但做作业有困难、考试分数低。因而这就要求学生重新开始学会听讲，充分利用好课堂 45 分钟的时间，学会上课时眼、耳、手、口并用，专心听讲、积极思考、简要笔记、认真练习、主动参与。

五、他是一个“答疑王”

【经典案例】

金铭同学是一个学习成绩很优秀的同学，他的各科成绩在班中都名列前茅，尤其是他的数学成绩更是突出。在期中考试总结的时候，班里特意安排他为同学说说他学习数学的心得。

为了让大多数同学都能有所收获，这次交流学习心得是以“一问一答”的形式进行的。一位同学问：“班里有很多同学学习都很认真，但成绩并不理想，你有什么话对这些同学说说吗?”金铭说：“我觉得学习认真只是一个方面，重要的是要学会学习，尤其像数学这样的理科科目，一定要弄清楚其中的道理。”

又有一位同学问：“你每天中午都很忙碌，你在忙什么呢?”金铭说：“其实我觉得这是我学习成绩好的一个秘密，今天就无偿与大家分享了。每天中午我都去办公室找老师问问题，我觉得通过问问题，既能解决我知识上的疑惑，同时也能让我和老师更加熟悉，这样听课的时候就会感觉更加亲切，听课的效果就会更好。”同学们听到这都笑了，有个同学开玩笑地说：“金铭啊，你是找老师套近乎去了。”金铭赶紧解释道：“主要是问问题。”看到金铭紧张的样子，大家笑得更开心了。

接着又有一位同学问：“你每天中午都去问问题，你哪来的那么多问题呀?我怎么就没有问题问呀?”金铭回答说：“我有一个改错本专门记录平时在课堂上或者在作业中自己不会的问题，每周二的中午我就去找数学老师问问题，如果中午不能问完所有我要解决的问题，我就和老师再约时间问。”听了金铭的回答，大家都赞同地点了点头。

“你是一有问题就问老师吗?”又有一个同学问道。“不是的。”金铭马上接过话来，“大多数时候我会先和同学讨论，如果大家都没有办法的时候，我就会去找老师问。我觉得如果一遇到问题马上就去找老师，可能会养成依赖老师的坏习惯，而且不经过反复琢磨的问题就去问老师，可能当时听老师讲感觉自己都明白了，但很快就会忘了做题的思路。”听着金铭同学的讲述，大家不禁感叹道：“你怎么有那么多心得啊?”金铭嘿嘿一笑说：“我也是走过很多弯路的哟。”

这次期中总结会开得很成功，每个同学都感到有很大的收获。自从这次会后，同学们还给金铭同学起了个名字，叫“答疑王”。

【名师点评】

金铭的故事其实就发生在你的身边，但很多同学却没有注意到。进入高中以后，有很多同学都遇到了这样一个苦恼：每天很认真地学习，但成绩却总是不尽如人意。问题到底出在什么地方呢？金铭的回答应该可以给很多同学答案了。面对高中繁重的学习，大多数同学只关注自己是否完成了老师的任务，而忽视了将平时课堂上、作业中、试卷里的问题进行整理，并及时找老师答疑。其实听讲——做作业——改错，这是高中学习重要的三个环节。而改错这个环节，也就是找老师答疑并将问题改正，是帮助学生真正学懂知识的重中之重。老师们常说："不改错，会的问题还会，不会的问题仍然不会。""做再多的题目不如将一类题目真正弄懂。"总之，将课本中的知识真正内化为自己的知识才是关键。

（王静园）

第三节　英　语

一、给初学者的小建议

【经典案例】

刚入初中时，W在前几个单元英语测试中只得到了及格的成绩。而在第一学期结束时，他的英语成绩竟达到90分左右。短短一个学期，他就取得了如此大的进步，而这个可喜的转变是从跟老师谈话开始的。

W刚刚进入初一学习时，很不适应。老师在英语课上大部分时间说英语，他听不懂老师的意思。当他还在思索老师上句话是什么意思时，他发现老师又在讲新的内容；老师课上讲的内容和要求跟小学有很大的不同。小学时，老师只要求学生记住单词的拼写，并知道意思就行。可是现在的内容增加了很多：要记的单词多了，单词难度加大了；还要记住句子和短文。以前，他按照单词的字母顺序死记硬背还能应付，现在是不行了。针对W的困惑，老师告诉他，开始时不能全部听懂老师的话，不用紧张，尽量听就行。英语课堂用语就那么几句，多听几遍就熟悉了。同时要注意观察老师的手势、眼神以及同学们的反应，就能猜出大概的意思。另外，要课前预习，课上认真听讲并勤做笔记，课后及时回顾。背单词时，最好一边读一边写。因为英语是拼音文字，根据读音在很大程度上能拼出单词。把单词放在句子中记忆既能更好地掌握单词，又能熟悉句型，这是个不错的方法。

通过和老师的交流，W 找到了自己努力和改进的方向，他上课听讲更积极了，认真做笔记。每天回到家里，他复习老师课上讲的内容，背写出老师上课讲的句型和单词，有时候还请妈妈帮他听写单词。另外，他还认真预习第二天要讲的内容，跟着录音或者请妈妈帮忙认读新单词和句子。通过努力和坚持，他的英语成绩稳步提高，他对英语更感兴趣了。后来，随着英语知识的增加，老师给同学们推荐了课外简易英文读物。W 每天坚持读一到两页，还把特别有意思的段落背诵了下来，他现在还给外教讲英语故事呢。

【名师点评】

从以上的例子可以看出，学习英语方法正确很重要，但没有捷径可言，靠的是勤奋二字。在学习中遇见“拦路虎”时，一定要相信自己，只要找到正确的方法，一定能克服困难并且能够学好。找到了正确的方法，并不能一劳永逸地解决难题。学习英语没有捷径。关键在于善于学习，不断总结，坚持不懈，精益求精，要努力练习听、说、读、写的基本功，这对英语初学者尤为重要。

二、学英语巧用“顺口溜”

【经典案例】

齐齐学习英语非常勤奋，每天都花很多时间去背单词和课文，但是成绩总是徘徊不前。在结束了初一的学习之后，他感到似乎有什么东西阻碍着他的英语学习，但又不知道症结在哪里。带着这种困惑，他找到了英语老师 W。

“老师，为什么我那么用功，可英语成绩总是六七十分呢?”

“每次百词竞赛你都名列前茅，可见问题不在词汇上。那么你会经常总结归纳英语知识点吗? 或者对每一个单元的内容进行整体上的把握和回顾吗?”

“这……还真没这习惯。老师，您有什么好方法吗? 怎么总结归纳呀?”

“总结英语知识点，可以用‘顺口溜’的形式。比如：动词为纲滚雪球，难易编组抓循环；同类归纳印象深，图示介词最直观；混淆多因形音义，反义词语成对念；构词方法不可忘，习惯用语集中练；词不离句法最好，课外阅读莫间断。”

“哎，这个办法真好。您能不能再举个例子？”

“好。你听听这个。英语分数巧记：英语分数不费事，‘母序子基’四个字；分子若是大于一，分母还须加s。你来解释一下这是什么意思？”

“分母用序数词，分子用基数词；如果分子是1，分母就用单数形式；如果分子大于1，分母就用复数形式。对吗，老师？”

W老师赞许地点点头。其实，好多知识点都可以用顺口溜的方式来总结，只要理解了就不会用错。同时它还可以把零散的东西归整在一起记。比如，一些动词后只接不定式作宾语，就可以用这个顺口溜：动词后，不定式，want，hope和wish；agree，decide，mean，manage，promise；expect，pretend，且说两位算在此；要记牢，要记住，掌握它们靠自己。

除了利用已经成型的顺口溜，学生还可以自己试着编，只要能帮助理解和记忆就行。当然了，如果能和同学互相切磋，互相比赛，看谁编的更琅琅上口、更好记，就能更有效地提高学习兴趣和学习能力了！

“我知道了，老师。谢谢您！”齐齐高兴地走了。

【名师点评】

分析：英语中的知识点是相当零散的，不会适时整理归纳的学生往往要吃大亏；而用“顺口溜”的形式把知识点进行分门别类的总结，是一种巧上加巧的办法。它既能很好地帮助学生理解所学内容，又能锻炼学生的思维能力，如果自己编还能促进语文的学习，真是一举多得。巧用“顺口溜”这种形式，把所学内容进行高度的提炼、整合，提纲挈领地串起知识点，依据的核心思想还是归纳总结，最终提高的是英语学习的综合能力。不进行归纳总结，学得再多还是散乱，综合运用能力很难提高，成绩也就可想而知了。

三、阅读提升诀窍

【经典案例】

在初三英语学习中，阅读能力的高低起着重要的作用。如何培养阅读策略，使学生达到事半功倍的效果，是解决问题的关键。

初三英语一模考试终于结束了，小小长长地舒了一口气，他自己感觉这次英语考得还不错。周末，他好好地放松了一下。周一第一节是英语课，英语老师Tina还没进教室，就被同学们堵在了门口问成绩，Tina把试卷交给了课代表让她发下去。上课铃声响了，同学们还在不停地互相谈论着成绩。Tina一句话也没有说，默默地看着同学们。突然，教室一下安静了下来，大家目光全部落在了小小的身上，她哭了。Tina走到了她的身边安慰了她两句，告诉她成绩已是过去的事，找到问题所在，并予以改正和提高才是关键，何况这还不是真正的中考，还来得及。Tina告诉小小中午12点半她会准时在办公室等她。

12点半，小小敲了敲英语老师办公室的门，Tina让她进来。她的情绪还是很不好，一脸的郁闷。

"小小，你这次考试哪项扣分最多？"Tina问小小。

"阅读理解共26分，我才得了14分，被扣掉了12分。"小小说道。

"你把你的英语试卷打开，咱们俩分析一下存在的问题，好吗？"Tina诚恳地问道。小小点了点头。Tina看了一下小小的试卷，发现她在阅读中，所有考查事实细节方面的题都做得很好，问题主要出在推理判断和主旨大意题上。Tina耐心地帮助小小分析了试卷中存在的问题，并给她提出了指导性的建议。Tina告诉小小，在做这两类题时，不能只看懂字面意思，要读懂作者真正要表达的意思。当做推理判断隐含意义的题时，首先初读，要正确地判断出文章的体裁，然后把握文章的全局，认真分析篇章结构，再从头至尾梳理文章，关注细节描述，准确把握选项内容，最后做出正确的判断。接着告诉她，当她在完成推测词义的题时，要抓住上下文的有关事实细节，充分利用文章中的平行结构的同义词及反义词进行推测判断。最后她告诉小小，当她在做归纳语篇主旨要义的题时，一定要注意篇章结构，在选择标题的时候，先锁定中心词，尤其是中心名词。再比较这个名词的修饰语，看看修饰词是否合适、恰当地表达出了中心意思。关键是要把握首尾段，尤其是结尾。Tina 要求小小在以后的阅读中不断实践，真正达到内化。小小按照 Tina 的建议训练了一个月，在英语二模考试中，小小取得了理想的成绩。

【名师点评】

小小在英语阅读中出现的问题，也是其他一些初三学生在阅读中经常遇到的问题，能否把握中考英语阅读理解题所要求的 6 种阅读微技能，是决定中考成败的关键。这 6 种阅读微技能，在考试中基本覆盖，它们分别是：细节理解、分析归纳、主旨要义、推测词义、推理判断、意图观点。所以在初三英语学习过程中，正确、灵活掌握和运用这 6 种阅读微技能是至关重要的。

（李玉华　王淑芬　李培红　李军华）

四、出国和高考可以兼顾吗？

【经典案例】

近些年来，中学生出国留学的人数越来越多。要想进入国外大学学习，英语是敲门砖，于是，TOFEL（托福）、IELTS（雅思）、SAT 等各种培训班应运而生，能够通过这些考试对于能否进入国外大学学习至关重要。但是，这些考试与中国高考英语考试考纲并不挂钩，学校并不开设这些课程，所以想要出国的学生必须花费大量的时间和精力去上新东方等培训学校的培训班。

Y 就是其中的一员。他从小挺爱学英语的，妈妈抓得也很紧，所以他英语成绩一直处于中上等。升入高中后，各科学习容量加大，难度加深，一个学期下来，Y

有些吃不消了。听在美国学习的表哥说，美国高中才是真正的素质教育，不需要参加高考就可以上大学。于是他想，自己的英语成绩一直不错，干脆出国吧！他的想法得到了爸爸妈妈的支持。很快，Y也成为了新东方SAT培训班中的一员。

经过一段时间的学习，Y感到很疲惫。他不想放弃学校学习，为了考上这所市重点，他可是付出了很大的努力啊！而且，上届有一个学姐不仅考取了美国大学的奖学金，还同时被清华大学录取。他也想像她一样两头兼顾，争取多一种选择的机会。于是，他坚持到学校上课，尽量学好数理化三科，并且争取到了不上英语课的学校特批。但是期末的时候，他各科的考试成绩都不理想，尤其是他一向有信心的英语，竟然进入了倒数行列。他非常郁闷，想不明白为什么在英语上下了这么大的功夫却没有收效呢？所幸上届学姐的L老师正好教自己，Y决定和老师谈谈。

经过L老师的分析，Y才明白，虽然他一直很努力地在学SAT，背了大量单词，但是这些单词与高考考纲要求的单词根本就不是一回事，而且现在是模块考试，考查就更有针对性，完型、阅读、写作都和单元话题密切相关。他一直没有上英语课，等于根本没有学过模块知识，怎么可能考得好呢？L老师安慰他说，一个人的精力有限，个体差异也非常大，像上届学姐那样优秀的学生每年北京也出不了几个，就他而言，最好量力而为，要么一门心思奔着出国的目标努力，要么就安心准备高考。同时，L老师还说，学习SAT在短时间内对于学校英语的学习似乎帮助不大，但是从长远的角度来看，一定是有促进作用的，尤其是在完型和阅读能力的提升方面。

听了L老师的一番话，Y明白了许多。现在已经进入高二下学期了，Y决定好好想一想，到底自己要选择那条路。

【名师点评】

上面的故事真实地反映了目前的一个现象：中学生出国热。许多家长和学生由于担心办不下来出国留学的手续，所以选择两头都抓，一面坚持学校学习，一面在外面上培训班。孩子的精力是有限的，为了应付培训班的英语课程，许多学生在学校上课时都昏昏欲睡，不能按时完成作业，各科考试成绩都明显下滑。如果说，因为学英语耽误了其他科目的学习而导致成绩下降还说得过去的话，那么为什么大多数学生的英语成绩不仅没提升反而也在下降呢？故事中L老师回答了这一问题。希望正在准备或打算出国留学的同学们，一定要想好自己最想要的是什么，出国还是参加高考？选定了方向后再行动，如果精力不够就不要两头兼顾，避免最后竹篮打水一场空！

五、英语学习前学后忘怎么办？

【经典案例】

R是公认的理科小王子，每次大考，他数理化三科总分都是年级第一。因此，老师们都把他作为种子选手培养，同学们也都喜欢向他请教问题。但是，R也有苦恼的事情，那就是他的英语成绩总是不让人满意。他是一个非常聪慧的孩子，记忆力特别好，要不怎么可能当上理科小王子呢？可是，令他困惑的是，他背单词快，忘得也快；上课时听老师讲课，他觉得自己都能听懂，可是考试时总有些题拿不定主意，而且最后一定是选那个错的答案！现在已经是高二了，他怎样做才能解决英语前学后忘的问题呢？还好，班主任L老师就是英语老师，带出了许多优秀的毕业生，他决定好好向老师请教一下。

第二天，他找到了L老师，诉说了自己的苦恼。L老师的一番话让他茅塞顿开。老师说等他来主动找自己已经等了好久了，她早就发现他在英语学习方面存在很大的问题，虽然提示过他，但似乎都没起到作用。R想了想，好像是老师跟他谈过几次，但自己被理科成绩冲晕了头脑，好像都没听进去老师到底说了什么！他不好意思地低下了头。L老师接着问了他几个问题：是不是觉得单词背下来了就再也不看了？是不是经常大声朗读课文？晚上看不看课堂笔记？考试后有没有及时整理错题？是不是经常复习笔记和错题本？有没有每天坚持做完型和阅读？

面对L老师提出的问题，R似乎明白了。原来，他平时不怎么背单词，全靠着单词测验前临时抱佛脚。脑瓜聪明嘛，几分钟就能搞定！但是这种短期记忆的效果不能持久，何况他从不巩固单词，难怪做题时总有模棱两可、不确定意思的词句出现，原来单词根本没有背到位！他也从不念课文，认为那是女生爱干的事，因此错失了在语境中复习和巩固单词的机会。关于课堂笔记嘛，他本来课上就很少记笔记，都听懂了还记什么？晚上就更是不看了。错题整理也从来没有做过，老师讲评时都完全听懂了，而且整理一道英语题要写好多字，真的很麻烦！所以啊，错题本没有，平时也从来不复习笔记和错题本，每次考试前就是看看单词就上考场了，怪不得那么多看着熟悉却一做就错的题，原来就是以前错过的题，由于没有及时整理和巩固所以又错了！另外，虽然L老师建议他们每天都要坚持做完形和阅读，但是他基本上没能坚持，因为做完形和阅读哪有攻克一道理科大题的成就感啊！他宁愿找些理科难题来挑战自己，也不愿意去盯着那些蝌蚪文看。平时做题不够，考试时自然就难以保证准确率和速度了！

找到了症结所在，R决定要“改过自新”。他针对上述问题给自己制订了严格的英语学期计划并严格执行。经过一段时间的坚持，他的英语成绩有了明显的提升。在第二年高考时他英语考了133分，如愿以偿地考上了北京大学。

【名师点评】

上面故事中R遇到的困惑是许多同学都感同身受的。英语作为一门外国语言缺乏语言环境供我们巩固和练习，因此许多同学都觉得自己在英语学习中前学后忘。针对英语学习的特殊性，L老师提出了许多好的建议：如单词背诵要经常巩固，最好通过读课文或原版读物提升自己的词汇量；经常复习笔记和及时整理错题也很重要，这些宝贵的资料要经常看，不能整理完了就放在一边；每天坚持做一些阅读和完形是必要的，平时做题要文理兼顾，不能只学自己喜爱的科目，这样容易造成偏科现象。希望R的经历能给同学们一些提示，解决自己“前学后忘”的问题。

（李军华）

第四节　物　理

一、一个物理“犀利哥”的传奇

【经典案例】

明天就要高考了，“犀利哥”来到贾老师的办公室感谢师恩，他没有任何压力，因为他已经拿到了北大给他的自主招生的60分的加分。其实贾老师只是在初中教过他两年，他是贾老师的课代表。

初二刚学习物理没有几节课，大多数孩子还在“自卑”地努力使自己适应物理的学习，而他则提出了这样一个问题：“影响蒸发的快慢的因素应该有四个吧？它们是液体的温度、表面积大小、液面上方空气流动速度，这是书上讲的；我认为还应该有液体的种类，比如酒精就比水蒸发得快。”对于这个露着两个小虎牙的小男生，贾老师露出了赞许的微笑。是的，我们的教科书只提到前三个因素，而他就敢于提出第四个，于是同学们给他起了绰号——“犀利哥”。

初二寒假刚过，“犀利哥”来找贾老师探讨一个物理问题。在实验室里“犀利哥”给贾老师做了一个实验，提出了自己的一个想法。看完实验，听完孩子的阐述，老师说他错了，他问贾老师为什么，贾老师告诉他：“违背了牛顿第一定律。”但是“犀利哥”当时并没有学习过牛顿第一定律，所以他想不通，经过跟老师反复争论，最后，他拍着桌子说：“我这个理论是对的，我就不相信牛顿第一定律，我这个就是陈氏定律（‘犀利哥’姓陈）!”这时，贾老师没有着急也没有觉得可笑，而是很真诚地看着他的眼睛说：“我很期待‘陈氏定律’的诞生。”“犀利哥”懵懵懂懂地走了，贾老师对着他的背影欣赏了很久。以后，贾老师经常在其他老师、同学面前夸耀“犀利哥”，夸他是如何地具有追求真理的精神，如何的自负，这些话传到了“犀利哥”的耳朵里，他更加对物理有了执着的热情。

暑假作业，许多孩子写了小论文，“犀利哥”没有写，问他为什么，他说自己的语文太差了。贾老师没有批评他，只是建议：“必须学好语文，否则学不好物理，不会写论文，你看你是不是经常表达不清楚自己的思想?”两个月后，语文老师向贾老师“抱怨”：“我这半个学期，被你的物理文章折磨死了，这个‘犀利哥’，一宿一宿地写物理日记，还要我给他判，我批阅起来昏天黑地的，不过这小子越来越有进步了。”

又有一天，“犀利哥”拎着一个矿泉水瓶来了，往贾老师面前一摔，让她观察矿泉水瓶弹跳的高度与装水多少的关系。这一次，贾老师是真的不敢确定地认为自己的解释是对的。不久，他跑来告诉贾老师确切的答案，问他怎么得来的，他告诉贾老师是他的妈妈告诉他的，原来，他妈妈是清华物理系的教授。

于是，借一次家长会的机会，贾老师跟他妈妈深聊，才知道，孩子的“陈氏定律”、半夜写物理日记，她事先都知道，但是她没有干预，只是配合老师引导孩子，保护孩子的积极性，给他足够自由的空间，自己安排学习，哪怕晚上熬夜。她也从不利用自己的学科专业优势拔苗助长，超前地给孩子讲解“牛顿第一定律”，不要让孩子觉得在妈妈面前，孩子不敢想，在孩子需要帮助的时候再出手也不迟。

【名师点评】

案例点评：“犀利哥”初中阶段培养了对物理浓厚的兴趣、极强的自信，敢想敢做，很有创意，所以他获得自主招生的高分加分，是必然的。在教学中，孩子敢于挑战权威，我们是肯定他的新发现、赞赏他，还是盲目跟从教科书？我们是棒杀他的荒谬还是允许他自我纠正呢？如果孩子没有完成作业，我们是一味地批评还是给出实在的建议？在生活中，许多家长具有很高的学识，那么，我们应该怎样帮助孩子呢？孩子愿意找老师问，愿意自己用目前所具有的知识解决，哪怕错了，哪怕走弯路了，那是孩子思维和认知发展所需要的，老师和家长不要干预，不要剥夺孩子自己解决问题的能动性和应用知识的能力，经过实践，孩子自然就会有新的需求，新的修正。

二、没有生活就没有物理

【经典案例】

六月的北京，骄阳炙烤着大地，每个人都心急火燎的，尤其是马上就要参加中考的孩子们，更糟糕的是如果在一模考试中物理只得了44分，那么这个孩子以及他的家长的心情就可想而知了。应朋友之托，甄老师必须在半个月的时间内帮助孩子把物理成绩提高到家长的期望值。

初次见面，孩子很淑女、很纯真。当她把她的一模试卷给甄老师看时，有两道题引起了甄老师的注意：极其简单的第3题和第8题她都没有拿分。老师让她按逐个选项讲明她的看法。其中，3题的B选项是：热水瓶的瓶塞有时很难拔出，说明分子间有引力；8题的B选项是：打开盖子的热水瓶口处会出现“白气”，这是瓶内水蒸气的液化现象；8题的A选项是：文艺演出时舞台上经常施放“白气”，这是干冰在常温下的升华现象。对于两个B选项，都涉及了热水瓶，考查的内容很简单，属于白送分，但是这个女孩都不明白，说起来磕磕巴巴。她很认真地告诉老师说她没有见过热水瓶，而且她长这么大没进过厨房。但是对于8题的A选项，她却说得头头是道，眉飞色舞，可是这个选项其实比前两个选项要复杂且有难度。原来，她的妈妈经常带她去看演唱会。

别人都会的她不会，别人不会的她却会，原来，她的家庭很富有，她从小受宠，父母真的没有让她干过活，但是父母让她看演唱会，因此她不懂热水瓶但是明白舞台上的烟雾。看来不是孩子笨，而是看她平时接触的是什么、对什么熟悉。

由此甄老师断定，凡是涉及生活常识的题目，她可能都会有问题，果然不出所料，她不会估测常见物体的长度（比如粉笔的长度）、质量（比如一包方便面的质量）。

当甄老师看到她试卷上的最基本最简单的实验题不是叉子就是空白，进一步推断她的动手能力不强，老师问她做过实验吗？她说大多数都是搭档做，问她为什么，她说她怕点酒精灯、不会拧螺丝……

女孩的爸爸妈妈都是北大的高材生，按说孩子应该冰雪聪明，但是为什么考试中的简单题却丢分比比皆是，因为这些简单题考查的是生活常识，因为简单题考查的是基本实验，这些她很缺乏，她不会。

接下来的半个月时间里，甄老师经常带她观察、回忆生活中的现象，恶补生活常识，带她做课本上的实验，尽可能地让她多动手，让她理解了什么叫控制变量、转换、替代……

经过努力，孩子在中考的时候考了 68 分，孩子很高兴，她说她打算学习文科了。但是父亲却怎么也高兴不起来，他不理解家里的条件这么好，孩子想要什么就给什么，为什么她就学习不好，不喜欢学习。

【名师点评】

突然觉得孩子被宠得“蠢”了，因为她离生活太远了。她的生活常识太少，她的动手能力太弱，因此她的物理与众不同，她的物理没有与生活紧密联系，她学习物理全靠死记硬背。她实际上很痛苦，她因为学不会物理也渐渐失去了对物理的信心，因此对物理也就没有了兴趣，所以她决定学文。新课标要求物理要从生活中来，因此，北京的中考一定会跟生活紧密联系，生活常识和基本实验技能是必考的，同时也是孩子学习物理的基础。作为家长，我们一定要让孩子学会在生活中观察、思考，会将生活与物理主动进行联系，这样孩子世界中的物理才是活的，他才有可能对物理感兴趣，才有可能攻克物理的难题，才有可能取得好成绩。

（贾素珍）

三、多做难题就能保证高分吗？

【经典案例】

高原是实验班的学生，但平时对物理兴趣一般，谈不上非常喜欢，但也不排斥，他的理想是成为一名资本市场的投资人，但要考进国内好一点儿的大学，读经济学方面的专业，他也知道得很高的考分。物理是他有信心“提总分”的一科，所以在平时听课，遇到例题是综合问题（也叫大题）时，他的注意力格外集中，对解法也十分专注，回家遇到类似的作业题，自己也很用功夫去钻研，甚至有时不惜为一道题花费一两个小时的时间。

然而在进入高三的多次考试中，他的物理成绩始终没有提高，甚至在第一学期海淀区的两次统考中，期末物理成绩的排位在年级出现了明显下滑，不但没有达到预想的水平，距离班级平均分也越来越远。期末试卷讲评的课上，高原内心无比沮丧，根本就没有听到老师在讲什么，他只是一遍又一遍地翻看着自己的试卷，头脑一片混乱，根本就理不出一点思绪：平时的学习效果为何在试卷中没有丝毫体现呢？

放学后的时间，他约了物理老师，把心中的困惑与沮丧滔滔不绝倒了出来。在和老师的交谈中他终于弄明白了自己考试失利的原因：①在宏观上没有把握好试卷全局。高考试卷的试题难易一直是按照3:5:2的比例分配的，区里的试题也以此为范本出题。高原平时物理学习的重心集中在占试卷20%的难题上，忽视了占更大比例的中档题目的练习。从试卷上看，高原在中低档题目上的得分率与难题的得分率接近，但是难题由于不能完全做完做对，所以整个试卷从开始到结束总是不断被扣分，结果分数就这样一步步低下去。②在做客观题时（主要是选择题），常常是眼睛看答案，心中想答案，而不是用笔在草稿纸上计算落实结果，有时遇到运算过程复杂的试题时，才会在草稿纸上记下一些心算的片段或结果，然后继续心算，最后看答案中哪一个结果与自己的最接近，就选它。两次考试选择题丢的分值主要是这样发生的。高原自己的想法是：这些选择题不可能有太大的计算，不必花时间在这上面细算，模糊选择就可以搞定，结果偏偏在这上面吃了亏。③平时练习没有时间观念，为作对一道难题，不惜三十分钟，甚至一个小时，缺少训练强度。在考试时，留给所有难题的时间不过一个多小时，当把问题想清楚时，时间已大把大把过去，只能匆忙写过程，但此过程中化简与运算的结果不能保证正确率。④综合难题中往往有一问是对思考的水平要求非常高，它不但要求学生对物理基础知识能熟练掌握，还对物理模型的抽象建立有很高要求，同时能恰当地用学过的数学知识进行运算，这对所有学生而言都是一个极大的挑战。显然，对那些没有深厚功底，没有平时的大量物理学简单模型积累，没有触类旁通、举一反三思考习惯的学生而言，在考试还剩下十多分钟时去完成这项挑战，几乎不存在成功的希望，相反，只能打击他们的信心，让他们见到难题就“望风而退”。

【名师点评】

从高原的故事中，可以看出，单就考试而言，要取得高分并不取决于你会多少，而是取决于你能做对多少。高原对综合性难题的钻研不可谓不投入，钻研得到的收获也会对相关知识的理解提供帮助。但就考试目标而言，我们的目的是做对得分，这就需要先明确任务和困难，然后在扎实的物理学基础上去钻研提高，就像是先有设计图纸，然后打地基，造高塔，而不是先建起一座高塔，在发现问题后再重新设计，甚至修补地基。

（田健）

第五节　化　学

一、进入“不知道”的世界

【经典案例】

“老师呀，这个暑假会痛苦死的。”我初三教过、现在准高三的小筱在电话里抱怨着。

“为什么呀?”

“这个假期既要参加清华、北大的夏令营，还得准备化学竞赛，肯定又忙又累。”

“为了明年高考能够如愿以偿，咬牙坚持下去吧。”

“老师，放心吧，我一定会努力的。”

放下小筱的电话，我真的觉得时间在不知不觉中居然滑过了两年。初三化学课刚开始，小筱就对化学特别有兴趣，积极争取当课代表，还经常在课余时间让我和他一起做一些有趣的实验；升到高中后他会经常给我打电话，汇报一些他取得的成绩，邀请我指导他的研究性学习，有时也会讨论一些化学问题；他说将来报考大学志愿时，他也愿意继续选择与化学相关的专业。

小筱为什么对化学有这么一份热爱与执着呢？说来极其简单，在初二末的暑假里，他的爸爸给他买了本科普读物《不知道的世界》，其中的化学篇介绍的很多内容，例如足球大分子带来的实惠、二氧化碳入海、化学进化、变异说明什么等，他都不太懂，但是他觉得化学很神奇，立即对化学产生了兴趣，立志要弄明白他不懂的那些东西。那个假期他开始了他的自学之旅，先是初三化学，再是高中化学，进而是大学化学。他的业余时间大多花费在了学化学知识、做实验上。学习的东西越多，他对化学的喜爱程度越深，继续探索的欲望越强烈。他的这份热爱支撑着他克服了学习过程中的很多困难，使他能够一直坚持。他的努力付出使他在每次的考试中化学成绩非常突出，在化学竞赛中也取得了优异成绩。他还把自己所学的知识系列化后，在学校举办的学生讲坛里分享给其他爱好化学的同学们。在平时，他是化学老师的小助手，也是同学们身边的小老师，他愿意用自己学过的知识去帮助同学。化学学习也带动了他其他科目的学习，他各门功课的总成绩在年级里也是名列前茅的。

学习成绩的优秀，知识增长后的眼界大开，帮助同学们弄懂化学问题后的欣慰，使他体会到了学习的价值与乐趣，同时激励他继续学习与探索。我相信并且祝愿他在高考中能够实现自己的理想，在未来他能够利用自己的知识服务社会。

【名师点评】

小筱是我教过的许多学生的代表，他们在学习上持续的刻苦努力，源于他们的兴趣。家长如何能引发孩子们学习的兴趣，方法有很多，在化学上可以利用一些兴趣小实验，但这可能会受到一些限制。利用那些高质量的科普读物的方法是最常见的。无论是用哪种做法，主旨都是希望家长引领孩子进入一个比较陌生的世界。陌生世界的新奇，引发他产生无数个“不知道”，看了这许多“不知道”，他一定会产生冲动：我一定要攻破某个“不知道”。“不知道”是发明创造的起跑点，探究“不知道”是科技发展的原动力。

二、课内课外

【经典案例】

“老师，我的化学可怎么办呀?”愁眉苦脸的小夏拿着叉叉几乎占了半壁江山的化学测验卷子来到我的办公室求援。“你先说说你是怎样学化学的吧?”

“假期里我没有预习化学，开学后上课我就听不太懂，打听到我们班学习最好的小鱼同学在上课外班，我就让家长帮我报名，跟她上同一个班。每天晚上我学习到十一点多，主要是写各科作业，早晨五点多起床背东西。周六从早晨八点到下午五点多一直在上课，周日写一天作业。您说我这么学，化学还考成这样，我不努力吗？我怎么就学不好呢？”

听了小夏的叙述，我也很同情他，当天我只是把卷面上出现的问题帮助他弄明白了，并且安慰他不要着急，跟他说我要观察他一段时间，一定尽快帮他找出问题所在。

从我们谈话之后，我就利用一切机会全方位地观察起小夏在学校的学习情况来。我刚刚观察两天就发现了他的一些问题：他早晨到校很早，可是他来了并不是放下书包，立即进行自习，而是与来的同学聊天，直到学校规定自习的时间他才能安静下来，算下来早晨大好的时光就被浪费了四十多分钟。关键的问题还是出在课堂上，由于课外班讲课的进度比学校正常的教学进度快，我课上的一些内容，他认为已经学过了，上课时不是与周围同学说话，就是搞小动作或走神，有时遇到上午最后一节或下午第一节课还会小睡一会。课下作业虽然能够按时完成，但是做的质量不高。这些都能直接影响他的学习成绩。

小夏学习上存在的问题找到了，考虑到他的年龄还较小（终究是十几岁的孩子），我准备先解决他上课听课效率问题。我首先找到小夏，问他自己感觉上课听讲效果怎样，他也承认上课听课效率不高，有走神现象。我跟他说我上课会重点关注他，只要他走神我就会提醒他，但是一段时间后效果仍不太好。小夏主动提出能否把他的座位调到前边来，这样便于老师提醒他。在班主任老师的协助下，他的愿望实现了。由于座位离老师近，上课时他能有意识地管住自己，听课效率提高了，课堂上有听不懂的地方，他都会立即或课下问清楚。经过近两个月的努力，他的化学成绩终于名列前茅了。

【名师点评】

在我的课堂上经常能见到像小夏这样的孩子，由于参加课外班而不重视校内学习。假期里课外班火爆的原因，我认为是大部分的家长假期里不能在家里监督孩子学习，因此害怕孩子学习荒废的心理造成的。很多家长认为给孩子报课外班既能保证孩子的学习时间，又能预习学校课程，两全其美。殊不知，课外班十天讲完学校一学期内容的课程，只能教给学生一些皮毛，对知识的真正理解、落实还是要靠学校老师。许多上课外班的孩子自认为学校老师讲的他已经会了，课上不认真听，课下作业完成的也不好，这样必然造成学习效果不好。我建议：家长应该培养孩子自己预习的习惯，请家教老师或上课外班的目的都是对课堂学习的有益补充，决不能喧宾夺主。

（刘晓军）

三、养成深入思考的好习惯

你想成为各方面都很优秀的中学生吗？那我告诉你实现心愿的方法：请你养成深入思考的好习惯，成功者都是善于思考的。英国作家波尔克说："读书而不思考，等于吃饭而不消化。"我国古代大教育家孔子也说过同样道理："学而不思则罔。"意思是说只学习而不进行思考，就会迷惑而无收获。如果你想迈向成功，那么就要学会思考。

【经典案例】

凌凡的名字很响亮，老师会过目不忘，但他的严谨、踏实、善于思考的习惯更是给老师留下了深刻的印象。他自嘲自己笨，脑袋反应慢，答疑时常说的一句话是："老师您等会儿，我得想想。"良好的习惯使他成为一名出类拔萃的学生。他不但勤于思考，还乐于把自己的想法与同学们分享，这也锻炼了他的表达能力。课堂上对于大家有争议的问题，他总有自己的思考视角，给同学们交流的时候，思路清晰，表达到位，基本上不需要老师再多加讲解，他的口才和无私让同学们很佩服。对于一个问题他常常不满足于一种解决方案，总试图找出不同的解题方法，并总结出最佳答案，这是思考深度的一种体现，也是培养自己思维灵活性的重要途径。下面是他学习化学的感悟，与大家分享：

（一）找到学习的动力

动力的来源可以大，可以小，但必须有，而且不止一个。比如，我是想在大学学习化学专业，这就是一个动力。学习化学能提高生活质量，使思维有序，再加上我个人纯粹的兴趣使然。

（二）养成严谨、踏实、善于思考的习惯

面对大量的知识，同学们容易浮躁，将一知半解认为是胸有成竹。比如：

数同分异构体：主链上有4个碳的己烯有几种？很多人都会数错为3种，而且通常忘记的是1-乙基-1-已烯。浮躁的人，先是会恍然大悟般地"噢……"一声，然后就完了，认为自己会了。而严谨踏实的人，会去思考自己到底是怎么错的。

平时上课时，浮躁的人只会听听老师讲的，甚至连笔记都不记，认为老师讲的自己都跟上了，其实不然——第二天就忘了七八成了。严谨踏实的人，听讲、记笔记后，会再去看一遍课本，一方面搜罗小字排版的内容，一方面将书上的内容、思路与课上的做对比，生怕有遗漏，有问题赶紧问老师，能独立思考的问题先独立思考。

对于10电子体、18电子体，浮躁的人总会依靠自己考试时候的"灵光一见"，想起某个10电子体或18电子体，想起来了就觉得自己特聪明，想不起来就觉得没什么，顶多嘴上骂自己"真笨"。而严谨踏实的人，会自己发现规律并且记住，或者编口诀。

对于一次化学考试，浮躁的人会为自己的高分感到自豪，会为自己的低分找借口（少看个字儿，算错了；没用心记，用心绝对行……）。而严谨踏实的人，会反思，不论高分低分，反思的结果往往是能令他同样的错误不再犯第二回。比如，建立错题本，出现错题时反复反省，反省到底错在哪儿了，将来如何能百分之百地避免。

【名师点评】

一份付出一份收获，在令人终生难忘的高考中，凌凡取得了677分的好成绩，圆了自己的清华梦。

很多学生会说："每天作业那么多，又忙又乱，哪有时间去思考？"仔细琢磨，似乎这话存在一定的道理，但细细一想会发现这其实是一种本末倒置的说法。不是因为忙而没有时间思考，而是没有进行思考而导致学习中的忙乱。如果在做作业前抽一点时间思考一下学习内容，为做作业做好充分的准备，就能有质有量地完成作业。优异的学业成绩是思考出来的，只有敢于思考、善于思考的人，才会是成功者的候选人。不会思考的人，往往会成为问题的收藏者；善于思考的人，遇到问题就会迎刃而解。成功者之所以成功，就是因为他们都养成了深入思考的好习惯，能够善于发现问题、解决问题，不让问题成为前进的拦路虎。让我们来品味世界心理学大师威廉·詹姆斯的经典名言：

"播下一个行动，收获一种习惯；
播下一种习惯，收获一种性格；
播下一种性格，收获一种命运。"

（王小磊）

四、自暴自弃，破罐子破摔者——我不是另类，其实我可以很勤奋

一把钥匙开一把锁，每门学科都需要不同的学习方法和技巧。高二了，不少同学面对自己的学习，想改变一下自己高一时略显尴尬的化学成绩，有的同学想一如既往地让自己的化学优势继续保持，但他们却遇到了同样的困难。高二的化学学习偏重于概念和理论的学习，而且侧重于高一化学知识的理解和运用，因此很多学生的化学成绩到了高二表现平平，让自己不能抬头做人。有的学生自暴自弃，破罐子破摔；有的学生刻苦努力，持久地埋头苦干，但是化学成绩也不见长进，他们在放弃和奋起的边缘痛苦挣扎，犹豫徘徊。面对此情此景，他们在心底呐喊："化学啊，你让我的高中生活情何以堪？"

【经典案例】

某生（女）化学学习成绩居于年级中下游。该生高二以来厌学情绪严重，经常不交作业；即使交，作业质量也很差。与该生的班主任沟通后，发现其与班主任的关系已僵持很久，情形大致如下：凡是该班主任的课该生都不听讲，而且不停地干别的事情——比如：吃东西，看小说，听音乐。

11 月 24 日（周一）收化学作业，该班截止到下午最后一节课时作业仍未交齐，正好放学后我们安排了一个半小时的化学测试。基于以上情况我对该班采取了以下措施——凡是已经交了作业的人可以领到试卷进行测试反馈，未交作业的同学在补交作业后可以领到试卷测验（该项措施在中午上第一节课之前已通知学生）。在开始测验后 10 分钟全班已经有 34 人交齐了作业，其余 3 人中有 2 人正在认真地补作业，但该生却什么都不干，在那里无所事事却并不以为然。此时我对该学生说："对老师这样做有什么意见吗?"该生表示她有意见，因此我提出我们到教室外面进行单独交流。

交流近 1 个小时，大致结果如下：该生认为自己严重厌学，并谈到我这样处理侵犯了那些已经完成作业学生的利益——由于逐个发试卷耽误近 3 分钟，对他们不公平。关于她自己不完成作业的原因是：如果她完成作业则无法进行第二天的学习（睡觉时间晚于 9 点半），如果不完成作业则可以保证自己的睡眠，可以保证第二天听课质量。但她始终表明自己的态度：她需要老师对她不完成作业的行为进行督促和管理，表示她愿意接受老师由此对她的批评。在交流时该生询问，我是否是她的班主任派来感化她的。我回答说，不是，我只负责我的化学学科。最后我提出建议：如果不完成作业会使她的化学学习成绩下降，但按照她的观点则恰好相反；基于以上不同，让她自己做一个实验，实验期为 1 个月，如果她能在 1 个月后的考试中成绩进步，则可以按照她的想法，即不完成作业，但若成绩没有进步，则在 1 个月后必须每天按时完成作业。该生在我提出建议后，反问我："老师，1 个月是多久?"我反问："你认为是多久?"她问："1 个月有大小月，还是 28 天?"我说："你自己挑一个吧。"她说："28 天吧。"我说："好的。”并在我的记录本上记录内容如下：从11月24日始截止到12月22日XX同学可以不交作业，若成绩进步则可以继续不交作业，否则12月22日开始必须每天按时交作业。看到她失落的表情，我补充说：“你可以不交作业但是可以写作业啊。”

11月25日我讲评昨天的测验试卷，结果在上课时我发现该生的试卷已全部完成，并参照其他同学的试卷自己做了批改。不仅如此，该同学还一反常态，在化学课堂上紧跟老师的思维积极思考并与老师互动，她还经常到我办公室答疑，化学成绩也进入了年级中游的行列，有时甚至还名列前茅。

【名师点评】

与该生近1个小时的交流过程中，老师尽量给学生时间让其陈述自己的观点，通过对自我的陈述，让其对自我的行为进行反思，必要时给予话语的引导或反问，帮助学生完成对自我的认知。根据埃里克森的观点，12—18岁的个体处于自我同一性与角色混乱的矛盾当中，该生是非常典型的个案。因其希望自己是公正的人——不希望因为她个人而延迟测验的开始；同时又希望自己在学习上能够进步——其自我陈述中表述自己希望得到老师的督促甚至批评；与此同时，又不希望自己太累——希望每天能9点半睡觉；努力之后成绩没有进步——希望得到同学和老师的认可——她不是太笨。其实谈话中她逐渐意识到自己身处于复杂的矛盾中，她逐渐意识到自己行为的真正指向或后果。

每一个高中的学生都能意识到，老师要求其正常完成作业是为了让其顺利完成高中学业，以便得到人生的更高层次的提升，即自我实现；但其采取消极对抗的态度，表明其对老师的处理方式有意见，面对此种情况，如老师不关注她的行为，她必然会感到老师没有关注到她的情绪。此时出现的自尊与爱的需要与自我实现的需要相互冲突，只有当个体的缺失需要满足时，个体才会产生更高级的生长需要，如若老师不给予该生关注，则可能会引起该学生更为消极的对抗行为。在此，老师关注了该生的情绪及行为，使其个体得到了应有的尊重与关爱，让其表达自己的情绪和理由。该生的询问表明其内心其实渴望得到老师的关注和关爱，而非批评和指责，更加表明其有时与老师发生冲突的原因是希望得到老师另一种方式的关注和关爱，而非她目前获得的其他老师的批评和指责。

五、痛苦挣扎，犹豫徘徊者——原来做事不能使蛮力，还得用巧劲

【经典案例】

某生在老师和学生看来，他的化学成绩不应该不好，因为他成天埋头于题海，不断地做题搬山，可是他让我们觉得很失望，他的化学成绩很差……

我（T）与某生（S）的一次交流记录如下：

学生存在疑惑的题目（电化学部分）：用石墨电极点解 $AlCl_3$ 溶液时，如图所示的电解变化曲线合理的是：

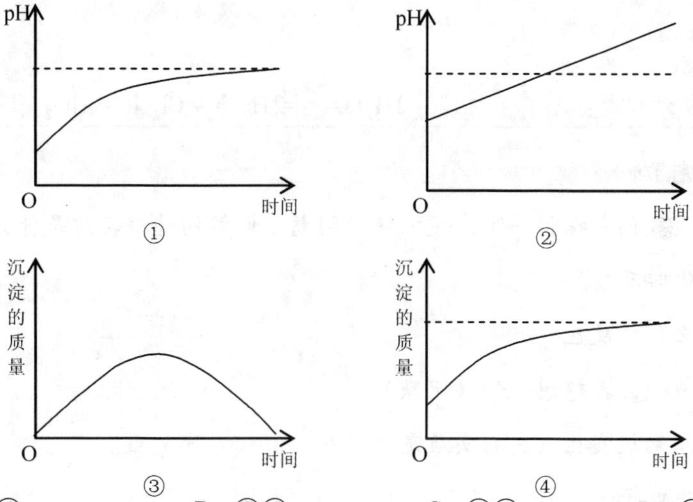

A. ①④　　B. ②④　　C. ②③　　D. ①③

该题的正确答案是 A。

S：老师，我这道题不知道该怎么做，您能给我讲讲吗？

T：你是怎么理解的？

S：我觉得很晕，不知道怎么下手去做，没有头绪。

T：你到哪儿就没头绪了？说一下你思考的过程？

S：我是这么想的，$AlCl_3$ 电解生成了 OH^-，到最后的时候生成的 $Al(OH)_3$ 溶解在 OH^- 溶液里了，所以我认为是②和③正确，应该选 C。

T：哦，你是这样想的啊，那你写 $AlCl_3$ 的电解方程式了吗？

S：哦……（挠挠头）没有……

T：那就写写吧，给你张纸。

S：好的。（开始在纸上写电解方程式）好像不太好写……

T：嗯，是挺难的，那你怎么办呀？

S：先写一下电极反应方程式吧。（开始写）

T：好的。你先试试。

该生写出的电极方程式如下：

阳极：$2Cl^- - 2e^- = Cl_2\uparrow$

阴极：$2H^+ + 2e^- = H_2\uparrow$

总反应方程式：$Al^{3+} + 2Cl^- + 2H_2O \xlongequal{电解} 2H_2\uparrow + Cl_2\uparrow + AlO_2^-$

S：写完了……

T：嗯。我们来探讨一下有关电解的问题。电解的过程实质是什么？

S：是化学反应。

T：什么化学反应？

S：哦……让我想想……（沉默）

T：阴阳两极发生反应的实质是什么？

S：得失电子……

T：得失电子的反应是什么反应？我们在书写方程式时应注意什么问题？

S：氧化还原反应。应该注意得失电子守恒。

T：那能够试着重新写一下总反应的化学方程式吗？注意是总反应的化学方程式。

S：好的。（再次书写但很纠结……书写过程过度关注原子数目的守恒……）

书写的内容如下：

总反应方程式：$AlCl_3+H_2O \xlongequal{电解} H_2\uparrow + Cl_2\uparrow +$ ________

书写过程中他一直很纠结 Al 元素的存在状态，不知该怎么办……

T：我来呈现一下我的思路，你比较一下你和我书写的不同。

Cl^- 放电来源于反应物 $AlCl_3$，H^+ 放电来源于反应物 H_2O，因此我认为在反应物中必须出现 $AlCl_3$ 和 H_2O 两种物质，H^+ 和 Cl^- 放电产物分别为 H_2 和 Cl_2，H_2O 中因 H^+ 放电而多余 OH^-，$AlCl_3$ 因 Cl^- 放电而剩余 Al^{3+}，故存在 Al^{3+} 和 OH^- 的反应。

并在纸上呈现如下内容：

总反应方程式：$AlCl_3+H_2O \xlongequal{电解} H_2\uparrow + Cl_2\uparrow +$ ________

好，到目前为止我们只关注了因离子放电而产生的阴阳极产物。我们还需关注阴阳极产物的量。因为产生 1mol Cl_2 需要 2mol Cl^-，所以需要 2mol $AlCl_3$ 产生 3mol Cl_2，因得失电子守恒，所以一定产生 3mol H_2，而 3mol H_2 来源于 6mol H_2O，故有 2mol $Al(OH)_3$ 生成。在纸上呈现如下内容：

总反应方程式：$2AlCl_3+6H_2O \xlongequal{电解} 3H_2\uparrow + 3Cl_2\uparrow + 2Al(OH)_3\downarrow$

S：为什么 3mol H_2 来源于 6mol H_2O 而不是 3mol H_2O？

T：这个问题问得很好。那你来试着写一下阴极反应物为 H_2O 而不是 H^+ 时的电极反应方程式。

S：好的。在纸上书写如下内容：

阴极：$2H_2O \xlongequal{} H_2\uparrow + 2OH^-$

（写完后）我明白了。

T：很好。能分析一下你一开始方程式为什么写错吗？

S：我主要是没有抓住得失电子守恒，没有考虑放电离子的来源。

T：很好，能再试着练习两个方程式吗？第一个是电解 $MgBr_2$，第二个是电

解 $CuSO_4$。

S：……写完了，您看我写的对吗？

T：很好，非常正确。我们回到原来的问题，你再看一下，会做了吗？

S：嗯，我明白了。

T：很好。你能告诉我通过这道题你对电解有新的认识吗？

S：我认为电解的过程就是得失电子的过程，其实就是氧化还原反应发生的过程，原来觉得电解挺混乱的，现在好多了。

T：其实原电池和电解池都是得失电子的氧化还原的过程，你分析问题的时候要注意从这个角度认识电化学反应，这也是电化学反应的实质。

S：上课时只是有这个概念（印象），分析问题时还是不太会用，这回我真的明白了。

【名师点评】

在化学的学习过程中会遇到很多概念的学习和应用的问题。学习中我们不妨可以采取如下措施：1. 平时遇到不太明白的问题尽可能去找老师答疑，对答疑的过程我建议该生先给老师呈现自己的思维过程，然后和老师对话发现自己思维的不足，开始时是由老师指出其问题，后来慢慢由该生指出自己思维过程中的问题。2. 遇到自己觉得不确定的题目用录音笔录下自己的思维过程（用发声思维替代），再找老师或同学探讨，明确问题的解决方案之后再次发声思维记录自己的思维过程，两次前后对比听自己的发声思维录音，找出自己思维过程的漏洞，从而发现自己学习知识时认知策略中的问题。3. 于此同时要求该生进行知识网络的总结，总结之后以概念图式的方式呈现，总结出知识的要点和关键逻辑关系，努力对全章的知识进行系统的概括和总结，以便帮助其解决检索应用策略的问题。

经过近一学期的校正，学生发现了自己学习中的问题，并及时进行了调整，使得该生的化学成绩在班里非常出众，而且他觉得学习化学不再那么费劲了。

（刘亚俊）

第六节　生　物

一、一条用“书”滋养的虫

【经典案例】

晓航是年级里学习成绩数一数二的学生，平时生物课能保持每一分钟的积极和专注。当然，有这样学习状态的孩子在重点学校里并不罕见，因此也并没有引起老师格外的关注。直至有一节生物课，老师在讲到进化论时拓展了教材中原有的教学内容，为孩子们补充讲述了与达尔文成功提出进化论相关的生平事迹，并提到了其著作《物种起源》。而也就在大约一周后的一个生物课前的课间，只见晓航微笑着向老师走来，并很认真地说：“老师，我认为达尔文的进化论也有一些不完善的地方……”老师先是很惊喜，然后马上回应道：“是呀，的确后续学者的研究发现了很多进化论的不足……”交谈过程中，老师面对的似乎不再是一个稚嫩的初中学生而是一名小生物学者。当上课铃声响起时，晓航和这位老师都意识到不得不暂停这次饶有兴趣的讨论。为了能保留晓航的这份学习热情，老师有意识地说道：“要上课了，我们以后接着谈论吧。”晓航的一句话更是让老师意外。只见他脸上的微笑比开始时明显了些，说道：“老师，我已经把《物种起源》这本书读完了。”于是，晓航便成为这位老师印象最深的一个孩子。某年教师节，已经长大的晓航敲开了生物办公室的门，手中捧着一本名叫《沉思录》的书送给了这位老师。书的封面上附了一张不足10厘米长的纸，上面用娟秀的字体写着“老师：节日快乐！运动和变化使世间万物永远年轻，就像那无尽的时间激流冲刷一切，使之光洁如新”。

【名师点评】

就是这样的一个孩子，一个似乎让这位教师无法不去关注、无法再忘记的孩子。他的优秀不由得引起我们的思考。很明显，故事中“书”的两次出现说明，在这个孩子的生活中“书”必然是他如此好学的重要因素。就初中生而言，好书犹如美餐，足以吊起这些求知欲正强的孩子们的胃口，例如《物种起源》《昆虫记》《寂静的春天》等等。当然，好书怎么读依旧是门大学问！其实，想引导孩子读好书，就如同想让孩子吃好吃又有营养的饭菜。孩子本身因没胃口而没有开始吃时，家长可以先设法引诱着让孩子吃上哪怕一两口；当孩子开始吃又可能无法坚持时，家长可以陪着孩子一起吃；当孩子吃完时，家长如果能跟孩子交流一下这顿盛宴的美味所在就更好了。这里所说的“书”可以推而广之为教学资源，既可以是图文并茂的传统意义上的书，也可以是生动精彩的视频。曾经，还遇到有聪明的家长为孩子准备了中英双语带字幕的生物纪录片，真可谓一举两得！

二、让孩子在大自然的怀抱中著自己的“书”

【经典案例】

某节生物课讲海洋中的生物，教师考虑到学生对水生生物比较陌生，便提供了一个几分钟的视频短片展示多姿多彩的海洋生物。课后，学生晓蔚主动向老师申请下节课为大家展示一段与海洋生物相关的视频。老师问是哪个纪录片里的内容时，晓蔚故作神秘地笑笑说：“先不告诉您，保证大家喜欢！”第二节课上，晓蔚像个小老师一样站在讲台上开始操纵电脑为同学们播放他带来的视频。同学们和老师都好奇地期待着。只见屏幕上先呈现出了蔚蓝的海水和白静如月光的沙滩，接着看到的是晃动的画面中依次出现几个身着泳衣的人物特写。这是什么海洋生物的纪录片呀？大家不由开始觉得奇怪。突然，视频中出现一个身影一下子引来课堂上师生们的一阵欢笑。哈，原来这是一段晓蔚和亲友去潜海并拍摄下来的海下观察记录。视频中展示了他们从海边坐游艇出发到达潜水点、套上潜水服，并在潜水员的协助下潜入水下观察海洋生物的全过程。晓蔚一边播放视频，一边神采奕奕地介绍潜水观察过程中的一些细节和所看到的海洋生物。老师和所有的同学都看得全神贯注，听得有滋有味！

【名师点评】

在生物课上多些这样生动鲜活的教学资源该多好呀！收益的不仅有观赏视频的所有师生，对于展示视频的孩子更是带来了无比的快乐与自豪！与该教学案例类似的还有一个奶粉广告，不知您是否看过，又是否有所想。广告中的小男孩风雨无阻地观察蝴蝶的成长过程，并用图画记录下来，最后在课堂上展示，博得一片掌声。可见，我们可以通过各种方式带领孩子去亲近大自然，并引导孩子把有意义的过程记录下来。这种记录可以是文字的、图画的、视频的，这些汇集起来难道不也是一本好“书”么？一本孩子们自己著成的“书”！可以说，只要家长和老师舍得放开手，每个孩子都会是一个成功的“作家”。当然，我们在放开手的同时，还要切实根据孩子的需要给予“一手护，一手助”。

三、谁动了我“生活”这本“书”

【经典案例】

课堂教学中有时遇到这样的尴尬。课上，教师为了帮助学生理解，把生物知识点与现实生活联系得十分紧密。比如，初中生物在讲酵母菌时，老师问学生：“同学们吃到的馒头里除了要放面粉，还要放什么才能让馒头如此松软呢？和面的时候要用凉水、温水还是热水甚至开水呢？”再如，高中生物讲到酶的活性时，老师问学生：“大家知道加酶洗衣粉吧，谁知道用加酶洗衣粉洗衣服时应该用什么温度的水洗得最干净？”学生身处如此生活化的问题情境做何反应呢？只能说呼应者寥寥。问题出在哪里？听听与孩子们沟通后的声音："老师总说这是生活常识，都应该知道，一听这话我就头疼，我根本就没这种生活常识呀！"这种缺乏生活经验的学生往往也是在生物学习中表现得比较死板，不能融会贯通的孩子。而作为中学教师，我们经常会遇到一些在初中阶段表现得很聪明但是成绩平平，但是到高中阶段却有如黑马般学习成绩异军突起的学生。有一种解释是：那是因为他们后来知道学了，成绩自然就上来了。这固然是原因之一，可是，为什么这些以前不专心、学习基础并不好的学生，却能在后来的短时间内成绩超过始终专心学生的孩子呢？

【名师点评】

这些聪明孩子在丰富的生活经历中不知不觉地就轻松学到了许多更灵活且更持久的知识，于是厚积薄发。那么，生活这本教科书就要仰仗各位家长为孩子提供了。其实很简单，给孩子创造更多的机会参与家庭和社会事务。例如，在周末或寒暑假期间，让孩子负责为家里设计营养均衡的食谱、选购健康环保的食品、烹调色香味美的饭菜，再如清洗自己的衣物等等。孩子不仅可以通过参与家庭事务活学活用许多知识，还能为家长分担生活的重担，同时让孩子感受父母的辛苦付出，岂不一举多得！如果说家庭事务中多是一些琐事，那么参与社会事务往往能让孩子参与一些大事。到目前为止与生物有关的纪念日就有上百个，例如植树节、爱牙日、世界地球日、世界糖尿病日等等。其中的许多纪念日都会有媒体介绍相关的知识，当地还可能开展相关的科普宣传活动。家长可以选择适合的纪念日，组织全家参与到社会上的相关活动中去。这不仅丰富了家庭文化生活，又无形中为孩子储备了一笔知识财富。

（倪佳）

第七节 政 治

一、我相信、我成长

【经典案例】

"老师，这次的作业就只有小Q没交了。"课代表对我说。

"他为什么还没有交呢?"

"我问他，他就是说没做，不交，不知道什么原因。"

"那让他中午到办公室找我一下。"

这次我留了一个作业，让学生通过上网搜集资料，从世博会探究文化的多元性。学生们非常踊跃，纷纷挑选了自己喜欢的国家，交上来的作业也是图文并茂，异彩纷呈。只有小Q，课代表一再催促都没有交，并且说不出任何理由。中午，他没有来找我。小Q这个孩子平时上课爱接下茬儿，怕打击他的积极性，我会让他站起来完整地发言。但是他站起来说的都是跟课堂格格不入的话，一开始有许多学生反驳他，他却很执拗，根本听不进同学的意见，慢慢地大家就懒得跟他较劲，就当他是哗众取宠，也不再理会他的"反调言论"。

放学后，我把小Q叫到办公室，问他："中午为什么没有来找我呢?""我中午很忙。""忙什么呢?""找语文老师背课文去了。""我在办公室等了你一中午，如果你有事，可以先来告诉老师一声，不要让老师空等啊。""都找我，怎么告诉啊，语文老师说让我吃完饭就马上去找她，我哪有时间告诉你呢?""你放学以后也没有来找我解释一下，问问老师找你有什么事。你知道吗，这样做对老师不太尊重了。""我要回家做作业呢，作业特多。""说到作业，你的政治作业催了几次还没有交，你打算什么时候交呢?""不交。"我一愣："为什么呢?""没时间做。"回答得这么干脆，理直气壮，我倒是头一次见到。我说："你不是刚刚说要赶紧回家写作业吗，你这么抓紧时间怎么还没有时间做作业呢?”“我回家有个家教等着补习，然后做主科作业，之后还要做家教给留的作业呢。”“家教留的作业毕竟是课外的东西，你首先要把课内的作业完成呀。”“政治又不是主科，中考也不考。”“在初中，学生要全面发展，政治课能教会你很多人生的道理。”“我爸说那些都是骗人的，把主科学好就行了。”原来如此，怪不得小Q课堂上那么多反调言论，原来是对老师讲的道理根本不相信，所以排斥，不接受。今天的社会固然有很多负面的报道，但是作为政治老师，我总是引导学生从积极的角度去看待，用辩证的思维去分析。初中的学生世界观尚未定型，我总是希望学生能构建和爱这个社会，而不是唾弃和恨社会。看着面前的小Q，一脸的不屑，丝毫没有认错的态度。这让我想起前些日子上课讲尊敬师长，同学们纷纷说身边的老师有哪些做法令我们感动。小Q举手抢着发言，站起来却历数了身边的老师如何批评他不写作业、态度不好，嘲笑某老师体态臃肿，某老师范读时声音夸张之类，丝毫没有感恩之心。据说入学一年，他已经顶撞过三位老师了。“作为学生，要写作业，更要尊重老师，你知道吗?”“我怎么不尊重老师了，顾客是上帝，那你是不是也要注意一下服务态度啊?”“什么顾客，上帝?”我懵了。“我爸说让我有问题尽管问老师，就跟商店里一样，顾客就是上帝，得把顾客服务好，所以老师你也要注意服务态度。”我再次被小Q的话雷倒；不，我这时意识到小Q应该有一个能把我雷倒的父亲。

第二天，我把小Q的父亲请到办公室，没想到孩子的爸爸对老师非常恭敬，一连点头称老师说得有理，说孩子不对。最后说到顾客就是上帝的时候，他爸爸矢口否认自己说过这样的话。在一旁的小Q听得好不服气，大喊：“你说过，你说过的!”父亲火大一下子站起来就要过去打孩子，我赶紧制止。临走，父亲连连保证晚上回家一定监督孩子把政治作业完成。但最后，我还是没见到小Q的作业。

【名师点评】

孩子的成长是家庭、学校、社会共同教育的结果，这三方应尽量保持一种合力才能加强教育的效果。特别是家庭，对于初中的孩子来说，世界观和价值观尚未完全形成，家长应该配合老师进行更多的正面教育，言传身教，教育孩子亲师、信师，只有相信才能接受老师传授的知识和道理。对于社会中甚至学校中的一些负面现象，家长要引导孩子积极看待，不要过早地把家长所谓的人生经验灌输给孩子，这对孩子的成长是不利的。

二、我参与、我成长

【经典案例】

初一刚刚入学的时候，小 C 是一个比较胆小的学生。一次我布置下次课演小品，要求以组为单位，每个同学都要在小品中担任一个角色。学生在准备的时候来找我，说小 C 什么都不愿意演，就是让他当旁白，换场的时候说几句话他都不敢。我鼓励了小 C 一番，并建议他如果不敢当众说话，可以把每一场的时间和地点写在纸上，该出场的时候就举起来，走过去。他答应了，我给了他几张白纸。第二天我又找到小 C，问他纸上的字写好了没有，他支支吾吾，好像还是不敢上台。于是我联系了小 C 的母亲，他的妈妈得知后表示非常支持孩子上台锻炼一下，并表示一定配合老师给孩子做工作。第二天上课前，我惊讶地发现小 C 不仅把字写在了纸上，还把纸贴到硬纸板上，制作成了许多精美的牌子。看来孩子并不缺少才华，只是缺少勇气，我赞美了漂亮的道具，祝他演出成功。果然，小 C 的表现很棒，他虽然没有说话，但是精美的道具和他自信地走过给大家带来了意想不到的效果，成为小品的亮点。当我表扬用心的小 C 时，他小声地说："牌子是妈妈帮我一起做的。"我为勇敢的小 C 感动，更为他的妈妈感动。

后来，只要我布置一些实践的作业，他的妈妈都非常重视。比如讲自立时让学生回家学做一件家务，小 C 回家学做了一道菜，妈妈把他做菜的过程拍下来。小 C 在班级展示，得到了热烈的掌声。初二讲亲子关系，小 C 妈妈给孩子写了一封真挚的信，小 C 看信的时候哭了，他勇敢地在全班讲出了他的感受。渐渐地，小 C 越来越开朗，并且非常踊跃地参加各项班级活动。到了初二学期末，小 C 已经能够作为组织者，带领同学们完成调查、采访任务了。

【名师点评】

初中的政治课，死记硬背的东西不多，更多的是对学生思想品德的培养，对人生道理的理解和实践。要让学生得到真正的成长和收获，家长就要积极配合老师，教育孩子亲师、信师，教育方向和老师保持一致，积极鼓励孩子参与课堂，参与社会实践。培养孩子的品德、能力、人生观和价值观，这比得到一个简单的考试分数重要得多。

（吴溪）

三、快适应，寻方法，高中政治不难学

【经典案例】

九月份，我接手了高一的教学。开学第一节课上，我就问学生："你们喜欢上政治课吗?"大部分学生都说我们喜欢啊，听得我心花怒放。于是继续追问："那你们为什么喜欢政治课啊?"好几个人举手抢着回答，一个女生说："这门课教给我们做人的道理。"一个男生说："还帮我们认识社会，比如了解一些法律常识。""嗯，说的很好。还有吗?""老师还给我们讲故事!""我们还能演小品!""还有不留作业，基本不考试!""考试有时也是开卷!""原来还有这个原因啊!""嗯!"很多学生都点头称是，仿佛还陶醉在初中没有什么应试压力的政治课中。看来，学生们还在用初中的老思路看待政治课，于是，我赶紧把高中政治课的要求给学生们介绍了一下，可以看出学生们眼中的些许失望，也算是新学期的第一个下马威。

很快两个月过去了，期中考试来临，学生纷纷跑来问我："老师，期中考政治吗?""当然！以后每次期中期末都会考政治的。""啊?!""闭卷考试吗?""当然!""啊?!""给复习吗？有提纲吗?""当然!""哦!"学生长舒了一口气，拿到提纲一看，"哇，这么多，都有可能考吗?""当然!""啊?!"学生"晕倒"一片。

考试成绩下来了，我走进班级，问："大家都看到成绩了，你们对自己的成绩满意吗?"看到下面很多学生耷拉着脑袋摇着头，还有几个男生拖着长音喊："不——满——意——!"我拿过来一个学生的卷子，问："你得了80分，为什么不满意?"她说："我初中的时候政治都没有下过90分。""那时候多简单，有时候还开卷呢。"旁边学生反驳，"80分你就知足吧，我才64。""哈哈!"一片笑声。

"今天我们就一起来分析分析这次考试吧。我们先看看这次考试的前几名是谁，请他们介绍介绍经验。"当前5名学生站起来的时候，大家"哇"了一声。怎么了？我很好奇。学生们说，这几名同学，尤其是第一名，这次期中考试其他科目考得也都名列前茅，佩服她真是考试王啊。"其实我也不是什么考试王，就是多下一点功夫而已。"第一名说，"我就是比较听老师的话，养成了课前预习的习惯，带着问题听课，效果很好的。""哪有那么多时间预习啊?"其他同学问。第一名说："一开始是要花的时间长一些，那是因为你看得太慢太细了，后来我发现不用看那么多，老师每节课只讲一个框题，有时候才讲了一个框题中的两目，所以我们预习只要看一个框题，也就两三页书吧，其中有一些图片、小资料什么的，都可以快速浏览甚至跳过的，主要看宋体字，一边看一边把重点画下来。时间长了熟练了，就会越来越快，找重点也越来越准，其实很多都在一段的第一句。画过重点以后自己就对老师要讲的内容有了框架的了解，如果有哪些地方自己看书不明白的，就用笔圈出来，上课的时候重点听明白它。预习过再听课，会更能听出老师讲课的层次和思路。时间长了，自己的自学能力也有提高，老师上课要我们画的重点会渐渐和自己预习时画的越来越吻合，现在我上课只要把很少的一些补充画在书上就可以了，上课反而会轻松一些，别人还在找重点在哪里的时候，我可以把这个知识点再看一遍，加深印象。我现在只在早读或者中午，甚至课间抽出5分钟左右，就能完成预习。"

"看来我们要考第一名还要长期下功夫啊!"我说，"我们再让第二名说说经验吧。""我吧，其实平时也不怎么预习，我觉得上课会听讲最重要，"第二名站起来说，"每节课我都认真听讲，从来不会做任何与课堂无关的事，结合老师举的例子理解知识，一边听一边把知识点画在书上。对了，我还会把老师讲的很经典的例子简单记在书边，复习的时候加强对知识点的理解。还有就是要跟着老师思考，我虽然不爱发言，不能跟老师互动，但是我都很认真地思考其他同学的发言。”听到这儿，我说：“作为老师，我发现这次考试前几名的同学基本都是上课听讲比较专注的。”于是我拿起了前几名同学的书打开让大家看，大家一片哗然，他们的书上都画满重点。“我揭发 xx（第五名）上课经常写作业，可是她还考了 90 分。”一个平时比较活跃的男孩子不服气地说，“我也认真听讲啊，还积极发言呢，才考了 77 分。”第五名马上反驳：“我考试前背了三四天呢，你背了吗?”“我……都理解了。”“哈哈哈……”大家哄堂大笑。我总结道：“所以，高中的考试是需要大家准确记忆的，特别是答题仅仅理解了但是答的不准确不给分，这跟初中的判卷标准不一样了。如果上课听讲不用心，仅靠考前的死记硬背也可能考得不错，但是复习的时候记忆就会比较费时费力。”

这时第三名站起来说：“我再补充一点，就是及时巩固也很重要。我每次等老师讲完课就回去把练习册中相应的习题做一下，起到很好的巩固和检查作用。而且我还发现考试题目与习题很相像，考点都一样嘛，只是换了一些例子而已，做题很管用的。平时我还随讲随背，考试前该背的其实都是背过的，就省力多了。”我说：“每次收大家的练习册都收不齐，还有一些同学抄答案。其实，每一课的习题就十几道选择和一两道答题，你平时偷了懒，堆积到考前，就会觉得题多做不过来，知识太多背不下来。”

我总结道：“轻敌是兵之大忌，对考试的不重视和对学科的不重视都会直接影响到你的成绩。有的同学觉得自己以后想学理科，所以不好好学政治，但是事实告诉我们，很多学生到了高二，由于理科成绩很难突破转而选择文科，那时候发现文科已经落下了很多。就算那些理科生，他们觉得只要高二会考及格就行，但是高中会考不是像初中会考那样只考一本书，而是高一高二四本书都考，由于长期不用心学落下太多，未通过的也大有人在。还有一些学生在出国和自主招生的时候都有可能需要高中历次政治成绩的，重视政治学习和考试对大家的前途也很重要。”

“不要以为政治很枯燥，其实，政治的内容都和生活紧密相关，大家平时要注意观察生活，比如生活中的各种经济、政治、文化现象，对于理解政治的原理都很有帮助。现在的试题大部分都很灵活，很多材料都来源于生活，对知识的直问直答题越来越少了。”

“以后，老师还会让大家自己总结复习提纲，把知识整理成脉络，逐渐培养大家的自学能力，好吗?”

一节课很快过去了，学生们总结出很多学习的方法。事实证明，在期中考试后的学习中，学生们上课、写作业都更加认真，期末考试平均分提高了8分多。

【名师点评】

这不是故事，而是真实的案例。小小预习、认真听讲、积极思考、做好笔记、及时巩固、联系生活、重视考试，是学生们从这次期中考试小小挫折中总结出的经验，希望高一的同学们借鉴经验，少走弯路，取得高一政治学习的胜利。

（吴溪）

第八节 历 史

一、你的孩子会“思考”吗?

【经典案例】

刘西在小学是个“风云人物”，他拿到过全国数学奥赛的亚军，“迎奥运”英语演讲比赛的第三名，会跳拉丁舞，钢琴专业八级……理所当然，在“小升初”的考试中被一所市重点中学录取，并成功分入实验班。“刘西就是个‘学习机器’!”同学们不知道还有什么是他不会的。

然而入学前的5天军训让他第一次在众人面前丢了脸。

每天的内务检查，是刘西出汗最多的时刻。他不会叠衣物，不会折“豆腐块”，铺不平整一条单人床单……

做值日是他最心虚的时候。他刷的碗筷永远带着油腻，连笤帚也跟他作对，愣是扫不干净犄角旮旯的一堆纸片……

“他什么都不会！”同学们说。大家都不爱跟他一块儿玩。

刘西并不是独生子女中的特例。

“家家都一个嘛，条件又还可以，不差他这点家务活。”奶奶说。是啊，别说孩子了，连独生子女的父母做起家务来也不那么在行呢。

“孩子学习负担太重，这么小年纪，就得上课外班，数学、英语、钢琴、绘画……少了哪一样，好中学都上不了！家务啊，算了吧……”妈妈说。真的，十几岁的孩子真可怜，早上六点起床，晚上六点到家，没有周末和寒暑假，永远也上不完的课外班！有人曾把他们的书包过过秤，“12 千克！”这是平均值。孩子们每天就是这样负重赛跑，在学校、课外班之间疲于奔命。想玩？那得挤时间！

在家长不断鞭策孩子的同时，您想过吗？孩子快乐吗？孩子有自己的需要吗？他们的快乐和需要真的就是家长奖励一台 iphone、ipad，或名牌穿戴吗？

【名师点评】

心理学家马斯洛（A. H. Maslow）在致力于人的动机研究时，提出人有五种基本的需要，并按其满足的先后依次排列成一个层阶，如下：

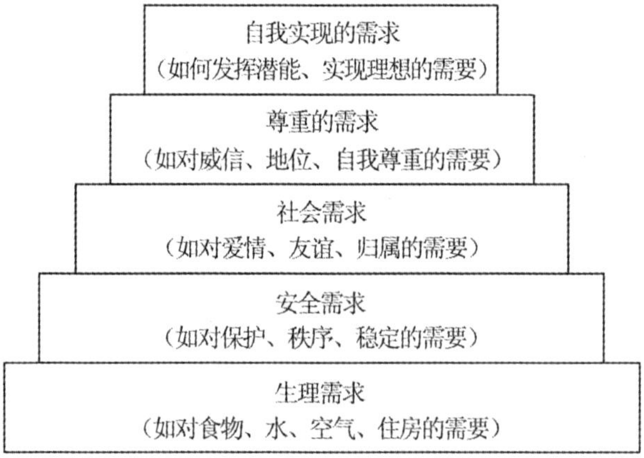

在每一个低一级的需要得到基本满足后，人才有可能注意到更高层次的需要。最高一级是“自我实现的需要”，能够达到这个层阶的人，他们是自己的内在本性、才能与潜在智慧、创造冲动、了解自己需要的主宰者[①]。

所以，刘西的成长中缺少了第三阶的“社会需求”，比如归属的需要。自理能力差将他和同学们隔开了，大家排斥他，不与他沟通；同时也缺少了第四阶的“尊重的需求”，即使学习那么优秀，他也无法树立威信，确立因学业成功而获得的相应地位，实现自我肯定，满足自我尊重的需要，更不要谈位于最高阶的“自我实现的需求”了。长久下去，他的学习优势会受到负面影响，出现“江郎才尽”的可悲结局。

教育者是否想过，在个体的成长中，有一些权利是无法剥夺的。比如，刚出生的婴儿啼哭的权利；蹒跚学步的孩童跌倒的权利；学龄儿童思考的权利和选择的权利……

有人曾总结出教育孩子的第一铁律：不要替他思考！而我要说：给予孩子批判性思考的权利！这恰恰是历史学习的首要铁律！

古往今来，历史学始终担负着两项应用功能，一曰资政，一曰教化。我们从那些林林总总的个案的历史事实中感知历史存在的脉搏，千姿百态的人物，起伏跌宕的情节，它们向人们提供事物发展的普遍规律，让我们从本末源流和因果关联中把握事物发展的趋势，它们与现实并不共处于相同的时代和社会背景，但其发生又有相似、相连的共性，对其中的浩渺、深刻和缜密进行考查、发掘、推想，哪一样不需要批判性的思考呢？

训练儿童批判性的思维可以有如以下妙招，总有一天，他们的潜力会令你刮目相看。

鼓励孩子对他所读到和听到的提出疑问，教他不要总是接受别人甚至是你的逻辑。

鼓励他对学校里学到的知识提出疑问，甚至质疑老师的权威。

---

① 邵瑞珍，教育心理学，上海，上海教育出版社，1997 年版，第 293 页。

不要总说“好吧，我告诉你……”，有时要问“我想知道如果你……，你怎么办”。

聆听孩子的想法，尤其在他感到不公平的时候，你要按捺住怒气，向他询问，问题该怎样解决。

让孩子找一个流行观点的相反问题，并为它辩护。

不要告诉孩子，他的大多数建议都行不通，要帮助他开列各种可能性和大致的结果，推动他去选择达到目标的最佳途径。

跟孩子共读报纸，询问他，是什么使一件事重要得能够登在报纸上？是什么使它重要得能登在头版？

…………

二、成就好学生的101种途径

【经典案例】

王雷是理工科出身，但超喜欢历史。对于女儿的早期教育，尤其是对历史学的爱好，他很有一套：

“我家里的历史书很多，女儿苗苗很小的时候，我就给她看了《上下五千年》和《中国通史》。那时候孩子小，不识字，比较喜欢看图片，我的这套《上下五千年》就是专为她买的，文字比较浅显，附带图画。有空的时候，我常一个字一个字指着念给她听，有时候我们父女俩还要讨论点问题。《中国通史》也是大开本的，全四册，图文并茂。女儿对历史的最早认识，恐怕就是这种‘故事’的形式。”

“现在她二年级，非常喜欢历史。我经常引导她先看历史电视剧，当她对这段时期的历史感兴趣时，就让她查阅《上下五千年》和《中国通史》做进一步了解；有时我会给她买些人物传记和历史通俗读物，她自己读一遍，同一时期的历史事件和人物就基本能明白了。比如，她看《问君能有几多愁》电视剧，我安排她读南唐和北宋的简史，读《李后主传》，读《帝国政界往事》，带着她欣赏《南唐二主词》。看完这些，她就对五代和北宋有了全面的了解。”

王雷说：“要善于利用电视、游戏、歌曲等给孩子做正向兴趣迁移。比如，女儿很喜欢电视剧《三国演义》，我就顺便让她了解苏轼的《念奴娇·赤壁怀古》，把她的兴趣迁移到宋词上；她爱唱主题曲《滚滚长江东逝水》，我就告诉她那是明朝人杨慎所做《廿一史弹词》第三段《说秦汉》的开场词，把她的兴趣又向明史方向引导，她就读了《明朝那些事》。假期的时候，我常常带她去旅游，远的到过布达拉宫、峨眉山；近处也去过五台山、潭柘寺。赶上有好的展览，我们就去参观博物馆……总之，用各种手段，全方位地带她了解历史，审视历史，看问题潜移默化地就会提升一个高度，丰富孩子的阅历，增长见识，训练思维，收获很大，孩子也非常喜欢。”

【名师点评】

像王雷这样的家长非常用心，也非常在意孩子的综合素质。从简简单单的历史故事入手，将孩子的兴趣引导过来；随着年龄的增长，孩子自然会透过现象看到事物的本质，通过历史了解历史规律，进而是事物发展的规律；学习历史上成功人士的经历，他们的思想和成就，进而摸索人生，了解社会，造就梦想。“读史以明志”，很多伟大人物都通晓历史。想培养您的孩子，从现在就开始吧。

（袁峥）

三、历史课，想说爱你不容易

【经典案例】

小宽是楼下徐阿姨家的男孩，一向学习刻苦努力，今年刚刚考上一所很不错的高中，他的爸爸妈妈为此得意了很久。可是没过几个月，有一天晚上我刚下班，徐阿姨就带着小宽愁眉苦脸地找到了我。原来上了高中之后，一向努力认真的小宽发现他的学习方法在历史学科上“失灵”了。

小宽：老师，我学历史特别认真努力，可是为什么成绩总是那么差？甚至我的历史老师都“威胁”我说，我的学习如果还没有改观的话，高二的历史会考都有可能通不过呢！

我：哦，那么严重啊，那你说说看，你的历史课都是怎么学的？

小宽：呵呵，其实一开始的时候我以为历史课还就是像初中那样，是一门“副科”，所以我还是用初中的那套“理科学习忙平时、文科学习忙考时”的方法，结果发现根本不是那么回事。

我：哦，我明白了，原来你所说的认真努力就是“平时不理、考前突击”啊！小宽不好意思地低下了头。一看戳到了他的痛处，我就不再强问，而是温和地说：“没关系的，现在重新开始一切都还来得及，不过你要再细说说看，你的具体的学习过程。”

小宽：我上课还是和初中的历史课方法差不多，基本能够认真听讲，尤其是老师在讲到什么小故事和让我在书上做笔记的时候；可惜的是，这种讲故事的时间太少了。

我：那你自己在书上做的笔记能理解吗？

小宽：嗯……不是都能，嘿嘿，其实很多不能，因为我只关心听故事和做笔记了，老师分析的时候我都没怎么听。

我：哦，那考前你是怎么复习准备的呢？

小宽听到这里，就来了精神：“老师，我复习的时候是最卖力气的了，真的是背得死去活来啊！”

我：那效果呢？

小宽一听就耷拉了脑袋：“效果您都看到了，就是老师的‘威胁’啦！可是您知道吗，老师出的题目也太‘缺德’啦，那些题目很多都是理解性的，尤其是那些材料分析题，背的书里好多都对应不上啊！还有啊，本来很多考前背得还挺熟的内容，一遇到那些题目，就全都记混啦！这个历史课啊，我现在真是体会到了‘想说爱她不容易啊’！”

【名师点评】

小宽的例子反映了很多初入高中的新生心态，由于初中平时考试的开卷形式和中考历史学科的缺失，使得这种功利主义的学习和考试观念直接影响到了学生对历史课的重视程度；而另一个摆在学生面前的难题就是高中新课程改革后，新教材的专题模块体例与初中的通史体例相比发生了翻天覆地的变化，这使得很多学生在没有很好的初中通史的基础上突然拔高，感到茫然和无趣，对于历史课，想说爱，自然也就不容易了。因此，初入高中的学生如何尽快地适应高中的历史课学习，是至关重要的。俗话说“好的开始是成功的一半”，而这个好的开始至少要有以下的三个转变：学习观念上由“轻视历史”转变为“重视历史”；学习习惯上由不良转为良好；学习方法上由单一性转变为多元化。在这些转变过程中，教师应主动承担更多的责任：予人以鱼，惠其一时，授之以渔，惠其一世。

四、历史学科，也许你该承载更多的责任

【经典案例】

暑假的一天，我正颠簸于长途旅行的大巴车上，突然接到了阿文的短信：老师，我八月份就要去美国了，想什么时候能再见您一面，探讨一下有关《红楼梦》中史湘云的问题。看着短信，脑海中与阿文有关的片片断断浮现在我的眼前。

初见阿文，是在高一新生的第一节历史课上，所有的学生在第一节新课上都表现得很好，我并没有留意到阿文的存在，而下课后，大多数的学生都散去了，一个瘦瘦高高的男孩却把我截住，接下来把一大堆的问题抛给了我：“老师，你知道京剧《瓦岗寨》中的程咬金真的当过皇帝吗？老师，《岳飞传》里的岳飞你认为他是一个真的民族英雄吗？他死得值得吗？老师……”短短的十分钟我不可能都回答他，而且最主要的是，他提的很多京剧我都没看过，不知该如何回答，

但我真诚地表扬了他："你的知识好丰富啊！有的老师都不知道呢！但我们可以一起学习探讨。"阿文的眼中立刻闪露出激动的神情，"真的？老师，我以前在初中的时候就总是问老师这些问题，但老师根本就不理我。"瞬间，从他的眼神和言语中我意识到了一个长期被冷落的孩子突然被点燃的热情。"阿文，你知道这么多的京剧知识，我觉得你可以在学校里寻找一些志同道合的同学，考虑创立一个京剧社团了。""真的吗？这可行吗？我可从来不敢想这些事啊！""当然可以，只要你去尝试啊！"

我和阿文的第一次交往在这短短的几分钟内就匆匆收场了，但无疑这只是一个开始，阿文的自信已经被激发了，我想我该做点什么，来壮大他的信心。

接下来的时间里，阿文只要一有时间就找我交流，在我的指导下，阿文也渐渐开始学会怎样分辨京剧中的人物故事和真实历史的区别，甚至还尝试着把他的这些见解写成小的文章，发表在学校的校刊上，第一学期期末时，他已经是校园里小有名气的京剧小专家和历史小专家了。而与此同时，他的京剧社也在紧锣密鼓的筹备之中，其实最初成立京剧社的建议只是我的一时兴起，但现在看到阿文如此积极地投入，我想这是一个很好的契机，应该让京剧社在成为爱好京剧的同学们的一个舞台的同时，更多地承担传播人文素养的任务。于是，我开始建议阿文的京剧社在传播交流京剧知识的同时，京剧中所渗透的优秀的中华传统文化和深厚的人文素养，是不是也可以成为京剧社活动的主题，而阿文则给了我一个更好的启发："老师，其实我认为仅仅限定为京剧是不是有点太局限了，我们可以把眼光放远一点，各种戏曲形式都可以拿来大做文章吧！""哦?!"我有些惊讶有些惊喜，阿文的信心正在不断培养中日渐壮大，我想接下来应该给他更多发挥自己信心和才能的空间了。

高二时，阿文在选择分科时居然意外地没有选择文科，后来我才明白：阿文已经在这一年的高中生活中找到了自己的定位——在高人文素养的前提下又学有专长。相比之下，我竟觉得自己最初的想法有些狭隘了。后来的阿文顺利地考上了一所知名高校的生物系，再后来，与阿文的联系断断续续，直到收到开篇的短信，才串起我对这个孩子的全部回忆。但我想，这只是一个开始，一个由历史切入对中华传统文化深深的爱，而这种爱，必将伴随他的一生，也会伴随他的工作生活环境而浸染开来……

【名师点评】

从阿文的身上，我们深切地体会到了信心培养对于一个孩子的重要性，而其实很多孩子在最初的时候都有一些自己的兴趣点；如何激发他们的兴趣、培养他们的信心，我想这是老师、家长、社会的共同职责，而一旦这样的信心在孩子的心中已经扎根成长的时候，也就是这个孩子开始独立腾飞的时刻。另外，历史学科不仅仅传播历史知识，我想它更多地应该是一门人文素养学科，而阿文就是成功地找到了这样一个契机，最终成为一个自觉的提升自己人文素养的孩子，并开始有意识地成为中国优秀传统文化的传承者、传播者。如果很多孩子都能够在高一的时候找到自己的那个兴趣点，并能以此为基点确立自信，我想这也是历史教学的成功之处。

（史少卿）

第九节　地　理

一、你爱上地理，地理就爱上你

【经典案例】

小彤是我教的一名很普通的初一学生，普通到我两个月的任课时间，几乎都感觉不到她的存在。她坐在第一排，个子小小的，在我的印象中她从没有举手回答过问题。她总是半趴在课桌上，头发几乎遮住整张脸，而且她常常把脸埋在打开的课本里，很显然，她是我地理课的十足的旁观者。小彤引起我的注意是在初一上学期的期中考试后，由于她的成绩很不好，几乎是班里的最后几名，成绩只有四十几分。

考试后，我找到了她，仔细地询问了她的学习情况。出乎意料的是，小彤对她的成绩没有太多不满，只是显得有些无奈，她说："我不喜欢地理课，觉得没什么意思，而且也记不住很多的地理知识点，考成这个成绩，我之前有预料。"

小彤如此的回答让我有些惊讶，初一的学生往往对新的课程都比较感兴趣，而且对成绩看得很重，她为什么就丝毫没有兴趣呢？在随后的教学中，我十分关注她，上课也用一些容易的问题提问她，她的回答往往答得不好，我就一步步提醒，并给予适当的肯定，有时是一个眼神，有时是一句表扬，慢慢地我发现小彤上课不再无精打采了，眼睛里也流露出学习的渴望。记得有一次讲澳大利亚时，我发现她明显比平时认真，并且几次想举手回答问题，但又胆怯地放下了手。后来我在提问中得知她曾经去过澳大利亚，就鼓励她把她的所见所闻讲给大家听。她开始大声描述着自己的澳大利亚的经历和见闻，绘声绘色地描述那里的神奇的动物和独特的景观，同学们也静静地听着，还不时传来惊叹声。她整整讲了 3 分钟，出色的描述赢得了大家的掌声，在掌声中坐下的小彤，脸上的幸福的微笑让我久久难忘，我相信小彤真正改变了。

的确如此，从那以后，她不再做地理课的旁观者了，经常能举手回答问题，还时常在课下找我答疑。我也常常找她了解学习情况，鼓励她多看看有关地理的课外读物，仔细观察生活中的地理现象，我感觉在她的世界里，地理课不再是枯燥乏味、难以学会的科目，地理学习变得生动有趣，并能带给她更多的自信。

通过她的努力，在期末考试中，她的成绩进步明显，考了 83 分。虽然还没有达到优的标准，但我还是在班里隆重地表扬了她，并且让她给大家讲了进步的经验。她说："其实我对这个成绩并不满意，但从不及格到今天的成绩，我挺高兴的，我觉得如果你真的喜欢它，它就会喜欢你，我会继续努力的，请老师看我下次表现吧。"同学们为小彤的进步鼓掌，我也为她的改变感到欣慰，我对大家讲："小彤的进步证明了一点：一个人可能学习基础不好，也可能考试成绩落后，但不能因此失去对知识追求的动力，要从内心喜爱学习，从点滴做起，像她说的只要你喜欢地理，地理就会喜欢你，它会给你带来更多的快乐，我们要向小彤同学习！”

【名师点评】

爱因斯坦说过：“兴趣是最好的老师。”这就是说一个人一旦对某事物有了浓厚的兴趣，就会主动去求知、去探索、去实践，并在求知、探索、实践中产生愉快的情绪和体验。对于初中生来说，一门课程的学习，可能有家长的要求、老师的期望，但可能都是外在的压力，这种压力很难转化为内在的学习动力，也不易养成学习的主动性。学生要想拥有长久的学习内驱力，必须有获得知识的快乐体验，并不断把这种体验加强，使之成为自己对某个学科真正的喜爱，一旦有了兴趣，学习才会快乐，投入才不会成为负担，好成绩就水到渠成了。

在初中的教学中，我也发现一个有趣的现象，就是年龄较小的学生往往会根据某科老师对自己的看法和喜爱度来确定自己对这门课程的理解能力大小。换言之就是老师对他的态度——肯定或否定直接影响他对老师的接受程度，进而影响到他对老师所教的这门课程的喜爱和投入。相比较高中学生就理性多了，因此对于初中教学，老师要十分关注学生，关心他的成长，及时给予必要的肯定与鼓励，接受学生学习成绩的波动，从内心喜爱学生，并用自己的话语、眼神和行动让学生感知。

一句话，要想让学生成绩提高，只要你喜欢他，他就会喜欢你，从而喜欢学习。

二、没有考试秘籍，只有科学方法

【经典案例】

凯元是班里的有名的“机灵鬼儿”，个子小小的他坐在班里第一排，永远是各门课堂上的踊跃发言者，他去过很多地方，知道很多方面的事情，知识面很广。他的动作和思维是那么敏捷，有时不等老师把问题说完，他就翘着屁股，举着小手，大声说出自己的答案。我对这个地理课上的“风云人物”也非常重视，经常叫他回答问题，他对此也乐此不彼。可慢慢地我发现十分聪明的凯元有个不好的习惯，就是他在每节课上的注意力最多就维持30分钟，之后就开始犯小猫钓鱼的毛病了，一会儿东看看，一会儿西看看，玩玩笔，玩玩手指，很难静下心来做笔记和标注课堂重点，作业做得也不太认真。时间一长，凯元的问题出现了，考试成绩总是停留在中等，对此他的解释是马虎了，没看清题等等。

又一次小测验后，他的成绩又不理想，我找到他，问他原因：“凯元，你一直是我的得意的学生，也是咱班的活跃的人物，为什么考试成绩总是没有达到你课上的表现程度呢?”他只是不好意思地挠挠头说：“老师，我每次课前都把书看了，课上也都听懂了，就是考试时总发挥不出来，我也觉得很奇怪。其实我也想考个第一，那多有面子啊!”说着，他一步窜到我的身边，小声对我说：“老师，您有没有考试秘籍呀？我想知道。”看着他认真的样子我笑了，语重心长地对他说：“凯元，任何考试都没有所谓的秘籍，好成绩只是平时认真学习，不断积累，考试时正常发挥的结果。你的上课状态还算认真，只是不能坚持到最后，这个毛病要好好改改，还有就是要跟着老师做好课堂笔记，课后认真完成作业，把这些方面做好了，成绩肯定会提高。”听到他的课堂笔记和作业评价，他低下了头，不好意思地说：“老师，其实我也知道自己的毛病，就是有时控制不住。您能帮我改吗?”我欣然答应了。

在随后的学习中，我经常提醒他的课堂听讲，课后还几次检查他的笔记情况，他的作业做得也比从前认真了，经过两个多月的努力，凯元的期末考试有很大进步，竟然进了前三名。

【名师点评】

学生对于学习的态度或多或少受到外界的影响，来自社会、家长和老师，有些学习的目的并不端正，比如一味追求第一，只重视成绩不重视过程，学习的功利性很强，迷信所谓的考试秘籍等。学生凯元就是个例子，关心自己的上课表现，关心自己能否考第一，为了在人前显摆。这样的学习是功利的，不能在每节课上获得持久的学习动力，而且很容易满足于对知识的一知半解，没有把知识点搞扎实和系统化，长期如此，弊端无穷。

教育学生学习并非功利，它是发自内心的对知识的渴望。考试没有秘籍，好的成绩源于三个标准：一、端正学习的态度，就是为什么而学习，要有远大理想，树立正确的学习观；二、遵循科学的学习方法，学习方法不能拿来主义，也不能人云亦云，要找到符合自己的行之有效的学习方法；三、再为之不懈努力，成绩必然会趋于理想。

三、积跬步，至千里

【经典案例】

在我任教的初一年级里，有一个叫小旭的学生非常突出。他是我的课代表，无论是课堂表现、课后作业，还是大小考试，他都表现得非常出色。小旭看过很多地理方面的课外书，地理知识很全面，同学们都称他为“地理小博士”，有什么问题都爱找他解答。

我在地理课上也经常叫他回答问题，尤其是大家都遇到困难时，他总能一一化解，这点让同学们非常佩服。在我的观察中，我发现小旭的地理学习很有方法，而且能把知识不断积累起来。比如我经常看到他在课下抱着一本地图册来看，一页页地背着地图的内容。他的笔记本也很有意思，前面是课堂内容，后面是相关的知识点的联系，有时他还把自己对知识点的理解画成联系图。他喜爱旅游，每次回来都让我看他的旅游收获——旅游点风景明信片，旅游地的介绍册等。他还看了很多地理方面的书籍，了解了中外有趣的地理现象和故事。在我讲到地球构造和经纬网内容时，他自己还用乒乓球做了个地球仪，在课上使用，并给大家讲解经纬网的知识。

小旭对地理很感兴趣，因此投入了很大的精力。在获得知识的愉悦感的同时，又获得了同学们的称赞，不断地积累使得他的地理知识十分丰富，让他眼界开阔，思维敏捷，知识融会贯通。他的成功除了源于对学习的兴趣和热爱，更源于对知识的不懈积累。所谓“不积跬步无以至千里”，这就是典型的案例。

【名师点评】

对于地理学习重点在于积累，小旭的学习方法非常值得推广，总结如下：

一、重视课堂学习。课堂学习是获取知识的快速途径，也是重要途径，经过严格编撰的课本符合适龄儿童的地理学习习惯和规律，能让学生系统地进行全面的基础知识学习的方式。

二、学会使用地图。地图是地理的第二语言，地图又是学习地理的工具，通过分析地图，可以认识地理特征、原理、成因，找到利用和改造的途径，要学会读、用各种地图，首先要记住最基本的地图。其次，你还要培养对图的感觉。所谓历史一根线，地理一张图。这是所有学地理的人都会跟你推荐的办法，就是不断地看图！看各种各样的图，世界地图、各地地形、疆域、矿产、能源图，等等。读图记住四步走：第一步，读图名；第二步，读图例；第三步，读坐标；第四步：读整体。

三、知识联系，融会贯通。初中地理更多的是学习“在什么地方”“有什么样的事物”“有什么特点”等问题，因此不可避免地涉及大量的记忆性的内容，因此其学习方法的侧重点就是解决怎样科学地、高效地记忆这些地理事实材料。

四、要勤于动手。经常用手写，动笔画，动手制作学具，这不仅使你心灵，还能使你手巧。方法对头，事半功倍，你将越学越爱学。

（付迟）

四、高中地理——“要识庐山真面目”

【经典案例】

带着中考成功的欣喜和对高中生活的憧憬，宁宁跨进了这所著名的市重点高中的校门。宁宁聪明好学，非常喜欢地理课，在班里担任地理课代表，是闫老师的得力助手。一天下课后，宁宁跑到了闫老师面前："老师，地理和生活中很多很多现象都有关系，内容真多啊，都要记住吗？"

"你初中地理学得怎样？"

"几乎次次考试都在90分以上！"

"不错啊，你是怎么考得这么好呢？"

"都背会了呗，考前背得可熟了！可是高中地理东西太多了！"

"其他同学也这么想吗？"

"是啊！这要是期中考试还不死定啦？"

第一次，闫老师感到了这个勤奋而阳光的女孩进入了高中的困惑。

"老师给你举几个例子吧！"

"16世纪到19世纪进行的奴隶贸易，欧洲奴隶贩子从本国出发，装载盐、布匹、朗姆酒等，在非洲换成奴隶沿着'中央航路'通过大西洋，在美洲换成糖、烟草和稻米等返航。在欧洲西部、非洲的几内亚湾附近、美洲西印度群岛之间，航线大致构成三角形状，由于被贩运的是黑色人种，故又称之为'黑三角贸易'。其中：

出程——从欧洲沿海港口到非洲几内亚湾沿岸，利用东北信风和加纳利寒流顺势而下。

中程——从非洲到美洲，借助东北信风和赤道暖流。

归程——从北美返回欧洲，借助西风和北大西洋暖流。

这就是我们所学的洋流知识。

第二次世界大战期间，直布罗陀海峡两岸都在英国军队控制之下，但德国潜艇却能平安地通过海峡而不被英军发现，到底用了什么绝招呢？

原来，相邻海区之间海水密度分布不均匀也会产生海水的运动，称为密度流。由于大西洋的海水密度低于地中海，所以表层洋流从大西洋流到地中海，而底层则从地中海流回到大西洋。德国的潜水艇就是很好地利用了这一地理规律，在关闭发动机的情况下，自由出入地中海，顺利地通过了由英军严密把守的直布罗陀海峡，绕到英军的背后，突发袭击，给予英军很沉重的打击。

这一事例，在战争史上成为成功运用洋流的一个典范。

这两个事例，内容非常多，但是原理却只有一个——洋流原理。高中地理重在对原理的理解，并不要求将背景知识都记下来。”

“哦，原来高中地理与初中有这么大的差别！谢谢老师！”笑容又回到了宁宁的脸上。

【名师点评】

初中地理学习方式以模仿和记忆为主，而高中阶段，地理知识系统性、综合性强，以理解和应用为主，要求学生在掌握基础知识的前提下，能够深入理解地理原理，并能够灵活应用。初中多为“是什么，在哪里”，而高中是“为什么，怎么办”。高中的学习量和学习深度都要加大，是初中的几倍，甚至几十倍。而且，高中的学习方法与初中不同，到了高中，老师对学生的学习更加放手，老师也更多地采用启发和引导，要求学生自己阅读、自己思考，通过动脑筋自己得出结论。

五、太爱你了——国际奥林匹克天文竞赛

【经典案例】

“如果我因为天文竞赛获奖被保送上大学，我会觉得很不安。”这句话出自这所本市重点学校的学生——第十届国际奥林匹克天文竞赛金牌获得者小逸同学的口中。

天文奥赛是地理学科的一项重大赛事。高一年级时，小逸同学以优异的成绩入选国际奥林匹克天文竞赛中国代表队，获第九届国际奥林匹克天文竞赛银牌！到了高二，更上一层楼的小逸在第十届国际天文奥赛中，再次奋勇拼搏，为祖国赢得一枚金牌！

学校“青春基地”的同学采访了小逸，对于参加地理竞赛，小逸非常感慨：

“收获非常大！太爱你了——我们的天文奥赛！

“中学地理《宇宙与地球》《地球运动》等部分属天文学的范畴，空间概念多，抽象性强。通过课外的天文观测实践，从不同的现象中寻找规律，从感性认识提高到理性认识，使我们在实践中习得知识，并从学习中发现各种问题，这样既激发学习兴趣，又提高了学习成绩。

“天文学研究的主要方法是观测，天文观测方法在促进我们的科学化过程中起着重要作用。天文观测方法，是获得天文知识的主要手段，掌握了观测方法，才能更好地理解天文知识，获得智力发展，有助于培养我们的创造性，能提高观察力、想象力、思维力、注意力、记忆力和探究力。在观测中可进行目视观测和照相观测，同时也可利用小型望远镜观测土星和木星，提高动手操作能力。在观测中我们可自行设计观测表格，认真记录天文现象变化并分析原因，总结规律和特点，也可以利用照相机进行固定拍摄和跟踪拍摄，还可以在老师的指导下调节望远镜观察木星和土星，这些都大大激发了我们对天文探究的热情，锻炼了我们的实践能力和创新意识。

“天文学是探索物质世界基本规律的自然科学，通过学习天文知识，我们中学生更能科学地认识变幻莫测的宇宙，对大自然更加感兴趣，树立科学的世界观和宇宙观。在天文的观测中，不仅传播天文知识，更主要是传播科学意识和科学思维方式，从而培养我们的科学素养，自觉抵制反科学的异端邪说。如近年来频繁出现的地震、海啸、台风等自然灾害，它们大多和太阳、月亮产生的天体力学有关，而非天祸降临。通过对天文知识的学习，我们能有力地反击异端邪说，弘扬科学精神。”

小逸立志将来投身天文事业，他说，虽然天文目前是冷门，但随着社会的发展，天文的重要性将被大众所认识。“我期待自己能在天文的国际竞争中走在前头。”小逸告诉大家。

【名师点评】

地理学科竞赛活动较多，这对学生来说，是非常宝贵的锻炼与提升自我的机会。学生通过参加地理竞赛，不仅深深爱上了地理课，取得了优异的成绩，更重要的是，竞赛是最大限度调动孩子积极性、激发孩子潜力的有力手段。竞赛能让孩子体验到胜利的喜悦和失败的痛苦，磨炼人的意志和心理素质，能培养团队协作精神，能让人产生“胜利就在坚持之中”“时间用在哪里，哪里就会闪光”的切身感受，还能激发学生对天文探究的热情及弘扬科学的精神，并锻炼其实践能力和创新意识。

（石丽丽）

六、地理属于文科还是理科

【经典案例】

活泼开朗的亮亮进入高二年级后，突然变得心事重重。一天中午，亮亮走进了闫老师的办公室：

“老师，我地理怎么总是学不好呢……”

“别急，我们分析一下原因吧！”

“怎么有那么多计算题啊？地理不是属于文科嘛？”

“地理文理兼重，计算题也不是很难，上课能听懂吗？”

“能听懂，可是我做题总是出错！”

“上课能听懂非常好，放学后你是怎么安排功课的呢？”

“写作业，补笔记，还预习第二天的学习内容。”

闫老师仔细看了亮亮的笔记本，笔记密密麻麻记了很多，但感觉很凌乱。

“要及时进行整理和归纳总结，提炼出这种题的解题方法，方法非常重要！还要分阶段把知识的点、线、面结合起来交织成知识网络，纳入自己的知识体系。”

亮亮按照闫老师所说的方法，每天坚持进行归纳总结，发现整理知识的过程，是一个全新的提升过程，不仅大大加深了对知识点的理解，而且总结出了很多的计算方法，再遇到类似的题目，做题的准确率大大提高了！

高中自然地理属于理科性的知识，学习时要求学生有较强的理科思维，有较强的分析、概括、综合、实践的能力。其中地球运动、大气运动、水的运动、地壳运动等知识点尤其要善于进行归纳总结，提升对知识理解的深度，并提炼出相应的方法。

看着亮亮日益进步，闫老师很高兴。但随着地理课进行到区域地理部分，闫老师发现亮亮又有些乱了阵脚。于是一天课间操后，闫老师把亮亮叫到自己面前。

“亮亮，区域地理部分学得怎么样？有什么困惑吗?”

“老师，区域地理的内容太多了，有些乱……还有，很多题目只给那么小的一部分，我经常不知道是哪儿！”

“亮亮，区域地理部分同样需要归纳总结，构建知识体系。”

“地理试题中，区域地理一般以大比例尺局部区域图的形式出现，由于区域轮廓的不规则性，因此应建立中国、世界的基本经纬网，并结合区域内重要的地理事物，包括地形、河流、湖泊、城市等进一步定位。在学习区域地理知识时，要有意识地进行归纳，例如：重要经纬线所经过的地形区，重要铁路线经过的枢纽城市，主要河流的形状以及经过的国家和地区，重要地理事物（湖泊、山脉、港口等）的经纬度等一系列知识。在复习区域地理时，可以采用‘在哪里→有什么→为什么→怎么办’的模式来进行整合。”

【名师点评】

不论是文科性质的区域地理部分，还是理科性质的自然地理部分，都需要通过夯实基础，掌握知识体系的构建方法，达到对基础知识的牢固掌握和灵活应用。同时还要通过进行学科能力、综合能力的培养，提高综合思维能力和解决问题的能力。

七、受益匪浅的地理研究性学习

【经典案例】

“气候变化对生物多样性施加了额外的压力，并已经开始影响全球生物多样性……长江三峡的长臂猿，古代‘猿鸣三声泪沾裳’的民谣流传千古，而李白的“两岸猿声啼不住”的诗句更是脍炙人口，以后历代到过三峡的文人墨客都多次提及三峡猿鸣，但明代末年以后三峡的猿声成为了历史。

我们一定要伸出一双手，来保护我们目前唯一的家园——地球!”

这是肖兰同学在研究性学习报告中写下的文字。

肖兰是校气象小组的成员，在老师的带领下，肖兰等同学的气象观测和研究活动还很专业呢：

（一）实时校园天气预报

1. 读取的温度、湿度数据。

2. 联系相关展示地点，将数据公布。

3. 预测下午或第二日校园天气预报。

4. 给出出行、穿衣等生活指数参考。

（二）物候观测

1. 将选定的观测植物品种进行育种。

2. 选定实验植株，编号。

3. 选定观测地点（阳面、背阴通风、半阴），放置实验植株。

4. 每日定时观测并记录温度、湿度、不同部位花芽长度。

5. 植株生长期结束之后画出生长曲线，根据温度、湿度数据指导学生写出相应文章。

（三）参观调研活动

校外有很多植被条件很好的区域和气象科普场所，如：首都师范大学校园、玉渊潭公园、北京植物园、国家气象局、北京市气象局等。在校园学习之余，肖兰和同学们经常到自然环境中感受植物的生长变化，观测植物长势，分析植物生长状况与数据，预测未来发展趋势；了解天气预报的生成机制，学习温度计、干湿度计等仪器的使用方法等。

“这些有益的活动，不仅增强了我们的学习兴趣和环保意识，提升了学习深度，培养了科学分析问题的能力和方法，更重要的是培养了我们的科研能力和创新能力。”肖兰和其他进行研究性学习的同学们一致认为。

【名师点评】

“为什么我们的学校总是培养不出杰出人才?”这著名的“钱学森之问”的实质，就是发展中国家如何发掘与发挥创造性人才的社会功能与价值，也就是如何从知识型、技能型人才教育模式向创造型、发明型人才培养方法的转型。研究性学习以地理实践活动为切入点，在实践活动中激发学生创新的灵感，为学生日后成为优秀的创新性人才打下基础。

（石丽丽）

第五部分　高分实践篇

第一章　考场答题须知

高考关系到每个考生的命运，因此对于每个考生而言都是一次至关重要的考试，是人生的一个重要的转折点。高考要想取得成功，考生除了考前要全面、扎实地复习外，考场上的答题技巧也是考生取得好成绩的必要条件。

我校08年某理科考生A，立志报考北京大学，并通过了北大的自主招生考试，获得了60分的加分。他在一模考试中总分是556分，二模考试成绩是572分，其中数学学科的考试成绩都是117分。如果按照二次模拟考试的成绩，即使加上自主招生的60分报考北京大学仍然希望不大（北大在北京地区理科最低分数线在650分以上）。在填报志愿的前夕，他和他的家长都非常纠结，不报北京大学是人生的一大遗憾，而报考北京大学实在是没有把握。他的家长为此多次到学校与学校领导、班主任、任课教师交流。在学校和家庭、学生三方反复多次的探讨中，该学生最终决定了报考北京大学。为了实现考生A的梦想，最后的一个月当中，班主任和任课教师从考试的自信心到各科的应试技巧等方面对其进行鼓励和帮助，最终该生在高考中取得了总分632分的高分（其中数学成绩达到了145分），再加上自主招生的60分，如愿考上了北京大学。

他的总分比两次模拟考试提高了近六七十分，尤其是数学成绩如何从117分提高到145分的呢？首先是高考最后一个月的冲刺阶段，各科老师尤其是数学老师对其倾心指导和该生自己的努力是关键所在；其次，高三一年中学校对考生多次的考场答题技巧指导也起到了重要的作用。下面以A同学为例，具体谈谈考场答题需知：

高考一般是提前30分钟允许考生进入考场。考生进入考场后首先要稳定情绪，有效利用提前入场的30分钟，这段时间内考生可以放松一下心情，做几次深呼吸，给予自己一些好的心理暗示，尽快使自己的情绪稳定下来。拿到试卷后，要听清监考老师的说明，看清试卷对考生的要求、答题说明和相关规定及注意事项，答卷之前要认真填好卷头，贴好条型码，在指定位置把自己姓名、考号等认真填好。在做题时要注意：

首先，认真审题。

一般考试前 5 分钟考生会拿到试卷，先看该试卷是不是本场考试的试卷，再清点试卷页码是否齐全，检查试卷有无破损或漏印、重印、字迹模糊不清等情况。然后快速浏览试卷，了解试题结构、题型、分值，大致估计题目的难易度，做到心中有数。不要急于做前几道题而忽略了总览试卷的过程，切忌因着急做题而出现题目漏答的情况。我校 2005 年高考文科综合科目考试后，一名文科考生兴高采烈地走出考场，与老师和同学交流说考试题目不多，时间比较充裕并检查了一遍，但其他学生都说考试时间紧，没有时间检查。当学生之间对了题目之后，该学生才发现自己最后一页的答题根本没有看到，损失了几十分的题目。因此，高考考前 5 分钟浏览全卷，做到心中有数是非常重要的一个环节，可以避免漏题现象的发生。

答题过程中也要认真审题，将重要的答题提示信息用笔做个标记。例如，文科综合科目中政治试题哲学部分主观试题，首先要审设问，看看设问是从哪个角度出的题，是辩证唯物论还是唯物辩证法，经常有考生因为审设问不认真，将两者弄混，答了不少内容但一分未得，原因就是所答非所问。因此，高考审题过程中，为了避免出现以上问题，建议考生一定要用自己熟悉的特定标记将重要信息注明，提高答题的正确率和准确度。

第二，合理分配时间，按序作答先易后难。

高考考试科目都是限时考试，既考答题的准确度，又考答题的速度，要求既快又准确。一份试卷中各题的占分比例不一样，要学会量体裁衣，看分花时间，分值小就少花时间，分值大就多花时间。例如，综合科目考生可结合自身情况采取不同的答题技巧，通常有三种方式：一是按照自己的学科强弱顺序答题；二是按照难易程度答题，先易后难；三是按照题目内容和类型答题。具体采用什么样的方法考生要根据自己的实际情况而定。与此同时，考生应按试题顺序作答，先做容易的、有把握得分的试题，增强信心。遇到难题不紧张、不纠缠，解答不出先绕过，确保会做的题不失误、能得分。还要留意题量、题型，各题占分比例不一样，分值少的题应尽量少用时。将疑难试题留到最后分析解决，即使答不出也不会过分后悔。考生 A 高考时的策略是放弃最后难度最大的 5 分题，集中精力做 145 分的基础题和中等难度题，按照先易后难的顺序最终取得了数学 145 分的高分。因此，对于考生而言，应当根据自己的实际情况，明确答题的范围，不能面面俱到，什么都要做，在难题上耽误了太多时间还不一定能够做出来，这么做的结果是得不偿失，不如考虑有所放弃才能有所得到。

第三，准确快速解题。

在认真审题后，要力求答题准确无误。不仅要做到思路清晰、方法对路，还应做到每一步的推导、演算都要准确，且书写清楚，格式规范。凡是会做的题，力求一遍做对，提高效率。理科科目求解的公式尤其要注意准确性。这就要求平时应掌握好“双基”，养成周密思考、严谨解题的好作风。文科科目试题需要书写规范清晰，标明答案的顺序，答案既有理论知识又有理论结合实际的分析，让阅卷教师一目了然，比较容易得分。

第四，认真涂写答题卡。

考生在标准化考试中，因涂写答题卡出问题而失分的现象时有发生。因此必须在考试中认真填写答题卡。填涂客观试题时，要认真根据题号进行填涂，不能出现涂错题号的现象或考试结束前忘记填涂的情况。答题时要注意字迹清楚，标点正确，答案布局合理，答题思路和步骤清晰，保证整张试卷卷面的整洁美观，给阅卷老师留下好的主观印象，对于得分也是十分有利的。在北京市前几年高考英语学科考试中，一个考生因没有在规定时间内填涂机读卡，考试结束后到监考老师所在的考务室要求重新填涂机读卡，但没有结果，该考生甚至为此失声痛哭。该科考试客观题部分考生成绩为零分，对这名学生的高考成绩产生了极大的影响。填涂机读卡一般有两种方法，第一种是边做边涂，第二种是客观题全部完成后统一填涂。在高考过程中，考试结束前 15 分钟，会有监考老师提示考生注意考试时间和填涂机读卡，这是考生最后填涂机读卡的机会。因此，考生在考试期间一定要在规定时间内认真准确地填涂机读卡，确保自身利益不受损。

在答主观试题部分，切忌在答题区域外答题。答题卡中每道题都限定了答题区域，如在限定区域外答题，包括将答案写在试题上、草纸上，答案都无效。更不得将姓名、考号写在答题卡非指定位置，或以其他方式在答题卡留有“特殊标记”。例如，高考语文作文中要求不能在作文中出现老师、同学的真实姓名等信息，某考生在高考作文中将老师信息写在作文当中，作文仅仅得了二十多分。

第五，认真检查。

高考中，如果考生在规定时间内提前答完考题，应安排时间检查答卷，这是保证考试成功的一个重要环节。检查过程的第一步是看有无遗漏或没有做的题目，发现之后，应迅速完成。接下来检查各类题型的做答过程和结果，如有时间要全面复查一遍，时间不够则重点检查。选择题的检查主要是查看有无遗漏，并复核你心存疑虑的题目。但若没有充分的理由，一般不要改变你依据第一感觉做出的选择。

俗话说得好：细节决定成败，高考尤其如此。高考考场答题是需要一些技巧和方法的，考生只有在平时考试中，结合自身的特点总结出一套适合自己的行之有效的答题策略和方法，才能在高考中取得好的成绩。

（王春凯）

第二章　语文（考前复习指导，考场答题指导）

一、应该是“作者认为”而不是“我觉得”

“现代文阅读”历来是复习中难度较大的一个版块，尤其是文学作品的阅读理解，更是让学生头疼，因此在高三复习中被提到了前面先复习。在上过几节知识点的复习课后，方老师选了几篇文章让学生练习。等收上来一看，发现效果并不理想。不少同学对作者情感的分析和文章主题的理解不够准确，有一道题“根据文中的描述，谈谈你对画线句子的理解”，答案更是五花八门，这是怎么回事？方老师决定在讲评课上问问学生。

在课堂上，方老师刚把问题提出来，同学们就小声议论起来。“徐乐乐，请说说你的答案的思路是怎么来的。”方老师叫了答案有代表性错误的一个同学回答。“老师，题目不是说‘你的理解’吗？我就是这样理解的呀，怎么还错呢？”其他同学也纷纷附和，“就是，我就是把自己的理解写上去，结果错了”，“我觉得就是这个意思，谁知道答案不是这个”……

听了同学们的话，方老师知道问题的关键了。她说：“同学们忽略了阅读文章最重要的一点，那就是要弄懂作者要表达的意思，应该是‘作者认为’，而不是‘我觉得’。作者的情感、态度和观点一定就在文章中，而且不止一处。你要找出这些句子，通过对文章的分析，作者要表达的意思就不难理解了。千万不能抛开文章，以‘我觉得’去代替作者的认识，否则，文章的内容和主题就会被误解和歪曲。”

方老师的话让不少同学茅塞顿开，大家纷纷点头。方老师说：“现在，让我们一起来找文章里代表作者情感态度的句子，看看作者究竟想表达什么观点吧。”

这个故事告诉我们：文学作品的阅读理解，一定要把握作者的情感和态度，这是阅读的关键。有些同学总是被题目中“谈谈你的认识”所迷惑，用“我觉得”来代替作者的观点。其实，“你的认识”实际上是要求你谈谈你对作者的情感态度的认识，一定要以文章为依据，而文章里最直观的依据就是有作者表态或评价的议论抒情的句子。只有把握了这一点，阅读文章才能比较准确地理解作者的意图。

二、老师，给我个答题公式吧！

周日，方老师正在家里紧张地批阅着学生的试卷，并不时地在阅卷笔记上做着记录，写下学生在答卷中出现的问题。这是高三现代文阅读复习在第一阶段结束后对学生进行的检测，目的是看看学生掌握的总体情况如何，再调整下一阶段的复习计划。

正阅着，方老师不禁哑然失笑。原来，有一张试卷，答题中的每一道几乎都写着“为了吸引读者的眼球”“为了抓住读者的兴趣”，或者“点明了文章的主题”这样的套话，却没有回答题目要求的内容。再一看姓名——周楠。方老师脑海中立刻浮现出那个戴着蓝边眼镜，语文课上总是偷偷做理科练习题的学生。方老师决定明天找他谈谈。

周一中午，周楠如约拿着卷子来到语文办公室。没说几句，周楠就着急地说：“老师，给我个答题公式吧！”“答题公式？”方老师有些不解。周楠指着卷子上被老师圈出来并打了问号的“为了吸引读者的眼球”和“点明了文章的主题”等几个句子，说：“老师，我觉得答题一定有公式，这几句可是我认真总结出来的。结果……”

一番交谈之后，方老师知道了周楠的想法。原来，他认为语文和理科一样，只要是答题，一定要用到公式。于是，他按照自己的理解，设计了几个他认为万无一失的“公式句子”，如果题目问“这样写有什么好处”，那就答“为了吸引读者的眼球”或者“为了抓住读者的兴趣”，如果题目问“这句话的作用是什么”，就写“点明了文章的主题”……

原来是这样。方老师告诉周楠：“做阅读题的前提是理解文章内容，然后有针对性地解答具体问题，这不是简单写几个‘公式句子’就能解决的。就是做理科练习题也不能只把公式摆上就算完了吧。你应该把精力放在理解文章的内容上，内容理解了，再看题目的要求，然后具体分析，问题自然就不难回答了。”

“噢，明白了。”周楠听了若有所思，“看来还是要从认真分析文章入手才行，我以后一定把精力放在文章上，不再光想着什么答题公式了。”

语文的阅读理解，重点在“理解”二字。不同的文章表达不同的情感和思想，首先要理解文章内容，明白写了什么；接着要理清文章的脉络，清楚怎样写的；然后看懂题目的要求，从哪个角度问的；最后再从文章里找出有效信息，加上有针对性的分析，才有可能作出正确的答案。这不仅需要有认真的态度，还需要努力坚持的行动。高三的复习，就是在老师的指导下和不断的练习中提高自己的能力和水平，而不是靠记住几个简单的“公式”就能解决问题的。

三、麻雀虽小，五脏俱全

看着又得了6分的“阅读延伸题”，苏洋沮丧地趴在课桌上：“我怎么老写不好呢？”

自从2010年北京高考增加了新题型“阅读延伸题”以后，高三的师生们在复习中都非常重视，把它作为训练重点，力争在这个题型上多得分。可是，作为班里语文学习非常优秀的学生，不知为什么，苏洋自从接触了“阅读延伸题”后，10分的题她总得五六分，最高也就是7分。她也仔细听了老师的讲解，练习也非常认真地完成，怎么分数就是上不去呢？她决定求助于老师。

听完苏洋的诉说，老师让她把最近几次做的练习都拿来，一起分析。“看看这一篇——你对这种现象有什么看法，你的‘看法’，也就是‘观点’在哪里呢？”听了老师的问话，苏洋不解地说：“我在分析里都写了呀。”老师说：“分析是分析，观点是观点，应该先把观点摆出来，然后再分析，怎么能揉在一起呢？还有这一篇，要求‘结合现实谈谈’，你只举了个寓言做例子，‘现实’呢？再看这一篇……”听了老师的点评，苏洋一下明白了，原来自己的问题出在结构不完整上，自己怎么就没注意呢？

这时候，老师告诉她，阅读延伸题实际上就是一篇微型作文，应该做到“麻雀虽小，五脏俱全”，不能因为篇幅只有短短的200字，就忽略了它的结构。做题的时候，应该看清题目的要求，设计好这篇微型作文的结构，把观点、事例、分析、结论写清楚，这样才能做到条理清晰，不致因为结构不完整而降低等级，只得五六分了。

几天后的又一次阅读延伸题练习，做了充分准备的苏洋如愿以偿地得到了9分。

阅读延伸题，作为一个高考新题型，可供师生参考的资料并不多，这就需要在练习中不断总结这种题型的特点和规律。应该把它当成一篇微型作文来看待，根据题目要求，合理设计文章结构，力争在有限的200字中，既保证结构完整，又能突出重点。而不少学生在答题时，却忽略了结构，没有注意题干中有几个信息点，只是抓住一个信息点展开：或者只分析文章，或者只结合现实，或者只有分析没有观点。200字左右的篇幅，说不了几句话就结束了，结果还因为答题不完整而失分，这个问题是高三学生要格外重视的。

四、议论文中的举例是讲故事吗？

议论文作文讲评课上，陈老师首先用多媒体投影展示了两个同学写的举例分析段，让同学们看完后评价。

“写得好不好？”陈老师问。

“当然好了。”马上有同学回答，陈老师做了个手势请他说说理由。

“首先是描写生动，通过动作和语言把主人公坚韧不拔的性格表现得非常突出，其次是很有文采，通过对恶劣环境的描写来烘托主人公。”

陈老师说："你的点评很好，指出了这个故事描写上的优点。不过，写这个故事的目的是什么呢？这个故事在整篇文章中应该起什么作用呢？"这一问，刚才点评的同学愣住了。陈老师请他坐下，然后指着其中的一段说："大家再看看这一段，写了两个故事，这两个故事的区别在哪里？"同学们认真看了之后发现，这个故事除了人物姓名、情节不一样，表现的精神是完全相同的。"这不是更能突出要表现的主题吗？"一个同学小声说。

这时候，陈老师提了个问题："请大家思考一下，议论文中的举例是讲故事吗？"

"当然不是，"一个同学说，"议论文中的举例要简单，把事情说清楚就行了，不能和讲故事一样说得太具体，否则文体就不是议论文，成了记叙文了。"

"不错，"陈老师说，"还有，议论文中举例的目的是什么？""是为了证明论点。"陈老师点头，说："对，举例就是要通过对事例的分析来证明论点。所以说议论文中的举例可不是讲故事，否则就会喧宾夺主。其实只要把事例说清楚就行了，更多的笔墨应该放在分析论述上，谈自己对问题的认识，这样才能叫议论文。""请看投影——"陈老师边说边又展示了一段文字，"这才是议论文的写法。"

在议论文写作中，很多同学都犯过这种错误。议论文中的事例，只是论述的工具，其目的是证明论点，决不能把事例当成文章的主体，像讲故事一样具体描写，否则只能是喧宾夺主。举例应该言简意赅，把论点需要的部分叙述清楚即可，性质相同的事例只详写一个即可，议论分析才是议论文的主体。

（李蔚）

第三章　数学（考前复习指导，考场答题指导）

一、试题都会做就能得高分吗？

张雨辰同学在高三的第一次数学模拟考试中，只考了102分，而在全区的第二次数学模拟考试中考了138分。从四月到五月，短短一个月的时间，他为何能在成绩上有如此大的进步呢？

在第一次模拟考试后，张雨辰同学认为自己已经做了认真的准备，把前面一个时期的试卷的错题和重点知识都做了认真的整理，确实感觉已无疑问，而且在考前也做了一些练习来热身，在考场上做得也比较顺利，只有一个填空和20题的第二、三问感觉没有思路，自己本来以为无论如何考个130来分是没问题的，结果却是……

他决定找老师谈谈，在和老师的交谈中他终于弄明白了自己考试失利的原因。准备考试，仅仅关注于题目会不会做是远远不够的，还应在数学解题过程中，去梳理在客观上容易出现错误的环节和易于混淆的知识，并且深刻明确地认识自己的个别错误与易于混淆的知识，只有这样才能在考试中提高防范意识，避免失误。

就这样，他按照老师的建议，除了关注自己会与不会，还针对各类问题，从审题到确定解题方案，再到解题实施过程的各个环节进行梳理，明确了客观上容易产生错误的环节和易于混淆的知识点，并创建避免错误的相应措施，还针对自己最容易产生的计算错误，强迫自己在计算中细化计算书写步骤，减少跳步和心算……

张雨辰说："以前总是战战兢兢的，这次我做每一道题，读完题我马上就能意识到该特别注意什么，以往自己经常陷入其中的那些解题陷阱几乎是个个跃然纸上、一目了然，做完后心里很踏实。老师说的没错，只要自己在平时多去留意和整理解题中的易错易混点，就能提高正确率！"他举起一个本子，继续说道："这是我每天必看的，每天我都要想想各种题的解题过程，解题的重要环节该注意什么。开始总得看看记录才能回忆起来，后来想一想就很清楚了；考试前，我已经能够把本上记录的完全背着想清楚。这次考试，我认为是超水平发挥了。因为，发下试卷后，我发现我丢的每一分确实是我不会的，真没想到我居然做对了我会做的每一道题！"

从以上的故事中可以看出，考试的成功不是取决于你会多少，而是取决于你能做对多少。有些同学的解题错误率高，并不是自己天生马虎，而是自己在平时学习中只关注了"会的"目标，而忽视了"对的"目标。实际上只要自己从思想上真正重视起来，在解题过程中加强对易错环节的防范意识，创建防范措施，你就能改变高失误率的现状。而这首先要在平时的复习备考中注意去梳理解题的易错环节，积累处理这些环节的经验。

二、基础题因为简单就可以轻易放过么？

XXX 同学思维敏捷，喜爱钻研难题，数学成绩在班里也一直位于前列。上了高三以后，在平常的训练中，XXX 经常把精力和注意力集中在大题、难题上，对于简单题的训练只是蜻蜓点水。即使自己考试中在简单题上丢了分，也只是把这种失分认为是自己的一时疏忽，根本不重视，更不要说对简单题进行系统的归纳训练和总结了。

在高三第一学期的期末考试中，积累了一学期的问题终于爆发了，他的成绩非常不理想。

考试前，他针对 8、14、20 题，做了不少难题，考试的心态和状态都还不错，可是自己做了那么多难题，不管是实力还是临场发挥都没有问题，可是成绩为什么不如那些平时不如自己的同学呢？

他拿出自己的试卷，从头到尾又重新整理了自己的错误：方差计算错误、二倍角公式记错了、审题审错了条件、就连函数导数中最基本的画草图都错了……原来自己失分的地方都是基础，而这些都是最不该错的。他找到老师，想让老师帮他进一步分析他考试失利的原因。原来，这些错误都不是巧合，正是他在平时一点一点积累下来的问题。老师拿出他平时大练习时的试卷和错题记录，他平时就出现的基础问题在这次考试中再一次暴露了出来，当他看着自己以前没有解决的问题在关键考试中让他得了低分时，他决定从今以后重视基础的内容。

在寒假的这段时间里，他找出自己之前的卷子，把自己的基础错误做了分类整理，并针对自己曾经的重点问题进行了进一步的提高训练，彻底解决自己在基础方面出现的种种问题。在开学以后的历次考试中，他力争避免在基础部分犯下同样的错误，于是，每次考试他都考出了自己理想的成绩。

相信每位同学都有和 XXX 同学一样的经历，在分析自己的试卷时都会有“啊，这个不该错”“啊，这个我怎么能错呢”之类的感慨。基础往往是最容易被大家忽略的部分，都觉得“不就是个公式、定理么，考前看下不就行了”，但在考试中就是会用错；都觉得“简单题都会了，做它干嘛，纯属浪费时间”，但在考试中就是会算错。这些想法都是错的，同学们一定要注重基础部分，在平时打牢基础。不要眼高手低，看不起基础题。现在的高考考的就是基础，偏题、怪题几乎没有了。况且一个选择或填空就 5 分，难题中是不会让你轻易得这 5 分的。而且做基础题不光要有正确率，还要有速度，要多和其他同学交流做题的方法，同样是一道题，也都能算对，但有人用 10 秒、有人用一分钟，基础题用时少才会有时间去做难题。因此同学们要抓住基础部分，保证不失分，这样才能为高分奠定良好的基础。

三、考试时每题必争就能多拿分吗？

赵明同学在数学学习上非常有信心，数学基础也很好，很少有自己做不出来的题目。在班里，他的数学成绩一直名列前茅。在高三的冲刺阶段，面对即将来临的一模考试，他做了非常充分的准备：平时的错题一一整理在本上，典型题目的典型解法、设问也按照体系整理得非常清楚。考试当天，他信心满满，可从考场出来的他心里却很不踏实……

成绩出来后，原本可以得到140多分的他却仅仅得到了110多分。为什么会有如此的结果呢?

我们回放一下他的考试过程：选择题的前两个题目做完，在第三题上，他意外地发现这道题的思路不是很顺。但是他坚信，以他的准备是一定可以解决这个问题的，于是他静静回忆着自己的整理，理清楚每一个细节，终于确定了自己的答案；接下来，在第五题，第八题，填空题的12、14题上，他都花费了一定的时间，才解决了问题，当他开始写大题的时候，墙上的时钟，已经走过了一个小时……

试卷下发后，他盯着自己的答题卡，百思不得其解。自己做了那么多的准备，却考不出理想的成绩，这让他非常困惑。于是，他拿起试卷，准备找老师一探究竟。

老师拿着卷子，一点一点帮他分析。在知识上，他基本没有什么漏洞，每道题目的改错自己也能在短时间内独立完成，可是考场上究竟发生了什么让水平并不差的他发挥不出原有的水平呢?老师又让他仔细回想了一下做题的状态和过程，通过他的描述，老师发现，阻碍他发挥的正是他对于个别题目的“信心”。在个别题目上，他认为他一定能做出来，就翻来覆去地演算推理，同时，时间却一分一秒地流逝了。当他欣喜地做出答案之时，看看表，留给后面的时间已经不多，导致后面的题目大多是一扫而过之后草草书写，不是审题不细致审错了条件就是草稿不清晰抄写错了数据……

自此，他明白了一个道理：有舍才能有得!

同学们在考试中也一定有过类似的经历：面对一道并不难的题目，自己总想着不论如何都要把它搞定，同时也相信自己一定可以做出答案。当然，有信心和毅力是好的，但是，这份信心和毅力在平时的研究性学习中才是我们需要的，考场上同学们是在参加考试，并不是在研究问题，所以不能在一棵树上吊死，要懂得适当地跳过，放弃一些暂时没思路或者很麻烦的题目，保证自己有一个清晰的大脑去解决那些最应该拿到手的题目，等那些必拿分顺利而有把握地拿到手后，再反过头来去思考、处理那些复杂的问题。只有这样合理安排自己的时间，才能实现总分最大化，发挥自己的真实水平。

四、做得快就一定做得好么?

在我们班级曾经有这样一个同学：作业下发以后他总是要和其他同学比比看谁先写完作业。高三以来，作业量确实增大不少，同学们的作业压力确实不小。于是，有些同学便出现了赶作业的现象，觉得作业写完了以后能挤出一些时间来做自己想做的练习和整理。可是赶作业到底有没有好处呢?

高三的期末考试如期而至，同学们一轮复习的效果到底怎么样？在考试中体现出了答案。那些平时喜欢赶作业的同学倒是觉得时间有富裕，也能在一个比较合适的时间里完成答题。可是，当他们拿到自己的答题卡时却着实吃了一惊。

原来，他们中的一些人，在平时养成了“赶火车”的习惯后，解答时往往对一些关键步骤书写得不够到位，这样一来，或多或少就会造成失分……这样在考试中是很吃亏的。

同学们往往会养成一种做题不细致的坏习惯，对于解题的关键步骤、中文书写等等关键的得分点往往会疏忽大意，造成最不应该的丢分。对于大题而言，除了答案，必要的式子、推理、中文推倒演算过程都是有固定要求的，如：三角函数中画图必列表、求角写范围；数列中叠加验首项；立体几何中的建系、多推一的条件，证平行线不在面内……这些因素往往比一个答案要重要得多。因为它们是一个人解题是否有章法，思维是否符合逻辑，知识是否有体系的关键呈现。当然也是高考考查的重中之重。因此同学们在追求速度的同时，对于这些关键细节，需要加强和整理，千万不要大意！

（杜君毅）

第四章　英语（考前复习指导，考场答题指导）

一、我也有错题整理本，为何单选还错那么多呢？

经过第一轮语法复习，班上大多数学生在英语考试单选部分的正确率有了较大提高。杨老师对此感到十分高兴，在今天的英语课上表扬了一些有显著进步的同学。此时，坐在下面的杜梅情绪低落，不明白为何自己很努力，按时完成作业，认真整理单选错题，可每次考试单选部分仍然会错5个左右。

带着疑惑，她主动约杨老师面谈。其实，杨老师也发现了杜梅单选偏弱的问题，正想找她谈一谈，于是嘱咐她带上错题整理本。

见到杨老师，杜梅递给杨老师自己的错题整理本，说到："我也有错题整理本，按您的要求整理的，为何单选还错那么多呢?"杨老师一页页翻看着。的确，杜梅整理得很认真，不仅分了类，而且错误原因也注明了。"杜梅，你在错题整理本上下了不少功夫，用了很多时间，不过，你经常翻看吗?"杜梅马上说："高三天天都那么忙，我能保证整理单选就不错了，哪有时间看?"

听了杜梅的回答，杨老师已明白了杜梅在单选上没有进步的原因。她告诉杜梅："有错题整理本并不能保证你已经解决了学习中的问题。整理错题的目的是为了查漏补缺，开阔思路，便于复习。你只有时常翻看，才能避免自己在某些知识点上的错误。"

杜梅记住了杨老师的话。之后，她继续认真整理单选错题，但她更加注重对已整理的错题进行定期复习。一个月后，杜梅的单选有了明显的进步，在高考前她的单选一般错在两个以内。一次，她在班上介绍自己进步的经验时，对同学们说："错题整理本记得再全再漂亮，若不定期复习，就等于白耽误工夫。"

杜梅的故事告诉我们：有了错题整理本，并不意味着解决了英语学习中的问题，关键在于定期复习，弥补自己的知识漏洞，提高自己的防错意识。而高三有些同学，在错题整理本上花了很多时间，记得非常认真，但是总有借口说没有时间去复习，最多在英语考前看一下。这种做法效果不好，因为错题太多，在短时间内复习很多自己的易错点，容易越看越乱。因此，高三学生最好养成平时边整理英语错题边复习的好习惯，达到事半功倍的效果。

二、考前坚持做阅读真就那么重要吗？

经过半学期的努力，吴昊在最近的几次英语考试中成绩进步较大，对英语学习的自信心也随之增强。可是，在刚刚结束的高三第一学期期末考试中，王老师发现他的英语成绩下滑较多，是何原因呢？

吴昊在他的英语试卷失分分析中写到：本次英语失分主要是阅读部分分数太低，原因是考前几天没有碰英语阅读。考试时，阅读速度好像比平时练习时慢，感觉不太好，注意力不是很集中，阅读效果较差。虽然读完了文章，但是做题时答案拿不准，不像平时练习时，心里很有谱儿。让王老师想不到的是，在本次英语试卷失分分析中还有三个学生也提到了考前没有按老师的要求做阅读，使得考试时阅读速度变慢了。

看来这几位学生在认真反思自己阅读失分的原因，这让王老师感到很欣慰。进入高三后，学生确实比以前努力了。多数人能按照老师的要求坚持每天做一定量的阅读，特别是在考前。不能因为英语排在最后考，就几天不看阅读，导致在考英语时，见到英文反应就比平时慢半拍，造成不必要的阅读丢分。幸运的是这几位学生终于通过自己失利的教训，明白了王老师平时反复强调英语考前要坚持阅读的良苦用心。

在以后的几次区模拟考试前，吴昊见到王老师总是说："您放心，我会回家天天坚持做阅读，保持语感。"果然，他说到做到，在这几次重要考试中都取得了很好的成绩。他竟然在二模中英语阅读拿了满分。

从吴昊的故事中，我们可以看到：在高三英语考试前要坚持做阅读，保持英语语感，这样在考试中才会很快进入状态，顺利答题。而有些同学在英语考试前忙于复习其他科目，忽视做英语阅读，结果考试中觉得做英语不顺手。其实，考前做英语阅读，不在于数量，也不见得做阅读后的题，只在于保持语感。这是由于我们学英语缺少英语语言环境，如果几天不接触英语，必然会在考试时缺少对语言的敏感性，影响英语考试成绩，这点是高三学生要尤为关注的。

三、考试时能改变平时的答题顺序吗？

在本次高三英语练习中，张老师发现李然和刘磊的一卷得分都比较低，但是作文都写得不错，得分较高。经过试卷分析，张老师看到他俩的阅读分都比班上平均分低。这怎么可能呢？要知道，他俩阅读分向来是远高于班上平均分的。

第二天下午，张老师一进教室，李然和刘磊就主动走上前打招呼，说他们的实验失败了。什么实验？张老师被弄得莫名其妙，刘磊赶紧解释说；“我俩平时阅读还行，这次考试想做个实验。想改变一下答题顺序，看看先留足时间写作文，再做阅读部分是否能提高英语总分?”结果两人的作文还行，但是阅读都做得不理想，总分比平时要低好几分，尤其是李然。原来，李然不仅改变了一卷和作文的先后顺序，而且在做阅读时，也改变了做题顺序。他从后往前做，本想趁大脑清楚，先做后面难的，再做简单的。不想本次阅读七题中五题较难，他耗了太长的时间，使得前面相对简单的阅读做得急急忙忙，不够细致，失分较多。

说到此，其他几个学生也围了上来，也问张老师到底能不能在考试时改变答题顺序。这时铃声响了。张老师临时调整了教学计划，跟大家谈了自己对此事的看法：其实，英语答题顺序没有固定模式。一般情况下，先做一卷，再做二卷写作部分。但是，有些同学阅读速度较慢，正确率也难以保证，常常前松后紧，影响写作时间，造成作文得分偏低。对于他们来说，先写作文，得到应得的分数，再做阅读是较好的答题顺序。不过有一点很重要，那就是考试时，一定按平时的答题习惯做题，避免不必要的失分。

听完张老师的话，很多学生点头同意。李然说："看来，以后考试可不能随意实验啦！"说罢，学生们都哈哈大笑。

从以上这两位同学的故事中，我们可以看到：在英语考试中，最好按照你平时的答题习惯做题。这是因为同学们已经练习了很多次的模拟考试了，都有自己的答题习惯，对每部分的答题时间心里也有数，即使遇到棘手的问题，也会按常规的做法处理，使得整个考试节奏掌握得很好。然而，考试时，特别是在高考考场，千万不能临时一激动就改变了平时的答题习惯，这样会造成心慌，打乱做题节奏，失去自信，导致成绩失常。

四、英语基础好就能考高分吗？

当李老师在电脑上输入一模英语分时，不禁有些诧异，何婷婷怎么才得了111分？虽然本次一模英语试卷有一定难度，上130分不容易，但是对于平时学习认真踏实、英语基础较好的婷婷来说，得125左右才正常呀！她究竟出了什么问题呢？

第二天中午，李老师把婷婷约到办公室，想跟她聊一聊，帮她分析一下本次考试不理想的原因。可是，还没等李老师说话，婷婷的眼泪就哗哗地流下来了，满是委屈的样子。李老师一边递给她纸巾，一边安慰她说："没关系，这又不是高考，只不过是一次练习而已。"婷婷有点哽咽地回答："老师，其实这试卷我应该能得125分以上。可是，昨天下午考英语时，我状态特别不好。"接着，婷婷向李老师讲述了她考英语的经历：一开始她做单选就觉得不顺手，好几道题答案都拿不准，心里就有点慌了。当她做阅读时，有的文章读了三遍，也把握不住文章的中心。最后，写作文时只剩下了20分钟，她慌慌张张地出了好多低级错误。她非常担心此次一模成绩会影响高考报志愿。

听了婷婷的考场感受，李老师已经明白了她本次考试失利的原因了。李老师首先肯定了婷婷扎实的英语功底，然后语重心长地告诉她：一模考试固然重要，但是考试心态更为重要。尤其是在做英语阅读时，如果你心不静，眼睛只是停留在文字表面，那么根本理不出作者的思路和文章的中心，阅读理解题的正确率当然是不会高的。婷婷忍住泪水，点头同意李老师的分析。李老师继续分析：由于你状态不佳，前面一卷花了过多的时间，本来作文是你的长项，结果匆匆忙忙也没写好，多不值啊！对你而言，平时很努力，基础不错，应该有足够的自信。考试时，心态平和最为重要。

婷婷记住了李老师的话。自那次一模考试后，婷婷仍然像以往一样努力学英语，只是脸上流露出更多的自信。她在一个月后的二模英语考试中得了135分，名列年级前茅。当同学们问她为何考得那么好时，她会笑着说："没什么，只是考试心态好呗！"

婷婷的故事告诉我们：在高三英语考试中，对于平时学习努力、基础不错的同学，考试心态十分重要。只要你心情放松了，注意力在英语文字上，尤其是阅读部分，你就会读进去，把握好文章的脉络，明白作者的写作意图，就能够保证阅读理解题较高的正确率。有些同学因为前面听力、单选或完型中某几个题做得不顺手，就心慌，担心考试成绩，这必然会影响阅读心情，导致读不懂文章的内容，而且还会耽误后面宝贵的写作时间。只有在考场保持平和的心态，基础好的同学才能考出理想的英语成绩。

（王军）

第五章　物理（考前复习指导，考场答题指导）

一、手机里的一条短信

高考结束后的第二天晚上，我接到一条短信，是我的课代表发来的，内容是这样的：“徐 sir，您太牛了，实验题压得真准，I 服了 you！”一时弄得我很不好意思，我回复道：“还是应该谢谢吴慧纹吧！”这吴慧纹是班里的一名女同学，那她和这条短信有什么关系呢？

首先谈谈过去一年里八班的变化。这个班成绩一直很优秀，年级排名第一那是必须的，孩子们多多少少在物理学习方面有些心理优势，可是你要问他们学习物理最怕什么？那异口同声的全是：“实验！”

说起来物理也算是实验科学，太多的理论基础和探究过程，都和实验有着密切的联系，何况高考对于实验考查的能力要求逐年递增，一个面临高考的学生患了实验恐惧症，那就好比汽车上路没刹车——这事听着多悬呀！

最先发难的是一个叫吴慧纹的姑娘，其实这小女孩儿进入高三后成绩提高是最明显的，甚至一度在月考中拿了满分，可是那天一脸愁容的她走进办公室，向我提出一个月考中没有得分的实验题：“为什么欧姆表短接调零后，测量电阻时发现指针偏转较小，要把量程调大呢？”其实这个问题上课我是讲过的，但我并没有责问她，而是在琢磨：“为什么讲过的问题她还会错？如果她不是上课走神的话，那这个问题出在哪里？”

想来想去，我决定在她身上找出问题所在，于是我对她说：“走，姑娘，我的教案忘在实验室了，跟我来！”

来到实验室，我并没有去找那本莫须有的教案，而是从柜子中拿出一只万用

表："孩子，帮我测一下这个卡子的电阻有多大，我怀疑这东西坏了，怎么都测不准！"然后坐在旁边，观看手忙脚乱的她把表笔插上，然后手足无措地面对旋钮，最后无助地看着我。

"事实上，你一次也没用它测过这东西，对吧？"我盯着她的眼睛，显然，煞费苦心的我总是男女搭配地把他们编成组，最后事与愿违地发现实验室更多只是男孩子动手的天堂，旁边的女生更多地喜欢处理数据或是干脆漠不关心。

"来，让我们一起来测量一下这个小东西。"在我将量程调到 1Ω 档后，顺势将红黑表笔短接，然后慢慢将表笔分开，再缓慢移向卡子的两端。用眼角的余光，我知道慧纹正目不转睛地盯着我有意放慢的一举一动，而当她看到表笔分开的一瞬，指针从右端零点迅速回到左端零点时，竟抑制不住惊呼起来："噢，徐 sir，我明白了，虽然调零时指针在右端，但测量起始时刻，指针是回到表的左端的，所以……"看着她兴奋的样子，我相信我已经找到了孩子们的病因了。

"孩子们，没有一个厨子是从菜谱上看了几张图片或是看了两次电视上的美食节目就敢去全聚德掌勺的；或者说你在电子游戏厅玩了几天真人 CS，就敢去伊拉克前线，对吗？可是我的孩子们竟然在 PPT 上完成了几页模拟游标卡尺，在实验室中瞻仰了一回示波器，就敢去参加高考，世界上还有比这更疯狂的事吗？"笑声过后，孩子们不好意思地集体低下了头。

显然，习惯纸上谈兵的不光是学生，我们的高考不正是这种纸上实验吗？这就使得动手能力本就差，又不善于观察生活、亲身实验的一代人把实验当成了填空题或是文字答题，更多的人把实验课当成休闲吧或是可有可无的过场，更不要说在实验中去体会误差分析的真谛，在实验中寻求理论与实践结合的方法，自然也就谈不上理论对于实验的指导，和通过实验去验证结论；至于通过实验探究进而培养动手能力、理论结合实践的能力、分析能力更无从谈起，这不能不说是一代人的悲哀，或者是我们这些老师最痛心的地方。

这件事过了不久，我惊喜地发现孩子们中午进出实验室的次数明显增多了，甚至很多人在放学后仍然留在实验室中，我看到了他们为小灯泡测量电路的设计应该是分压还是限流争吵不休，我看到了他们对于玻璃砖测量折射率实验的误差报告分析，除去考试和材料中提到的几种可能，孩子们还提出了四五种教材上没有提及但他们自己在实验中总结归纳的结论，很有想法。有几位过去甚至不敢去合电闸的女生还自发研制了一种漏电保护器，当他们自以为完成了前无古人的创举而在我面前欢呼雀跃之际，我在心中偷笑，事实上这种保护器市场上早就有售了，但出于鼓励孩子们的热情，我不但表扬了他们，还有意识地在考试中以这个小组的名义编制了同样的题目，大家的热情就这样被调动了起来。

有人说高考理综是关键，而物理是理综的魂；我要补充一句，实验更是物理的心脏，一个不理解实验在物理中的重要性，忽视实验考查的人是一个不合格的物理人，而停留在纸上，不走进实验室，不亲手操作实验，不能在一次次失败中去总结规律和不懂得理论结合实践的人，他的物理智商几乎可以归零，这和哑巴英语极其相似，甚至有过而无不及。无照驾驶机动车的人总以为把汽车发动就算OK，那是害死人的；如果非要我举个形象的例子，我把这种人称为物理界的赵括。

二、动力只能来自于兴趣，至少物理学习应该是这样的

其实作为老师，最苦恼的不是如何教会学生做题，真的不是；甚至不是如何让学生取得高分，严格说很多得了高分的学生在我看来并不开心，因为他们会很快逃离课堂，像被释放的小鸟出笼一去不返；一个学生在写给我的信中这样提到：“您真的太帅了，这么枯燥无味的课竟然让您讲得如此生动……可惜我对您的兴趣要远大于物理，如果您是一位历史老师，我会毫不犹豫地爱上您……”

作为一个物理老师，听到这话是亦喜亦忧，当然像中国这样崇尚历史和政治的国度，实在让我们这些自然科学工作者多少有些身不逢时，但我始终相信错不在孩子们。我调查过，除了体育，他们最爱看的节目是美国的科幻大片和《动物世界》，可见，对于自然和未来的探索在21世纪的一代人眼中，具有无比的诱惑与神秘，而喜欢玩iPhone和电子游戏的他们不可能，也不应该被物理拒之门外。关键是如何调动他们学习物理，更正确地说，是如何发掘他们潜在的兴趣与调动他们青春萌动下的积极性。

机会出现了，有一次孩子和我谈起周立波的脱口秀，还用手机把视频发给

我，里面有一段周立波关于教育问题的反思："一个进水口每秒钟可以流入多少升水，一个出水口每秒钟可以流出多少升水，问如果两个口一起开，多长时间可以将五升的水池灌满……拜托，我们国家水资源够缺乏了，还要作这种无聊的题，你到底是进水还是出水？搞笑不搞笑嘛！"

其实这个段子是从相声中扒来的，这点瞒不过我的，但灵机一动的我打算借这个机会作一次尝试，上课时我提出一个问题："你们谁家的抽水马桶坏掉后被你自己修好过？这样的人请举手！"当然没有，这点没有出乎我的意料，"其实我想它的结构并不难，一个上水口，一个下水口，按一下上面的钮，两个地方同时放水而已，这里面技术含量最高的就是……"

我有意停顿了一下，全班都屏住呼吸地竖起耳朵。

"进水口永远要比出水口流的水要多！"

话音未落，全班同学已经笑得前仰后合了，我没有继续发言，而是平静地坐下，用笔轻敲着桌子。慢慢笑声小了，一部分人开始沉思，而脑筋快些的同学，已经听出了我的话外音。

"噢，sir，我们知道了，那道无聊的题目讲的就是……"我坐起身来，满意地看着恍然大悟地孩子，"很多时候，我们并不知道我们在做什么，每天我们讲追击模型，每天我们作受力分析，动不动我们就要讲左手定则，右手定则……不光你们烦，时间长了我都要疯掉的，但我相信，任何没有价值的东西我们是没有必要在这里浪费时间的，问题的关键是，我们能不能为每一道题找到它的出处，知道为什么很多女明星在电视上那么光彩照人吗？如果除去她们厚厚的浓妆，我估计，并不一定比你们的徐 sir 强到哪里！"

"哈……"孩子们笑声未落，我已经布置下去今天的作业："我们今天的三道计算题答案不需要你们做出来，但每个人要把它们编成一道实际应用题，像高考题一样，而且，大家要评评谁编的最靠谱儿……"

说真的，孩子们的积极性超出了我的意料，第二天，通过孩子们的编写，三道题入选了最有创意奖：其中一个孩子通过一道简单的计算匀变速运动位移的题目，改装成了北京到上海发出的一辆动车如何在济南意外停车，最终晚点多长时间到站；还有一个同学把平抛运动的一道传统题和排球比赛结合起来，求出了四号位最佳的击球高度与速率；更有一位同学把竖直上抛运动和杂技结合起来，揭秘了一个传统魔术，并现场验证。

后来我们班形成了一个传统，就是每道物理题完成后，都要在作业本的旁页上还原这道题的原始模型，或者编出一道反相题（已知和问题互换），要不就编出一道串题（力学题与电学题的类比），不管是电磁感应还是热学中的玻马定律，我们都会从生产和生活中找到依据和应用，甚至提出改进或是疑问，和过去只追求答案是 A 还是 C，一道计算题扣了几分，转而变成一道题如何应用到实践中来，如何把看到的和网上查到的有趣的题目编成物理题。大家互相借阅，开拓思路，这种对生活的观察和理论与实践结合的思想，正是我们物理追求的自然科学的真谛。当一个人从做题的枪手蜕变成科学的智者后，他的追求和境界是其他人望尘莫及的，而他对科学自然的思考将对他的学习产生巨大的推动，进而在他面对困难的时候，能够坚定信念去探索，去寻求解决的方法而不是成为分数的奴隶，所以我一向主张，学会观察生活，体验生活，去寻求生活中的物理，才能保持自己对自然的兴趣和对真理的追求，这样才永远不会失去学习的动力，才能把物理学习变为自觉与主动，才能真正享受到学习的快乐和成果。

三、教你使用小李飞刀

有了兴趣，有了实践，看似离真理很近了，但对于理科的学习，方法显然也是不可以忽略的问题。很多同学特别羡慕高艺，因为他总能用两三个式子化解一道看似烦琐的题目，而更多的同学面对考试，总觉得时间不够用，更谈不上什么做题技巧了。但现在，我的孩子们已经可以从容面对试卷，而且大多数人连草稿都不用打，甚至有人在众人羡慕的眼神下提前交卷（当然我是不赞成这样做的；做人嘛，要低调）。

快手是如何炼成的呢？应该说那是一种境界，也是一种兴趣，当然更是一种能力。既然是能力，就要去训练，去有意识地培养，比如，打点计时器的第一点的瞬时速度是最难求的，但在我们班中，不光要求出来，而且要用七种方法才可以；再比如，电磁感应中的楞次定律是最让大家头疼的，光是左手和右手定则就让很多人晕头转向了，而我竟然提出面对这类题目，一律不许伸手，只能用“无手定则”，这在很多人眼中是不可实现的。

我给孩子们做过一个比喻：“如果在战场上炮弹打光了还可以用机关枪，子弹打完了还可以用手枪，但如果对方同样赤手空拳要和你肉搏时，你从背后掏出一把小李飞刀，那么胜利就属于你了……不打无准备之仗，任何时候都比别人多一手，那你还有什么可怕的呢?”

起初孩子们不理解为什么要一题多解，甚至有人认为这是多此一举，但随着题目的变化，随着已知条件的隐含深入，随着题目的难度增加与能力要求的提高，那些只追求答案，忽视平时积累，对于问题思考不深入的同学越来越不适应了，后来很多同学开始总结和反思，并写下这样的话：“看来只有平时在作业中一题多解，才能开阔思路，才能在这么多解中通过对比寻找最巧的方法，也才能在实战中去应用这些平时反复熟练的技巧与口诀，就好比会做很多菜的厨子，只有平时学会很多菜系的做法，才能形成自家的绝活，也才能应付来自四面八方的食客——一招鲜，并不一定吃遍天下……”

我想孩子们自己的话和感受是最有说服力的，如果你想学好物理，我送你一句名言：“五道题做一遍，不如一道题做五遍!”这是我去内蒙支教时，从那儿的穷苦孩子们身上得到的启示。这些孩子们没有钱，也没有地方去买名目繁多的教辅资料，也没有什么名师指点，他们只有一本翻来翻去露出装订线的配套的课后练习。但就是这些熟得不能再熟的题，他们想方设法寻求新的解法，把一道题改完已知改设问，总之寻找各种变化与解决方法。熟能生巧，对于题目的理解每做一次深入一步，理解提升一次，慢慢形成了自己的风格与思想，这就是我们常说的温故知新。在这点上，爱穿新衣和勤换手机的新生代们是无法体会到其中乐趣的。

最后，我还要补充一句，其实物理并没有大家想象的那么难，像玩手机一样去打开示波器；在逛家具城的同时，尝试把一个家具 DIY；或是在饭后闲聊时，从物理角度分析一下自家电路还有哪些节能改进措施；或是装修时设计一个紧急应急灯，这就是我们学习物理的收获与乐趣，至少让所有人明白，物理就在你身边，去体会一把物理零距离，这是很简单、很时髦的一件事。

（徐建烽）

第六章　化学（考前复习指导，考场答题指导）

一、做做阿Q也无妨

一位学生在高三一模后非常沮丧地找到我说：“老师，我平时的理综考试总是考得挺好的，为什么一到大考我就考不好呢?”从她的言语中我明显感到她对自己成绩的不满，她的成绩与她的期望值和实际水平相差甚远。她告诉我说她一到理综考试时就心慌。我首先告诉她说：“心慌是很正常的。你们平时考试时没有那么多的心理负担，考好考坏无所谓。这次不一样，这次关系到你们在区里的占位，关系到你们高考报名。你们在区里什么占位就决定你们将来报什么学校，心里必然紧张，心慌是很正常的。”接着我给她讲了一个我亲身经历的在考场心慌时的情境。她感同身受地与我产生了共鸣。然后我告诉她我当时是怎么处理的。我跟她说：“谁都有心慌的时候，就看你怎么处理了。当你看到别人翻卷子时，不妨发挥点儿阿Q精神，就对自己说‘他们都不会做’，因为毕竟你是优秀的学生，你比他们强。”但我也告诫她，临考心理状态的锻炼是非常必要的：第一，平时每次统练都要像大考一样，认真对待，不可放松心态。第二，做题要按顺序做。虽然我是化学老师，但仍主张按物理、化学、生物的顺序做题，省了翻卷子的时间。第三，控制好时间。选择题控制在40分钟左右，其他每道大题控制在10分钟左右，正好150分钟。不用经常看表，凭感觉。第四，要学会取舍，先做简单题，再做难题。但是谁刚看题时都不知道难易，所以如果在5分钟之内没有任何思路的题就是难题，要大胆放弃，有舍才有得，才有“舍得”这个词。经过我的开导，这个同学心态放松了很多。

高三学生的心理变化是多样的，一次谈话肯定不能使学生完全放松并产生自信。在高考理综考试的前一天，那个学生又给我发来短信说：她不想先做物理了，想先做化学。我立刻给她打电话，告诉她：从理论上说先做哪科都没问题；但是你已经很长时间都是先做物理，如果在正式高考时突然改变做题顺序会打乱阵脚，尤其碰上难题时更会手足无措；并且安慰她说："相信你自己，没问题。"后来这个学生高兴地发来短信说，理综考试发挥正常，考了 256 分，总分 618 分。

从上面的故事中可以看出，每个孩子在面临大考时都会产生紧张情绪。一般认为在高考的考场上，能发挥 85% 就属于正常发挥，100% 就属于超长发挥。如果心态不好，那不到 60% 的发挥都是可能的，所以平稳的心态很重要。为了帮助学生缓解压力，教师或家长应多从孩子的角度去思考问题，用切身感受与他们交流，指出遇到这种情况时应采取的措施，为孩子指明方向，并给孩子以适当的鼓励。当孩子有了充足的信心，有了良好的精神状态，才能充分发挥出自己的聪明才智。有一句话说得非常好："心态决定命运。"

（白艳云）

二、我是实验人

化学实验题对学生来说是个难点，经常有学生会愁眉苦脸地找老师来诉苦说："老师，方程式我都会，为什么实验题我总做不对?"化学实验题不仅仅是学生基础知识的考察，更是学生思维和能力的考察。做实验题最重要的是注意"实验目的"，所有考查点最终都要为"实验目的"服务。第二注重的就是实现这个目的应用哪些原理，你学过哪些原理能够达到这个目的。当然这些同学们都明白，但是在做题中却总感到力不从心。这时我就会告诉同学们一个小窍门：做题时要进入情境，把自己想象成实验人在亲自动手做实验，很多问题都会迎刃而解。

例如：为测定实验室长期存放的 Na_2SO_3 固体的纯度，某化学课外小组设计了多种实验方案。他们准确称取 W g 固体样品，配成 250 mL 溶液。分成以下三组进行实验：

甲组：量取 25.00 mL 上述溶液，加入足量的盐酸酸化的 $BaCl_2$ 溶液，过滤、洗涤和干燥沉淀，称得沉淀的质量为 m_1g 。

乙组：量取 25.00 mL 上述溶液，加入足量的 $BaCl_2$ 溶液，过滤、洗涤和干燥沉淀，称重，其质量为 m_2 g。

丙组：量取 25.00 mL 上述溶液，用 a mol/L 的酸性 $KMnO_4$ 溶液进行滴定，共消耗 $KMnO_4$ 溶液的体积为 b mL 。

（1）配平下面的离子方程式：___ SO_3^{2-} + ___ MnO_4^- + ___ H^+ = ___ SO_4^{2-} + ___ Mn^{2+} + ___ H_2O ；

（2）配制 250 mL Na_2SO_3 溶液时，必须用到的玻璃仪器有：烧杯、玻璃棒、滴管和________________ ；

（3）乙组实验中反应的离子方程式为：____________________；

（4）在丙组实验中滴定时是否需要选择指示剂______（填“需要”或“不需要”）；

（5）用丙组的实验数据，计算 Na_2SO_3 固体的纯度：_________________；

（6）实验结束发现，乙组测得的 Na_2SO_3 纯度比甲、丙组的结果都低，其原因是_________________。

同学们在做第（1）（2）（3）（5）时正确率都相对较高，在做（4）时就有很多同学开始瞎蒙，“需要”还是“不需要”，反正瞎蒙一个几率各占 50%。或者有些同学想“在做酸碱中和滴定时是用酚酞做指示剂的，所以这里也用指示剂”。其实同学们只要作为实验人参与到实验中去，就很容易解决这个问题。Na_2SO_3 溶液是无色的，酸性 $KMnO_4$ 溶液是紫红色的，当把少量的酸性 $KMnO_4$ 溶液滴入 Na_2SO_3 溶液中紫红色褪去；当滴至终点时，加入的 $KMnO_4$ 溶液未消耗，溶液会有淡紫红色。这样学生们就很容易想出此实验不需要加指示剂。在回答第（6）问时学生更是晕头转向，尤其是涉及到定量问题。其实只需把自己设想成为某组同学，用该组同学的思维去思考问题就可以了：甲组是利用生成的 $BaSO_4$ 的质量求算 Na_2SO_3 固体的纯度，同时用盐酸排除 Na_2SO_3 的干扰；乙组利用的原理与甲组相同，但未用盐酸排除 Na_2SO_3 的干扰，会使得生成的沉淀质量增大，但乙组同学并未意识到错误，仍然认为此质量为 $BaSO_4$ 的质量，去求算 Na_2SO_3

固体的纯度，测出的纯度当然会比甲、丙组的结果都低。

人们经常说“当局者迷”，但实际上做化学实验题时是“当局者清”。如果总把自己作为一个局外人去看别人的实验，往往缺乏自己的思考而形成惰性。如果进入到实验状态，把自己想象成一个实验人，就会更多地去思考“我的实验目的是什么？实验应如何操作？这样操作的优劣在哪里？会有哪些误差？如何避免……”经常转化角色，把自己设想成为甲、乙或丙，会帮你很快转变思维，想别人之所想，做别人之所做，很多实验题都会迎刃而解。

（白艳云）

三、清北学生的烦恼

某学生是实验班一名非常优秀的学生，是化学课代表，考试名次一直在年级排前20名，尤其是化学成绩一直非常优秀并且稳定。她的志向是协和医科大，但在模拟考试中她却非常紧张，发挥失常，竟然有一道有机大题丢了8分。她考完后异常难过，整整哭了一个下午，无法挣脱沮丧的心情——这次失误似乎让她变得非常脆弱，她头脑中总想着以后的结果会怎样？耕耘了没有收获怎么办？假如高考也这样该如何？我觉得她背负着巨大的压力，而且抗挫折的能力也非常差，无法面对失败，对未来患得患失。由于被假想的失败阴影笼罩，她对未来产生了悲观的预期，导致心灵无法平静。我首先和她一起认真分析试卷：其实她真正不会的题很少，这次只是偶然没看清一个条件，只是在考试时略有些急躁。我使她再一次意识到自己的实力，充分相信只要调整好心态，完全可以反败为胜，实现理想。我又给她不断发短信，鼓励她，并给她一些建议：无论你的压力是大是小、能否消解，请保持乐观的心态；应该充分的享受学习的快乐，不可苛求自己，要经得起失败经得起挫折；坚信自己的能力；需要帮助时，别吝啬自己的语言等等。

其实尖子学生由于从小到大一直受到倍加呵护和关爱，所以经不起一点点挫折，成绩优异者的压力会更大，他们的压力主要来自于父母和老师的高期待，以及精英分子之间更为激烈和残酷的竞争，所以提高学生的“挫折商”是非常重要的。所谓“挫折商”就是一个人面对逆境振作起来的能力，也叫逆境商。在智商和别人相差不大的情况下，挫折商对一个人的成功起着决定性作用。提高人的挫折商对于人的成长和健康有很大的意义。

（杨小红）

四、我也是可以考好的

某学生是一名所谓的“问题学生”，高一和高二时成绩在全年级排在后50名，不想学习，失去了学习兴趣，对自己失去信心，自我放纵，沉溺于玩乐、游戏之中，对整个班级的学习氛围都有不良的影响。进入高三，我有意和他多接触，积极沟通，通过增强他对我的信任，进而影响他。我认识到，在学业上他其实是一种绝望，一种自卑和不自信。我就鼓励他，帮助他，和他一起树立学习目标，我强调：对他自己来说关键是重视走过高三的过程，让自己无怨无悔；路，都是一步步走出来的，知识与能力，也是一点一点积累起来的；把握好今天就会拥有理想的明天！俗话说，“收获在耕耘中。”只要自己尽心尽力了，你就有理由相信，你一定能取得无悔的成绩。我在平时的教学中多关注他，上课多让他回答一些简单的问题，让他在学习小组中担任组长，在别的同学答疑时叫上他，有意让他回答同学的质疑，这些都是要让他感觉到他还是不错的，我是对他寄予期望的，对他每一次考试的进步，哪怕是小小的进步，我都在班里大张旗鼓地表扬，让他在学业上找到胜利的愉悦，找回学习的乐趣和自信心。在每一次目标达成后我都及时和他分析现阶段学习上还存在的问题，和下一步需要努力的方向，就这样一模他的成绩有了飞跃的提高。

教师要转变自身的教育观念，树立平等的师生观，调整自己的心态，亲切地、真诚地对待每一位学困生。既要当老师，尽职尽责教导学生，严格要求学生；又要做朋友，真心爱护学生，热情帮助学生，要让差生明白，在老师心目中他们只是暂时落后，老师会与其一起努力，改变现状。每当考试后他们的成绩有一点点的提高时，也要及时给予鼓励。因为一点一滴的进步都在不断积累着学生的自信。当然要想获得长久的进步，就需要坚持和毅力。

（杨小红）

第七章　生物（考前复习指导，考场答题指导）

临近高三全区第二次模拟考试，小婕、小彭、小然等同学对理综生物考试越发感到困惑和焦急，他们说知识点都已经熟悉，理综考试的形式和练习次数也足够，但遇到新的考题还是答不到点上、得不了分，尤其表现在试卷第二部分的填空题中。他们主动找到老师，想再次寻求解决问题的好方法。

老师：近来考试中，除了心理上的紧张、急躁、慌乱以外，你们出错的最主要原因是什么？

小彭：不知道试卷要问什么？考什么？答出来的话就是针对不了题意。

小然：时间太紧了，没怎么看就瞎答了……

老师：问你们一个问题，刚刚结束的高中体育会考你们都接近满分。请问，8 秒 1 个的三步上篮，1 分钟 12 个的引体向上，这些都是要在单位时间内完成的运动，需要什么？

学生：技巧！

老师：对啊！所以说考试时方法要得当，在规定的时间内，理综考试给生物学有限的 40 分钟，要取高分，审题最最关键。

老师：近来考试中由于审题不到位造成的错误有哪些？举例说明。我们应该注意什么？

错因	举例	注意事项
审题		

老师：找出自己的试卷进行归纳、总结、交流，小婕来举例说出审题和错因之间的关系。

老师：在刚才小婕的发言中，你注意倾听了吗？倾听就是一种审题。我们不要畏惧高考，高考试卷其实就是出题者用文字、图表的形式和你的对话、交流，你一定要审视出他们的意图才能从容答卷。那高考考什么？

小然：考我们的生物学知识和能力。

小婕：试卷问什么我们答什么！

小彭：是啊，那我们审好题才能准确作答啊！

老师：很好，那我们应该“审”什么？怎样“审”？来，我们一起回顾一下这几道题。

1．新陈代谢的物质基础是____________，结构基础是____________；

生物的遗传物质____________，细胞生物的遗传物质____________，逆转录病毒的遗传物质____________；

DNA 的组成单位是____________，功能单位是____________，其结构是____________；

神经调节的基本方式是____________，结构基础是____________。

2．（2011 年海淀区一模）将酵母菌发酵产生的植酸酶导入水稻细胞中，从根本上解决水稻体内植酸含量较高的问题。（　　）

老师：做题之后谈感想，做出小结。

小婕：老师我发现第一要关注的是文字信息，这些题我感觉一定要审到关键词！

老师：很对，这就在考查我们扎实的基础知识，看你们对关键词敏感度高不高。

小彭：老师，这些题文字很短，那遇到大段的文字我就有点慌，不知道看什么了……

老师：（引导做题）别着急，再看看我给你们准备的这些题，看看应该注意什么。

3．（2011 年西城区一模）兔子体内某一基因控制合成的蛋白质可以催化黄色素分解，说明这一基因是通过控制____________来控制生物性状的。

4. B蛋白与物质跨膜运输有关，若转运过程需ATP供能，则转运方式称为__________；若转运过程不消耗ATP，则转运方式称为__________，能量来自于所转运物质__________形成的势能。

5. 某一鸟类种群由于自然灾害而被分隔为两个群体，它们的生存环境有很大不同。经过600万年后，把这两个群体重新放到一起，它们最可能会（　　）

A. 陷入对相同食物的竞争　　B. 占据相同的生态位

C. 出现生殖隔离　　D. 具有不同的交配季节

6. 若要调查土壤中线虫的种类和数量，可采用淘洗—过筛—离心的方法分离提取线虫，在解剖镜下观察，对观察到的线虫进行__________和__________。

7. 多数鱼的体色会随着环境条件的变化而改变。研究发现，鱼类体表色素细胞内色素颗粒的运动能够引起鱼类体色的改变，研究中通常采用不同的色素细胞指数等级来表示色素颗粒扩散的程度。

（1）当光照条件发生变化时，鱼类的眼和松果体作为__________接受这一刺激，产生兴奋。兴奋沿传入神经传到__________，经分析综合最终到达效应器，效应器对刺激做出应答反应。当兴奋到达肾上腺时，其分泌的肾上腺素能使体表黑色素细胞的色素颗粒聚集，使体表颜色变浅；而当兴奋到达副交感神经时，神经末梢分泌的乙酰胆碱能使体表黑色素细胞的色素颗粒__________，使体表颜色加深。由此可以看出鱼的体色受__________的调节。

（2）10分钟后显微镜下观察鳞片内色素细胞中色素颗粒运动的情况，记录各组鳞片的__________，从而定量分析相关物质对鱼体色的影响。

（3）金鱼体色的基因位于常染色体上，为研究金鱼体色的遗传规律，研究人员利用棕色和非棕色金鱼进行了下列几组实验。

第一组：棕色金鱼雌雄交配，后代均为棕色个体；

第二组：纯种非棕色金鱼与棕色金鱼杂交。无论正交、反交，F_1代均为非棕色个体；

第三组：用第二组中的 F_1 与棕色金鱼杂交，统计后代中非棕色个体为2867条，棕色个体为189条，比例约为15:1。请分析并回答：

①据实验结果可以推断，金鱼体色的＿＿＿＿＿＿为显性性状，棕色金鱼个体一定为＿＿＿＿＿＿。

②第三组杂交称为＿＿＿＿＿＿，依据其结果可以推知 F_1 产生的配子的＿＿＿＿＿＿和＿＿＿＿＿＿，进而可以推断棕色性状是由位于＿＿＿＿＿＿（同源、非同源）染色体上的＿＿＿＿＿＿对基因控制的。

8.（2010年朝阳区一模）实验材料和用具：体重接近的健康凡纳对虾200尾，颗粒饲料，混有0.5%、1.0%、3.0%和5.0%芽孢杆菌制剂的颗粒饲料，70cm×70cm×100cm水池若干，电子秤。

实验步骤：

①将凡纳对虾随机分为＿＿＿＿＿＿组，每组＿＿＿＿＿＿，称取每只虾的重量后分别置于水池中养殖。

②对照每组每天饲喂适量的不添加制剂的颗粒饲料，实验组每天相同时间饲喂＿＿＿＿＿＿颗粒饲料。

③在相同且适宜条件下培养一个月后，＿＿＿＿＿＿，记录并求出平均值。

老师：这就是要审的第二方面：特定情境中的文字，我们就要特别关注空格前后完整语句、关注题目新词、新方法、实验目的材料、用具等。

学生：老师，看来我们必须用一定的时间认真看空格的问话，而不是盲目地在信息中上下来回地乱看。

老师：是的，我们要在平时作业、练习中就养成专时、静心、专心的应试心理习惯，到理综大考时才能指导我们的心理调整。

小彭：老师，这次西城一模的31题到现在我都没有看懂，文字量太大了，新信息实在太多了，怎么办啊？

老师：好的，我们一起回忆一下这道题。

9.（2011 年西城区一模）库尔勒香梨果实中存在游离态和结合态两大类呈香物质。结合态呈香物质大部分以糖苷形式存在，本身没有香气，但在β－D－葡萄糖苷酶的作用下能分解释放出具有挥发性的游离态呈香物质。若香梨在贮藏期间上述转变过程迅速，会导致部分香气成分丧失，影响果实的风味和品质。科研人员进行了相关实验（实验结果如下图所示），请分析回答：

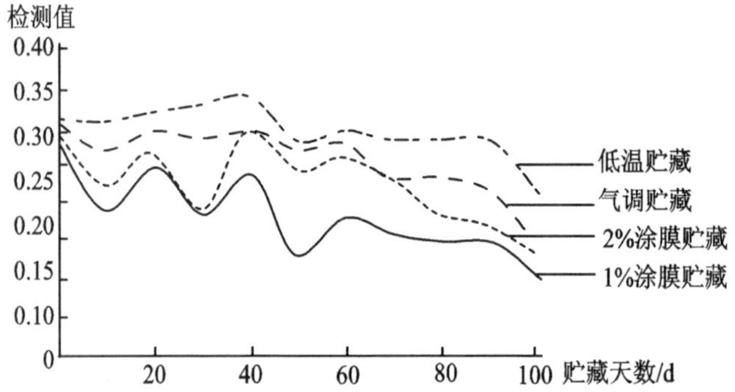

（1）本实验的目的是________________________________。

（2）本实验中，检测的原理如下：

对硝基苯－β－D－葡萄糖苷（pNPG）$\xrightarrow[\text{一定条件}]{\beta-D-\text{葡萄糖苷酶}}$对硝基苯酚

① 对硝基苯－β－D－葡萄糖苷（pNPG）与香梨中的____________分子结构相似，能在β－D－葡萄糖苷酶作用下生成对硝基苯酚，对硝基苯酚在碱性条件下显黄色。

②由于不同香梨中的____________不同，以上反应完成后，在碱性条件下呈现的黄色深浅不同，在对硝基苯酚的最佳吸收波长处测定的吸光值也不同。与事先配制好的对硝基苯酚标准溶液的____________进行比较，确定____________含量，然后推算出____________。

（3）实验步骤：

提取样液：定期称取不同贮藏条件下的香梨 10.0g，立即在液氮下研磨成粉末，加入经适量预冷的 pH 6.0 缓冲液，在冰浴下研磨成匀浆，于4℃条件下离心获得的上清液即为β－D－葡萄糖苷酶粗提取液，用 pH 6.0 缓冲液定容至10mL，置于4℃条件下保存备用。

检测样液：在 10mL 试管中依次加入 0.6ml 缓冲液，1.0 ml 酶粗提取液和 0.2 mL 10 mmol/L pNPG 混合均匀，迅速盖上试管塞后立即放到37℃条件下反应60min 后，加入 Na_2CO_3 终止反应，然后在对硝基苯酚的最佳吸收波长处测定其吸光值。

① 提取样液过程必须在低温条件下进行的原因是____________。

② 检测样液时，酶促反应需控制在 pH 6.0，37℃条件下完成，其最可能的原因是____________。

（4） 实验结论：

在四种不同条件下贮藏的香梨中游离态呈香物质均在贮藏____________天时相对较多，在____________贮藏时，香梨的风味和品质最佳。

老师：这就是我们遇到的最难的问题：审大段素材，一定要做到整体把握，提炼中心思想，体会出题者核心意图，细化答案。

小然：老师您看看我的试卷分析。

老师：小然你分析得很深刻，特别有进步，那就一定在以后的考试中把握时间，关注审题，以你的能力一定可以提高成绩的！注意你的字迹一定要清楚、整齐，写好字可以平缓自己的心态，有助于你安心审题，更有利于老师阅卷时给出高分啊！

小婕：老师，文字信息的审题方法我基本掌握了，您能再帮助我们总结一下对图、表的审题方法吗？

老师：试卷中常见的无非就是曲线图、柱状图、流程图、图象等。

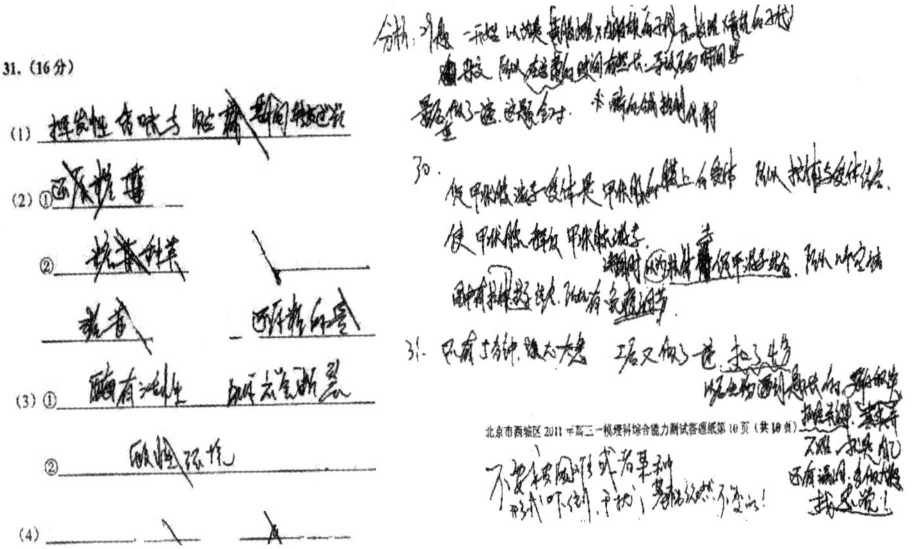

小彭：您说的这些图能给我们举一些具体的实例吗？

老师：好呀，就拿咱们最近考试中的题目来看吧。

审图：9. 曲线图

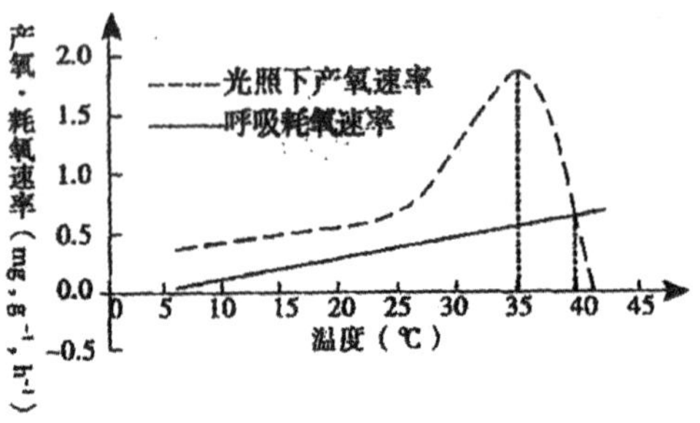

10. 柱图

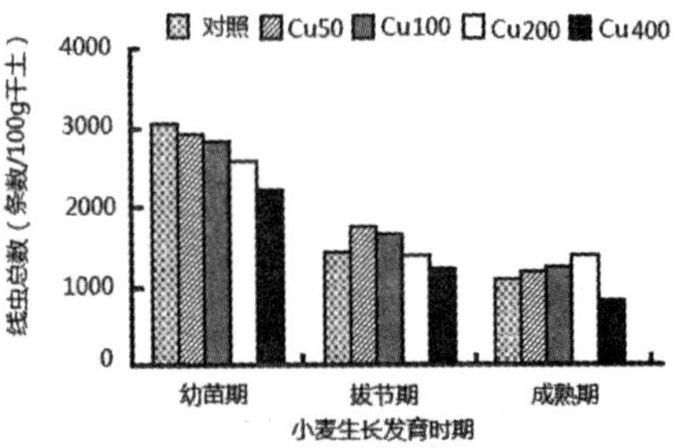

长时间40℃时，植物不能生存（　　）

本项探究的问题是________________________

10.（图象）生物体的细胞与细胞之间可通过激素等化学信号分子精确高效地发送与接受信息，从而对环境做出综合反应。请回答下列相关的问题：不同的信号分子必须与相应的受体以特异性结合方能发挥作用。图示雌激素与受体结合示意图。

由图中知，与雌激素相对应的受体在细胞的位置是＿＿＿＿＿＿，雌激素的穿膜方式是＿＿＿＿＿＿。

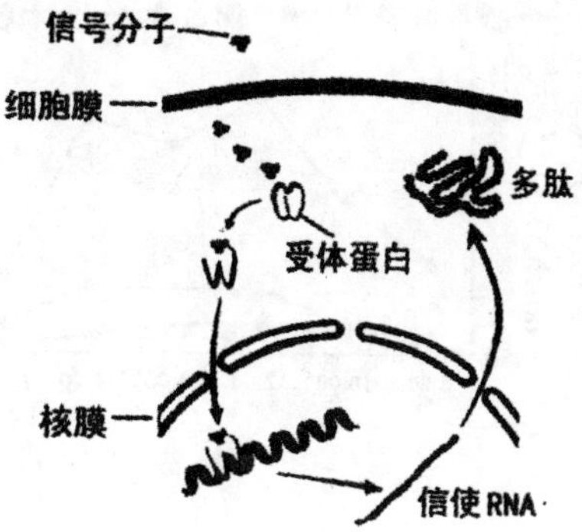

二者结合后形成“激素—受体”复合体，并作用于核内基因的上游非编码区，从而直接影响遗传信息的＿＿＿＿＿＿过程。

11. 口蹄疫是由口蹄疫病毒引起的一种偶蹄动物传染病，目前常用接种弱毒疫苗的方法预防。疫苗的主要成分是该病毒的一种结构蛋白VP1。科学家尝试利用转基因番茄来生产口蹄疫疫苗，过程如下图所示。(流程图)

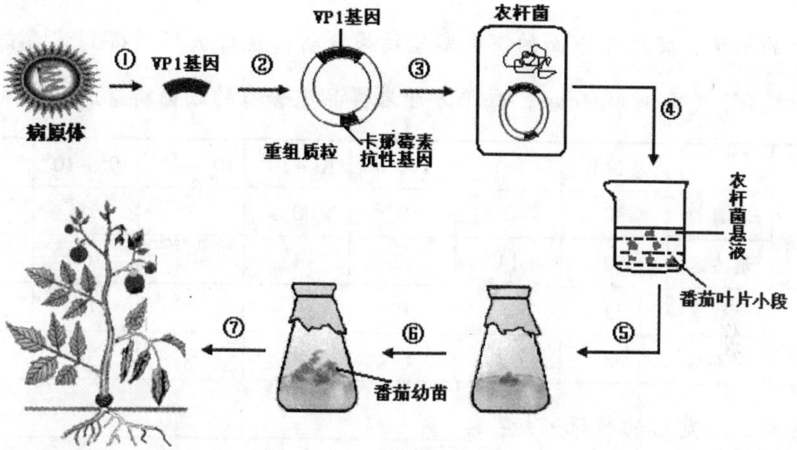

(1) 过程⑥的培养基中除了加入各种必需营养物质和＿＿＿＿＿＿等激素外，还需要添加＿＿＿＿＿＿筛选出含有重组质粒的叶片小段。

(2) 获得表达VP1蛋白的番茄植株以后，需要进行免疫效力的测定。具体方法是：将转基因番茄叶片提取液注射到豚鼠体内，每半个月注射一次，三次后检测豚鼠血液内产生的＿＿＿＿＿＿的数量。为了使结果可信，应设两组对照，分别注射＿＿＿＿＿＿和＿＿＿＿＿＿。

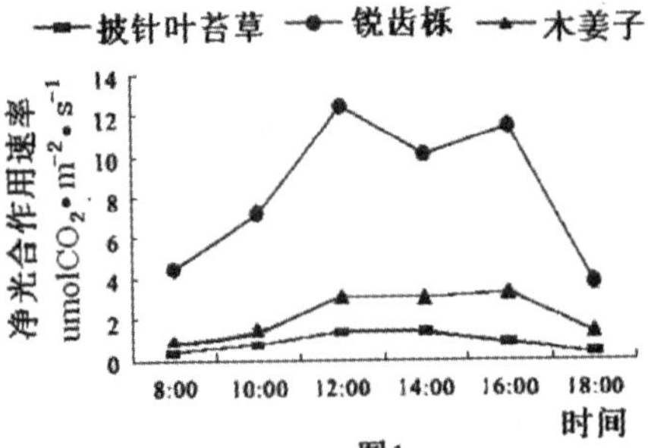

图1

植物	最大净光合速率（umolCO$_2$/m^2·s）	光补偿点（umol/m^2·s）	光饱和点（umol/m^2·s）
甲	17.977	30	1400
乙	6.071	17	800
丙	2.706	4	600

12. 当光照强度等于光补偿点时，锐齿栎和披针叶苔草的净光合速率分别为____________。

当光照强度等于光饱和点时，木姜子的净光合速率为____________。

13. 某同学自制大蒜提取液，希望这种简便、经济的提取液能够高效地杀灭餐具上的细菌，完成了下面的探究实验结果分析：统计数据，得到消毒前后的菌落总数变化。（单位 cfu/cm^2，每平方厘米样品中含有的细菌群落总数）

		总份数	<1	1～10	10～10^2	10^2～10^3	10^3～10^4	>10^4
1#提取液	消毒前	30	0	0	0	3	18	9
	消毒后	30	14	12	4	0	0	0
2#提取液	消毒前	33	2	0	0	3	12	16
	消毒后	33	19	10	4	0	0	0

根据消毒前后的数据可知：____

小婕：我感觉做图、表的题目最重要的是关注横纵坐标名称、单位、生物学意义、表头、数据等。

老师：说得很准确！这也是高考中考查我们最多、要求也最高的能力，平时你们一定要刻意训练自己，多练习、多用心，学了方法一定要认真实践才能最终变成自己的能力得以致用。

小然：老师我们是不是可以练练历年的模拟题和高考题？

老师：当然可以，我还可以给你们提供一些生物科学最新资料，你尝试自己设计考题，来和同学们分享交流出题意图，锻炼审题的细节和方法！

通过今天的探讨，关于审题，同学们收获了很多，有了新的启示。在理综考试中生物学的合理时间是40分钟，专时专用，才能实现审题技能的训练，我们需要平和自然的心态，静心关注审题，学会审题。

不让历史重演，珍惜今天的时光，把握审题成就明日的高考！

学生们学会了审题，保持一颗平常心，专时、专用、专心、静心，小婕、小然和小彭成绩显著提升，在高考中取得了好成绩，顺利进入了自己理想的大学！

（朱海燕）

第八章　政治（考前复习指导，考场答题指导）

一、背熟了怎么还得不了高分？

某同学在老师那里抱怨，说政治需要记忆的知识点真是太多了，她的脑袋快装不进去了。确实如此，高三阶段的复习中，四本必修加两本选修，知识点真是不少。再加上政治知识理论性强，理解起来有一定的难度。也就是说，要背的知识是又多又难。可是没办法，抱怨归抱怨，开弓没有回头箭，既然你已选择读文科了，就必须要背书，这是学好政治要过的一个门槛。

该同学是相当的努力，认真背书，课堂默写全部一次性过关。考试时心里挺美的，该背的都背了，成绩应该错不了，结果太打击人了，分数还是很不理想。她沮丧至极，觉得付出和收获太不成比例了。

她的疑惑：背熟了怎么还得不了高分？

老师反问：你真的背熟了吗？

在和老师的沟通中，她发现问题了，很多知识还是仅仅停留在知道“是什么”的层面上，深入的“为什么”或“怎么办”还是不清楚：做选择题时，设问方式稍微灵活一点，就容易选错，讲评时一点拨就明白了，属于“一做就错，一说就会”类型，知识运用不灵活；做主观题时局限在某个知识点上，更多的是某一点的深入，缺乏知识的综合，讲评时一看答案，发现有一些答案自己也背过，可答题时根本就想不到那里。

她明白了自己要继续做两个工作，一个是知识的理解，一个是知识体系的建立。怎么理解知识？按照老师的指导，一个有效的办法就是把教材知识由陈述句变成疑问句，例如经济生活模块中“企业的经营”是一个框题，可变成“企业如何经营”，政治生活模块中“公民的民主参与”是一个单元，可变成“公民如何民主参与”，诸如此类，带着问题去记忆，带着学习主体的意识去记忆，才是理解性的记忆，同时也能理清楚自己记忆的知识是哪一部分的，是回答什么问题，围绕什么主题阐述的，其实这就是知识体系的建立。只有做到这两点，才会灵活运用知识，考试的时候才会深入、迁移和拓展。

在后期的模拟中，她的成绩有所提升，她说，以前的看法太简单了，以为政治学科就一个“背”字当道呢，殊不知“背”字后面的学问更大更重要。

知其然还要知其所以然，这是我们非常熟悉的一句话，可也正是因为熟悉，有时候被我们忽略。大量的熟练的记忆，是政治学科特点的要求。高考是能力的考查，在高考中如何把背熟的知识体现为能力，拿到高分，需要在复习时认真思考何为“背熟”！背熟是理解，背熟是知识体系的构建。

二、主观题得分短期内能提高吗？

某男生最近有点烦，何故？事情是这样的，他挺爱学政治，成绩一直在班里领先，在女生居多的文科班里有点唯我独尊的意思，可在高三综合性练习中，他的成绩优势不明显了，有几个同学要后来者居上了，怎么回事呢？他的主观题得分不理想。

知己知彼，百战不殆。进入高三，对高考试卷结构要清楚，在平时的练习中要有得分的预估和要求，要分分必争，要稳中求进。政治100分中，12个选择题共48分，主观题共52分。在高三练习中，比照高考难度，要求选择题的错误量控制在两个题内，主观题得分最低在30分。

他在练习中客观题得分很不错，可主观题得分差强人意，他很是郁闷。

他的疑惑：主观题得分短期内能提高吗？

老师和他一起分析：从他自身看，对政治学科感兴趣，可并不是一直在很扎实地背知识，高一高二的很多知识点都是在高三阶段集中突击背完的；他的思维很灵活，知识的迁移能力强，但答题时有堆砌之嫌，对材料有效信息把握的准确性不够；他的文字表述能力强，可文采有余而严谨不足，没有用规范的学科术语和学科逻辑表述答案。从高三练习看，直接向高考看齐，主观题背景材料新颖，设问灵活，答案综合性强。这样一分析，原因就清晰了，一则他对知识点的理解和知识体系的建构上肯定还存在漏洞，导致答题时会想不到一些要点；二则以能力考察为主的主观题对学科能力的要求很高。

在老师的指导下，他首先要查漏补缺，整理课本要点。因为主观题都是按点给分的，一道题 12 分，分 4 个要点，每点 3 分，如果你只是在某个点上展开说，没有涉及其他点，最多得 3 分，如果你用简洁的语言把每个点都涉及到了，得分会高很多。梳理时，依据考试说明，对应课本上的标题，一章一章找要点，把要点都罗列出来，按点整理，每点字数不要太多，但是点要记住，最好在每个要点的标题前都标上点数，这样你在回答某一类问题的时候就会想起来一串，答题的时候要多写几点。再者，通过答题步骤的训练提升学科能力，程序化地落实审题、立意、表述、逻辑四个步骤，提升分析提取信息、运用学科术语归纳组织答案、运用学科逻辑清楚表述答案的能力。

他是一个悟性很高的学生，后来主观题得分提升得很快，当然这要依赖于他基础知识比较扎实。同时，他感慨到：通过练习，不仅有分数的收获，更有能力的提升。主观题得高分是学科能力的体现。

冰冻三尺，非一日之寒。为了最后冲刺阶段主观题得高分，一定要做好前期的准备工作。政治主观题对学生的能力要求很高，主要考查学生提取信息的能力，结合所学知识分析综合的能力。主观题得分低的主要原因就是缺乏在考试材料中敏锐获取考点，并用精准的语言进行分析的考试能力。高三时间紧张，短期内提高主观题分数的基础是知识体系要清楚、答题步骤要熟练，核心是学科能力的提升。

三、复习后期怎么回归教材？

高三有个文科女生和老师很亲近，一天，她对老师说：老师，我真同情你！

整得老师晕了：怎么回事？同情我什么？

原来这要从老师留的一项作业说起。

这位女生很聪明，背知识很快，可进入高三了还是不用心学习，三天打鱼两天晒网的，成绩很不稳定，一模成绩平平。她着急了，开始用功了，二模有进步，有信心了，更用功了。这个阶段，老师布置作业时加了一项：每晚把当天复习的内容回归教材，好好看书。

政治教材文字量大，理论性强，学生在看书时往往看着看着就走神了，即使看进去了也是觉得枯燥空洞，味如嚼蜡。这位女生就是这种情况。

她问老师：真不明白，这么枯燥的课本您怎么天天都能看进去？而且您要看它一辈子，同情啊，同情！

原来如此，老师回应到：谢谢关心！不过更不幸的是你也要跟我一样好好研读教材了！

玩笑至此。回归教材是复习到后期必须要做的功课。回归课本是为了夯实基础，因为基础不牢是高考失分的第一原因。有人说文综考试时一定要记住六个字，即“教材、材料、热点”，首要的是对教材的重视。

她很不解，明明在复习材料上都已经条分缕析地总结好了，为什么还要看教材呢，那不是浪费时间吗？有什么额外需要看的吗？怎么看呢？

面对她一连串的疑惑，老师告诉她，一是复习资料是别人总结的，你拿来就用，有过自己的理解和整理吗？如果没有，即使背得再熟，那也是别人的，没有真正成为你的知识。二是磨刀不误砍柴工，看书貌似花了很长时间，重复着白天已经复习过的，孰不知，通过看书你才能加深理解知识的来龙去脉、前因后果。三是教材主干知识需要你再去巩固和深入，有一些典型的材料需要你再去琢磨和体会。最重要的是第四点，怎么看书，简单地说两个方向——变厚和变薄。

所谓变厚，是指要深入地看书。带着“为什么”出发，从教材目录入手，抓住单元标题、课标题、框标题，一层一层地深入，细化知识点，懂得知识点的依据、内容和体现，在头脑中充实自己背过的每一个点。这样，知识前后的联系越来越清楚，内容不再孤单，作答主观题时你就能从目录出发发散到很多点，避免遗漏知识点。同时提高选择题的准确性。所谓变薄，是指深入之后还必须浅出。要从宏观上把握好各模块结构，例如经济生活可从主体、经济活动角度把握，这样才能避免只见树木不见森林的情况发生。

在老师的指导下，她开始看教材，刚开始觉得乏味，看不进去，但也只能强迫自己按照老师的方法继续看，慢慢地，背过的知识能串成串了，答题时有感觉了，也渐渐会看了，知识的查漏补缺、体系的建构、要点的迁移和贯通都有了明显效果。

她感叹到：事非经过不懂，只有你用心地看教材了，你才能真正理解“回归教材”的分量。老师说：“你真的是个聪明的学生。”

回归教材不是翻开即读，不是简单地看书。变厚变薄的阅读，有利于知识的掌握和能力的提高，不仅对当前成绩的提高有利，对高考有利，而且对今后的终身发展也很有利。通过这个故事，我们再一次感悟到“用心”的重要，用心做事，用心体会，于平常处努力，会得到不平常的回报。

四、文科综合考试时政治答不完怎么办?

从单科练习到综合练习是一个很大的跨越，高三刚开始文综练习时，学生很不适应。某学生，平时单科练习时政治成绩还行，三科一综合，用她自己的话说就是“千头万绪齐涌来，政治往往答不完”。

试卷结构安排上政治试题都在后面，所以学生答文综时最后答不完的一定是政治。

她和老师一起分析原因。首先，是时间分配的问题。选择题部分用时偏长，自然主观题时间就紧张了，政治题都靠后，自然时间就更紧张了；其次，还是知识本身熟练度不够，快速提取不出来，用时过长；再者，固有的答题思维也有关系，认为每个题都必须要做出来，在难题上耗时过多，影响了后面的作答时间，结果就是有些题明明会，可没时间答，这是个答题策略问题。

她按照老师的指导一步步解决问题。

选择题40分钟内完成，给主观题留出必要的时间。通过经典题型反复练习，提高熟练程度。她还有一个棘手的问题，第38题是学科内综合，难度大，后面的第39、40题是三科综合题，其中各有一问政治题，这两问相对难度低，可越到后面时间越紧张，本来能拿高分的这两问却总是草草作答，得分不理想。老师告诉她可以先作答后面这两问，从几次模拟看，这样的效果很好，保证了最后的分数。

复习到后期，她答综合试卷感觉顺手多了。心里有谱儿了，也就能沉着迎战高考了。

在高考中，有人说得综合者得天下，可见综合科目的重要。政历地三科在一张试卷上完成，思维跨度大，对学生来说是很大的挑战。

千头万绪时，让我们从容面对，寻找原因，给出对策。对考试来说，总分最大化最重要，文综要想拿到高分，必须要有整体意识，三科的时间分配很关键，不能出现太大的侧重，不能纠结于某些个别难题，要学会放弃，基础题的分数一定要得到，这样才能确保整张试卷的得分。

（李凤英）

第九章 历史（考前复习指导，考场答题指导）

一、“我每天学习到深夜，为什么考试成绩上不去呢？”

“晨晨是个刻苦的孩子。”所有教她的老师都这样说，尤其是在家长会上，当着那么多问题学生的家长——那些“不写作业的”“上课睡觉的”“从来不答疑的”……

“孩子们到底是怎么回事儿？高考越来越近了，你们的孩子怎么还能那么有精力？能挤出那么多时间去玩，去神聊、上网和游戏？”

“你们在家里到底管不管孩子的学习？”

“是不是就给他们创造个独立房间，至于在里面干什么就没人过问了？”

……

老师们都怒了，他们实在想不通，为什么学生不能都像晨晨那样，一天到晚伏案疾书作总结，天天放学去答疑，作业之余还会自觉地买那么多练习册来写？如果都是那样的话，班级的学习氛围该多浓厚啊，那场景该多迷人啊——朗朗的读书声，成群地探讨习题，静默地自主学习……那副场景，啧啧！成绩想不好都难啊！

一时间，晨晨成了全体家长聚焦的核心。

“这孩子，真行啊！”

“能这么用功，将来肯定上北大！”

“家长得多省心啊！”

晨晨的父亲也立马成了焦点。

“您怎么教育孩子的？真出色！”

“这好的习惯，得从小培养吧？”

“她成绩还不得年级第一啊？！”

“老师，我们孩子的成绩怎么总上不去呢？这次一模的全班排名她也只是班里的20名啊？照理说，这么努力了，成绩也该好一点啊？她到底是什么问题呢？”晨晨的父亲在家长会之后，底气不足地来到班主任老师面前，详细询问着。

“……”老师支吾了，一时间不知该怎么回答他。

晨晨自己也很烦恼。每次受到表扬，她一点也没有快乐和自豪的心态，相反是无缘无故地生气、想发脾气。自己也觉得困惑，心有不甘：难道下的功夫还不够？难道自己的智商太低？悟性太差？说白了，就是自己太笨？明明课堂上老师讲的东西都听明白了，也记下了笔记，课后按照老师的要求做了总结，梳理，完成了习题检测，还及时去答疑……所有的环节都一丝不苟地完成了，为啥我的成绩上不去呢？

原来，在心理学上，知识分为陈述性知识和程序性知识。前一类知识是用于回答“世界是什么”的问题，如“中国的首都在哪里？”“第二次世界大战的原因是什么？”“人的心脏结构与血液循环有什么关系？”等问题，都需要有陈述性知识。后一类知识是用于回答“怎么办”的问题[①]。显然，高三文科综合科目中的历史和政治科目都属于前一类知识。促进这一类知识的学习与保持需要具备以下三个策略：

第一，复述策略。即为了保持信息而对信息进行多次重复过程的学习策略，这也就是我们经常提醒学生的，“回家看书复习啊！”对历史学科来说，多次重复，反复复习的实质需要建立在对课文知识的理解基础上。晨晨显然在这方面做得很好。

第二，精加工策略。即通过具体的技术，比如补充细节、举出例子、作出推论，或写概要、创造类比、自问自答等方式，建立起与学习概念的联系，而形成联想，以达到长期保持目的的学习策略。晨晨在做笔记方面极其认真，但可能仅

① 邵瑞珍，教育心理学，上海，上海教育出版社，1997年版，第58页。

仅停留在照抄板书，而缺少自己对知识的“精加工”。

第三，组织策略。即找到需记忆项目之间的共同特征或性质，找到彼此之间的连结，从而减轻记忆负担的学习策略。比如小学阶段的归类识字法，列课文结构提纲和画网络图等方法对材料进行组织[①]。由此可见，尽管晨晨花了很大力气，下了很多功夫，由于不清楚文科学习的策略和方法，知识的掌握不能做到“有效性”，因而事倍功半。

二、“Google”的魅力

“Google”是班里同学对他的昵称，既与他的名字谐音相同，又表达了同学们对他的钦佩和崇拜。高一刚入学的时候，我去文科班上历史课从来也没对他另眼相看，只知道这个中等身材，有着白净皮肤，圆圆的面庞上架一副金丝眼镜的学生，上课听讲很认真，不是在一丝不苟地埋头记笔记，就是抬头凝望着我，听讲专注而好思索。

不吭不哈、文质彬彬是他给人的第一印象。

跟学生熟起来以后，我的课堂总有些哗众取宠的学生喜欢接话茬，把他们所知道的一星半点、旁门左道的笔记野史，拿过来卖弄炫耀。孩子嘛！我心里说。于是给他们高谈阔论的机会，也让他们信马由缰地神侃。每当这时，“Google”总略微垂下眼帘，一副与世无争的神态。其实我知道，他早已了然于胸，只是不爱这种抛头露面的场合。

第一次的期中考试，我为了难为一下文科班，让他们知道天高地厚，也为了真正考查他们的实际水平，故意选用了当年高三一模的部分历史试题。考试结果令我大吃一惊！“Google”的试卷不仅是全班最高分，超过了班长和历史课代表，而且他将高三的一模题回答得如同标准答案！

事后我了解到，考前他做了充分准备：整理了所有的课堂笔记，并且用不同

① 邵端珍，教育心理学，上海，上海教育出版社，1997 年版，第 81—84 页。

颜色的笔将易混、难背的知识全部建立了网络连接，年代、事件，脉络清晰；人物、政绩、评价全面丰满客观；甚至留足了空间以便日后补充总结……我看得目瞪口呆，这样的一份学习材料，只有高三的学生才会想到，才会在老师的“穷追不舍”之下，草草做出。可见他是个有心的学生。更可怕的是，只要他学过的东西，向来过目不忘，准备随时提问。学生们钦佩地给他取外号“Google”。

“Google”是个左撇子，写字用左手，不方便。看着他一笔一划费劲地写出的方块字，我常常皱眉，也警告过他，小心高考卷面因此而失分。他苦笑着，“这个……，实在没办法！”因此他更加认真，从不让自己轻易失分。每次大小考后，他总要在我办公室磨叽半个小时以上——分析试卷：哪里还能再提高得分？哪句话该怎样表述才严格？标答的某个句子还有没有延伸拓展的可能？等等。我既被他缠得要死，又不得不钦佩他的定力和功底。人们常说“弦绷得太紧，就会断掉”“一张一弛，是文武之道”。然而三年下来，“Google”一如既往，不徐不疾，真的像全球搜索引擎一样强大、稳定……

那一年的高考，他以文科总分682分、文综科265分的成绩考入北大！

从上述的案例中可以看出，学习文科，知识迁移的能力多么重要！

心理学上对迁移的定义为：“一种学习对另一种学习的影响。”动作技能、知识、情感和态度都可以迁移。心理学家奥苏伯尔关于认知结构迁移理论表明，学生在一定知识领域内的认知结构的组织特征，诸如清晰性、稳定性、概括性、包容性等，在接受学习或解决问题过程中，影响着新的认知功能，这就是迁移的作用。他同时认为，教学就是“为迁移而教”，教师要从教材内容的选择和教材的呈现方式两方面，塑造学生良好的认知结构，促进迁移。“Google”正是在我的教学中善于发现那些具有较高概括性、包容性和强有力的解释效应的基本概念和原理，通过沉思、讨论和实践，在头脑中形成一个个有层次的结构，以此简化了已学知识，又促进了新知识的形成、掌握和运用，成功实现了迁移！是啊，Google引擎本身不也是知识迁移的结果吗？

三、“动机成就未来”

在我的教学生涯里，一凡不算是个特别聪明的学生，但是很有潜力。高一入学时，他还没有拿定主意是否学文，因而在理科普通班里“蹉跎”了一年。说他“蹉跎”，是因为后来在我们的闲聊中，他承认当时根本没心思学习，学和不学都一样，反正不招人待见。于是上课睡觉，下课打闹，作业不交，在班里“混得一团糟”，老师同学都烦他。

其实一凡的家庭条件特别优越。他的姥爷是军队离休干部，住着单位分配的“将军楼”；母亲是个有名的律师，代理的诉讼费达到过7位数；父亲为一家跨国公司的中国代理，生意忙得大洋两边来回跑。家里的名牌汽车有三辆，豪华别墅买到了海外。一凡今后的道路早已被父母安排好了：出国留学，无论学费多昂贵！但前提是，只要一凡能考上！可恰恰是这一点，最让父母头疼：一凡根本不想学习！更别说考上大学了！“倒霉孩子！”

那是个美丽的初秋傍晚，也是一凡转学文科后我第一次找他谈话。坐在操场的看台上，我忽然发现他的面部侧影在晚霞的映衬下，轮廓很立体。这是个有思想的孩子。

“你知道吗，老师，”他两眼凝望着远方，一字一顿地告诉我，“我从来都没有归属感！”

“不管是在家里，还是学校，长辈们始终把我当作小孩一样呵护，老师同学都把我看成‘纨绔子弟’……我找不到学习和生活的动力，学习成绩怎么可能提高呢？”

在教育心理学上，如何激发学生的学习动机，是我们最关心的问题之一，而解决这一问题的首要条件是了解学生的需要和动机。心理学家奥苏伯尔认为，学习动机（或称“成就动机”），是由三方面的内驱力起决定作用的，即认知内驱力、自我提高的内驱力和附属内驱力。

认知内驱力会随着个体的成长以及对外界了解和学习的增多，个体所获得的成功体验越多而得到满足。自我提高的内驱力，则体现在个体对自己的肯定，或他人对自己的肯定——这种肯定是建立在他因胜任能力的要求而赢得的相应地位的满足之上。

一凡恰恰是缺少了这种内驱力的作用——自己的努力不被别人看重，因为他无论如何达不到父母铺就的鲜花之路的水平；自己的学习也并未为其赢得老师同学的尊重。一凡从而开始怀疑自己的能力，继而是否定学习的意义，最后甚至自暴自弃、破罐子破摔。

作为老师，我更看重第三种内驱力——附属内驱力的作用。其心理学定义是指一个人为了赢得长者（如家长、教师等）的赞许或认可而表现出来的把工作做好的一种需要。美国心理学家麦基奇（W. J. Mcdeachie）等人在1966年通过实验表明，富于附属内驱力的学生，因有高度的附属感（从其所依附的长者方面获得赞许的意向）而在班上做出较好的成绩，反之亦然。这样的实验结果，给了我们教育者一个启发，那就是对学生的赞许或斥责，会改变一个孩子的学习动机。一凡不就是这样的例子吗？没有得到家长、老师的鼓励、肯定和信任，失去了附属内驱力，也就失去了学习的目的和生活的目标。

之后一段时间，我着重在附属内驱力上对一凡进行实验。我让他担任历史课代表，课前课后协助我准备教具，收发作业；课堂提问也常常叫他回答，无论对错都给予他充分的鼓励和肯定；还常常介绍好书给他看，帮助他树立理想，开阔心胸，放眼世界。那时候，一凡成了班里最喜欢历史的人。他的历史小论文曾印成“豆腐块”在报纸上发表，引起全班同学的喝彩。然而由于他偏科严重，也曾被同学发现而将零分数学卷子撕碎扔在纸篓里，从而引起了我们班会上的大讨论……渐渐地，一凡不再说“没有归属感”之类的话了，他变得开朗、热情、达观和从容。他常常说：“为了‘顶’我的人，努力！奋斗！”

高考证明，一凡没有辜负老师、同学们对他的期望。他以出色的成绩，凭借自己不懈的努力考上了他最喜欢、也是最擅长的专业——历史学专业。是“动机”成就了他的未来！

（袁峥）

第十章 地理（考前复习指导，考场答题指导）

一、地理知识复习就是背书吗？

进入高三后，文华同学在地理学习上格外用功，她每天都认真地背地理知识，可是地理知识实在是太多了，她经常背完就忘，虽然在高三的每周基础知识小测试中，她总能拿到比较高的分数，可进入综合练习阶段，她却感觉每次考试题目都很难，成绩也很不理想。她很烦恼：为什么地理知识已经背会了，可考试题却不会做？

在三月份学校第一次模拟时，文华拿到考卷几乎没有做过的题，面对每一道新题，她很紧张，以前背过的知识大部分都想不起来了，平时气候知识自己已经背过，可气候题却只做对了一个，最终考试分数只有58分。第二天，她找老师分析试卷，在和老师的交谈中她终于弄明白了自己考试失利的原因：原来二轮复习不应是简单的重复，要针对在实际做习题的过程中所暴露出来的对知识之间的联系不紧密的问题、对知识的掌握停留于表面的问题，在看书的基础上多换角度去思考，多借助几个载体来整合知识，从而能掌握知识之间的逻辑关系和因果联系，以便提高知识应用时的迁移速度。如气候知识，就可根据气候的具体分布、气候的主要特点、影响气候的成因、各种气候类型的判断、气候对工农业的影响、气候资源的利用与评价这一思路进行知识联系；也可利用区域图对中国各分区之间、中国某区域与世界某区域之间的气候的主要特点、影响气候的成因、气候资源的利用等进行对比联系；还可对各大洲相同的气候类型进行影响因素的逐一对比等等，通过各种途径进行知识联系，使自己对知识的理解更加深入、对有关原理的应用更加熟练，从中还能形成科学的地理思维方式和掌握正确的思维方法。

地理高考复习时间短，内容多，复习并不是简单重复学过的内容，而应以每章为单元，或以地理要素为专题，对地理知识整理、归纳、记忆、巩固，形成纵横交错的知识网络。学生要进行概括归纳，整理编织知识网络，形成一个整体的知识结构，避免知识杂乱无章。学生对所学知识要有一个清晰的脉络，形成自己的知识体系。这样考试时才能得心应手。

二、复习一定要追求面面俱到吗？

作为高三“一兵”，王勇同学下定决心，要如同《士兵突击》中的许三多，用勤勉的训练来武装自己，渴望着突破自我，超越自我，他在数次考试演习中“伤痕累累”后，找老师求“灵丹妙药”。

王勇同学平时不重视复习策略的科学性，还是追求大而全的复习，面面俱到，网撒得过大，反而重点不突出，该解决的问题没有得到有效的解决，因此老师建议王勇同学对自己的缺漏，包括知识技能、思维能力、应试心理、答题规范、审题习惯等方面进行“回放”，并进行有针对性的分析，力求在较短的时间内突出解决“知识易错点、概念易混点、思维卡脖点、解题障碍点”。同时根据考纲的要求，结合历年文综地理试题，突出抓好重点内容的复习，如经纬网图、区域图和等值线图与日照图的判读、地球的运动、天气（天气系统的分析）与气候（气候类型的判断及气候资源的开发与应用）、海水运动、地质构造与地质灾害、工业和农业、城市（城市化、城市化产生的问题与城市规划）与人口、资源开发与环境（可持续发展）等，并针对重点内容中的难点，如日照图的判读和时间的计算、气候类型的分布和成因分析、等值线图的判读和应用等进行专题复习，从中进行归类总结，找出各类试题的解题规律和解题方法，通过这种方式的复习，学习上的难点就能够得到有效的突破，重点和主干知识能够得到巩固和夯实，当然复习的效率也就大大地提高了。

复习已经到了最后阶段，此时要考虑的是如何在最短的时间内取得最大的复习效率。全球最大的连锁饭店马瑞特的总裁比尔·马瑞特曾说过这样一句话："差错发生在细节，成功取决于系统。"高考并不像铜墙铁壁那样难以突破，关键是在现阶段掌握自己地理知识的薄弱点，校正前进方向，清除障碍物，找准属于自己的那条突击路径。最后复习向前冲，你也可以像士兵许三多那样在闯关中百炼成钢！

三、如何增加地理问答题的得分率

王飞同学在每次地理考试中选择题的正确率都很高，可是问答题答得很差，因此每次地理成绩都较差。在区里的一模考试中，他刚看到卷子时很高兴，问答题的题目都似曾相识，可考试结束后，他发现他的问答题答案与标准答案相比，少了很多得分点。怎样才能提高问答题的准确率？他与成绩很好的张帅同学沟通，张帅同学告诉他平时应该多积累一些，复习中要特别重视对地理原理的迁移与运用，加强对事物与观象形成过程的分析和追溯，不能仅重结论而轻过程。多思考一些"为什么""下一步怎么办""还有什么问题"等，努力做到刨根问底，提高深入的逻辑分析和地理原理的迁移运用能力，同时还可以通过对过去所有的试题和习题进行梳理和归类，总结自己的错误类型（审题类、知识原理类、能力类、心理类、方法类、表达类等），探究解题的错误原因，从而充分而明确地了解自己，以便防范于未然，并通过总结各种题型的解题方法，增强答题的灵活性和知识的迁移能力，通过这种有针对性和有高度的复习方式，最大限度地挖掘自己的潜能，达到节时高效的目的。

在张帅同学的帮助下，王飞同学准备了一个地理归纳总结本，经常找老师探讨一些问题，每次作业和考试的错题都认真分析错误原因，考查审题是否冷静准确、思路是否清晰明了、分析是否完整严密、方法是否便捷适用、表述是否规范到位，在反思中不断修补缺漏、矫正错误和提高能力，并在反思中不断总结出解题的规律与方法，不断熟悉解题的思路与技巧。经过一个月的努力，在区里二模考试中他的地理问答题分数有了明显提高。

实际上，在文综卷地理问答题中，凡是深度、难度较大的地理试题，大多是要求分析条件或说明原因的，意在考查地理原理的迁移运用能力，这类试题能有效地把学生的思维过程还原出来，检验学生思维的深度和广度，还涉及学生的表达能力。在给定的时间内，完成各种地理计算或逻辑推理过程并进行文字准确、条理清楚、逻辑严密的表述，虽然文科综合并不是以检验学生的语言表达为目的的，在参考答案中也没有设置专门的给分点，但前面全部的思维过程都要通过答案来体现。因此，学生在回答问题时术语的使用情况、语言组织的逻辑性、表述的层次性就显得非常重要了。

四、如何应对考试中的新情景、新问题

韩越同学每次考试前都很紧张，因为他知道文综卷中地理试题每次都很新颖，虽然每次考试前他都复习了书本，并把错题也认真地看了一遍，可是根本就不去指望在地理试题中出现已做过的试题、自己很熟悉的情境，或者通过死记硬背照套书本知识的这些情况，因为自己缺乏举一反三的能力。在区里一模考试前，韩越同学找老师请教如何处理好这些新问题。

面对地理试题中的新情景、新问题，一般常用的解题方法是先读题目，再看材料，然后联系所学的地理知识和地理原理，最后回答问题：①仔细阅读题目，明晰考查的主要内容。通过阅读题目明确阅读材料的哪一个或者是哪些方面的内容，即找出阅读方向。再找出出题者的问题：是什么？为什么？什么特征？什么时间？什么地点？为阅读材料明确目的。②带着问题仔细阅读材料和地理图表，提取信息。解题时必须认真阅读材料，对材料进行由表及里、去粗取精的综合分析，明确材料的中心问题及属性，理清它们与地理学科中哪些知识、规律和原理发生联系；明确问题产生的自然因素和社会因素，辨别哪些是人类活动对问题的产生和发展起主导性作用，哪些是关键性的、起决定性作用的因素。这样，通过阅读从材料中提取关键性信息，掌握材料的核心和问题的本质，为进一步分析提

供基础。③联系地理知识和原理，拓展思维，探索解决的措施和对策。虽然依据材料分析题目提供的情景是联系社会实际的热点问题，对学生而言是新情景和新问题，然而它必然是教材内容的“折射”；因此，在细读试题的基础上，建立教材与试题材料的联系，以教材的原理、规律和模式为理论基础进一步分析材料，进行横向的延伸与纵向的深入拓展，以求触类旁通，是解决实际问题的关键。

高考文综卷中地理题往往设置新情境、应用新材料来考察学生的思维能力、应变能力，它要求学生能够从试题的各种形式的材料中，获得新知识（包括新概念、新原理、新数据等），结合自己原有的知识进行判断推理、归纳演绎和分析综合，而要想面对新情境、应用新材料来顺利解决问题，可以对新情境进行合理的转换，把新情境转换为旧的情境，把新问题转化为老问题，把新情境转换为常规情境，努力把新情景、新问题与地理教材中的原理、规律和模式有机结合起来。

（马丽萍）